Va
135

HISTOIRE
D'ESPAGNE.

IMPRIMERIE D'IPPOLYTE TILLIARD,
rue de la Harpe, n° 78.

PRISE DU TROCADERO.

Samson, Éditeur, au Palais Royal, Galeries de Bois.

PRÉCIS
DE
L'HISTOIRE D'ESPAGNE,

DEPUIS L'ORIGINE DE CETTE PUISSANCE JUSQU'A 1814;

Par M. de Boissi.

Et Continuation

DEPUIS 1814 JUSQU'A CE JOUR,

Par M. le Comte de Barins.

Paris,

SANSON, LIBRAIRE,

Boulevard Bonne-Nouvelle, N° 3.

1824.

INVASIONS
ET
EXPÉDITIONS MILITAIRES
EN ESPAGNE.

PREMIÈRE PARTIE.

CHAPITRE PREMIER.
Coup d'œil général, et premières Invasions.

Il semble que les biens de la nature ne nous soient donnés qu'en échange de peines cuisantes. Les hommes d'un rare mérite sont presque toujours en butte aux attaques de l'envie; de même un pays qui, par sa position, son sol, ses productions, doit rendre ses habitans heureux, est toujours ambitionné par ses voisins, et se trouve continuellement en proie aux invasions étrangères, calamités les plus grandes que les peuples puissent éprouver.

L'Espagne, que les anciens appelaient *Ibérie,* et les Hébreux *Tarsis,* a toujours été livrée à ce fléau, depuis le tems où, pour son malheur, elle fut découverte par les Phéniciens.

L'Ibérie, qui contient la Lusitanie, aujourd'hui le Portugal, est une péninsule d'un carré presque régulier. L'ithsme qui l'unit au continent a, au plus, quatre-vingts lieues, et est hérissé de montagnes hautes et escarpées, de sorte que la mer baignant tout le reste des côtes, cette péninsule fut à l'abri de toute incursion, tant que les hommes ne tentèrent pas de se frayer un chemin sur la mer. Jusque-là les habitans de l'Ibérie avaient été de tous les peuples du continent, celui qui avait eu le moins à redouter une invasion, comme aussi celui de tous qui devait avoir le moins de goût pour les expéditions lointaines. Pourquoi seraient-ils allés chercher chez leurs voisins ce qu'ils possédaient chez eux? N'avaient-ils pas un sol fertile, un beau ciel, des bois, des pâturages, des animaux domestiques de race primitive, qui conservent encore la supériorité sur tous ceux de leur espèce; du poisson, du gibier; des métaux dont ils avaient peu de besoin comme monnaie, mais dont ils faisaient déjà des meubles, des ustensiles utiles ou commodes? Leur modération, leur peu d'ambition, les laissèrent pendant plusieurs siècles ignorés du reste de la terre; et tandis que toute l'Asie se divisait en puissans empires, que l'Égypte avait des sages et cultivait les arts, l'Espagne n'offrait encore que des peuplades entièrement appliquées à l'agriculture, se gouvernant suivant les lois qui convenaient le mieux à l'humeur de chaque tribu. Parmi ces différens habitans quelques-uns préféraient une douce apathie à l'honneur de siéger dans un sénat. Après que le chef de la première famille fut mort, les fils, les petits-fils, se soumirent à leurs aînés qui fondèrent des royaumes; d'autres, plus entreprenans, et ne pouvant souffrir le joug de leurs égaux, partagèrent entre eux l'autorité, et créèrent les premières républiques : tel fut presque par toute la terre l'état primitif du genre humain. Mais dans les pays où la civilisation fut plus prompte, les gouvernemens par famille subsistèrent rarement. Les plus faibles de ces peuplades furent envahies par les plus fortes; de là se formèrent dans l'Asie et dans l'Afrique les grands empires et les républiques célèbres par leurs découvertes, leurs entreprises hardies, leurs brillans succès, leurs terribles revers.

Il paraît que ce ne fut pas l'envie de s'agrandir qui causa les divisions entre les peuples de la péninsule. Ils ne connurent la guerre que pour se défendre de l'invasion de leurs compatriotes. Ils ne cherchaient pas même à étendre, par leurs conquêtes, le territoire qu'ils possédaient en Espagne. Ils eurent encore moins le désir de traverser les montagnes pour venir s'établir dans la Gaule, comme cherchent à le faire croire quelques historiens, à cause du nom de Celtes que les Espagnols et les Gaulois portaient, et qui ne signifiait autre chose chez les Grecs, sinon peuples occidentaux. Les Celtes Ibériens, comme on peut les appeler, étaient trop insoucians pour confier leur vie à de faibles barques qui les eussent portés, soit en Afrique, soit dans le midi de l'Europe, afin d'y chercher d'autres contrées moins propices pour eux que celle qu'ils occupaient. Peut-être le peu de fécondité des femmes espagnoles a-t-il été l'une des causes qui ont empêché les Ibériens de prendre le goût alors dominant des émigrations; car ils ont toujours eu à peine assez d'hommes pour peupler leur pays;

les diverses agrégations de peuples étrangers, que les naturels de la péninsule ont reçus dans leur sein, n'ont point ou presque point augmenté leur nombre, et quand la soif de l'or les porta au bord d'un autre hémisphère, leur population en sentit une telle atteinte, qu'elle n'a depuis ce temps jamais pu se trouver en proportion avec celle des principaux pays de l'Europe. Aujourd'hui même elle ne s'élève pas à la moitié de celle de la France, quoique l'étendue de son territoire soit, comme celle du nôtre, d'environ 24,000 lieues carrées.

Je n'entrerai pas dans les interminables difficultés dont les commencemens de l'histoire d'Espagne sont hérissés; peu importe de savoir si les Celtes qui paraissent avoir habité l'Espagne avant que les Phéniciens en eussent découvert les côtes, étaient indigènes, ou faisaient partie des colonies étrangères. Je crois, d'après ce que j'ai rapporté plus haut, que les Celtes, dont une partie des Gaulois descendent, passèrent les Pyrénées, pour trouver un sol moins âpre que ne l'était alors celui que nous habitons, et qu'ils peuplèrent les pays jusqu'à l'Èbre, en suivant la côte orientale de l'Ibérie. Comme il est probable que le midi de la péninsule, si voisin de l'Afrique, a vu s'y établir quelques familles venues de ces côtés, d'autres prétendent que ses premiers habitans se composaient de colonies asiatiques, et ils fondent cette opinion sur la ressemblance du nom avec un autre pays appelé l'Ibérie, situé à l'ouest de l'Asie. La diversité d'origine en établit une sensible dans les mœurs et les coutumes des différentes peuplades. On peut croire que ce fut par l'Afrique que ces peuples apprirent des Égyptiens l'art d'extraire des mines l'or, l'argent et l'étain; car il paraît certain que ce ne furent point les Phéniciens qui leur en donnèrent les premières notions, et qu'ils ne firent que les perfectionner dans cet art, dont ce peuple navigateur tira un si prodigieux avantage. Ce fut de ce moment que commencèrent les malheurs de la péninsule: non, seulement ses habitans perdirent la simplicité des mœurs patriarcales, mais ils furent forcés d'aider leur nouveaux hôtes à enlever de leur sol les trésors qui portèrent si loin la magnificence des villes de Tyr et de Sidon, si connues par leur luxe et leur orgueil. Tyr, dont les livres hébreux célèbrent la somptuosité, dut ses richesses aux mines d'Espagne. Les navigateurs phéniciens cachaient avec soin le pays dont ils tiraient ces immenses richesses. Les historiens sacrés reprochent à Tyr son luxe et ses profusions. *Vous vous fiez*, lui dit l'un d'eux, *sur l'or et l'ambre que vos vaisseaux vous rapportent du pays de Tarsis*: ce nom de Tarsis n'est autre, d'après de graves autorités, que celui sous lequel les peuples du Levant désignaient l'Ibérie. Il n'est pas douteux que les mines d'or et d'argent y étaient alors si abondantes, qu'elles procuraient à ces avides négocians des sommes considérables par des échanges d'objets de peu de valeur. Quant à l'ambre, comme il ne se trouve maintenant en abondance que sur les côtes de la Baltique, il faudrait croire que les Tyriens, après avoir abordé sur la partie orientale de l'Espagne, traversaient le pays pour s'embarquer de nouveau sur sa partie occidentale, et qu'ils suivaient les côtes, selon le seul mode de navigation en usage dans un temps où, ne connaissant pas la boussole, on ne pouvait s'exposer en pleine mer. On pourrait supposer que ces intrépides voyageurs côtoyaient la Gaule, bravant, sur de faibles barques, les tempêtes qui régnent presque toute l'année sur ces bords, et les font redouter encore aujourd'hui aux vaisseaux de ligne, et qu'ils allaient ensuite aborder dans quelque port de l'Armorique, où les habitans des bords de la Baltique leur apportaient l'ambre. Mais pour rendre possible un commerce aussi étendu, il faut admettre une civilisation déjà avancée dans les peuples du nord de l'Europe, lorsqu'il semblait, au contraire, que non-seulement l'extrême nord de l'Europe, mais même le milieu de cette partie du monde était plongé dans les plus épaisses ténèbres. Il est plus probable que les Phéniciens n'allaient pas si loin chercher la substance résineuse à laquelle ils attachaient un si grand prix, et que c'était en Lusitanie qu'ils se la procuraient, puisqu'on en trouve encore en Portugal; moins il est vrai qu'en Prusse, mais alors ne pouvait-il pas y être plus abondant qu'à présent? Cette opinion offre plus de probabilités, que celle qui donne aux Phéniciens des relations commerciales avec des peuples dont à peine, à cette époque, on connaissait l'existence.

On sait que l'Espagne passait pour les

limites de la terre ; d'où est venue la fable des colonnes d'Hercule, que les mythologues prétendent avoir été élevées par ce demi-dieu lui-même, comme un monument de son audace à pénétrer jusqu'aux confins du monde. Des auteurs ne présentent ces colonnes que comme le signe d'un culte rendu au fils d'Alcmène, qui n'était autre, dit-on, que le soleil. Ils ajoutent que les Ibériens y joignirent le culte de Diane, qu'ils adoraient sous l'emblème de la lune. Leurs assertions sont fondées sur une remarque relative aux deux colonnes du temple de Gadès, aujourd'hui Cadix. Ces colonnes, qui avaient, assure-t-on, huit coudées d'épaisseur, c'est-à-dire, trente-six pieds de diamètre, et une hauteur proportionnée, étaient, l'une, d'or massif, symbole du soleil; l'autre de smaragdite, pierre phosphorique qui éclaire la nuit, et qui par conséquent est un hommage analogue à la clarté de la lune. Sur ces colonnes étaient des caractères symboliques, les douze travaux d'Hercule représentés par les douze constellations, appelées vulgairement les douze maisons du soleil, et des calculs astronomiques. On trouvait de ces colonnes dans plusieurs autres parties de la terre, où le culte d'Hercule était professé.

L'entrée des Phéniciens en Ibérie a donné aux habitans de ces contrées de nouvelles connaissances, surtout celle de l'alphabet que l'on doit leur attribuer, et qui fixa, sur la pierre et sur les métaux, les événemens qui, jusque-là, confiés à la seule tradition ou désignés par des hiéroglyphes, se perdaient insensiblement. Il ne pouvait y avoir rien de certain avant qu'on eût trouvé ce moyen si ingénieux, qu'il paraît tenir du prodige, et qui propage à jamais la pensée des siècles; on n'avait conservé nulle connaissance parfaite de tout ce qui a précédé le temps de Moïse (1) et d'Hésiode : quel avantage ne de-

(1) Les livres saints n'ayant pas été écrits pour

vaient pas avoir des hommes qui possédaient cet art devenu si vulgaire et alors si merveilleux, sur ceux qui étaient encore dans une profonde ignorance! Les Phéniciens employèrent toute leur supériorité sous le rapport des connaissances humaines, à se soumettre, par la persuasion, les peuples des côtes de l'Ibérie. Ils leur firent croire qu'ils venaient comme des amis qui recherchaient leur alliance. Les indigènes sans défiance leur permirent de construire, pour la conservation de leurs marchandises, des magasins qui furent de véritables citadelles. Ils les laissèrent visiter leurs mines. Plus tard, les Grecs leur apprirent à ne pas se borner à recueillir le métal qui paraissait sur la surface de la terre, et les instruisant à fouiller ses entrailles, leur y firent découvrir des biens

satisfaire la curiosité humaine, n'ont tracé que les grandes époques qui entrent dans le plan de la religion, et se taisent sur tout ce qui n'y avait pas de rapport direct.

dont, avec beaucoup de travail, il est vrai, ils retirèrent un grand avantage : mais ce que les Ibériens apprirent à leurs dépens, ce fut que ces alliés, si empressés à leur faire part de leurs découvertes dans l'art d'extraire le minerai, ne les leur avaient communiquées qu'afin de se servir de leurs bras pour arracher à la terre ces richesses, et convertir ainsi en esclaves ceux que les Phéniciens avaient appelés leurs amis, leurs frères. Plus de vingt siècles après, les descendans des Ibériens en agirent de même avec les infortunés Péruviens : car, l'ouverture de la première mine d'or fut bien véritablement celle de la boîte de Pandore.

Il était impossible que le secret des avantages prodigieux que les Phéniciens tiraient de l'Espagne ne vînt pas bientôt à se répandre : la ville de Tyr n'était plus la seule qui s'adonnât à la navigation; les Grecs commençaient à faire de nouvelles découvertes le long des côtes de la Méditerranée. Ils avaient entendu parler dans leurs îles de la beauté du ciel de l'Ibérie, de la sûreté de ses ports. Les Rhodiens obtinrent des renseignemens sur ce beau pays, de quelque capitaine de vaisseau de Tyr qui vint relâcher dans leur île; ils furent les premiers parmi les Grecs qui abordèrent sur les côtes de la Catalogne, neuf cents ans avant l'ère chrétienne, et ils y fondèrent la ville de Rosas (1). La beauté des fruits, surtout le superbe oranger, avec ses pommes d'une couleur si ressemblante avec celle de l'or, les frappèrent de surprise. Les anciens voyageurs, principalement, ont toujours été en possession d'exagérer leurs découvertes. L'Ibérie commençant à être connue pour avoir des mines d'or, un arbre de cette contrée, qui offrait des fruits de la même couleur, parut porter des pommes d'or; les Grecs purent être abusés par la

(1) Maintenant *Roses*.

ressemblance, ou peut-être voulurent-ils tromper à leur tour leurs compatriotes, et, pour rehausser encore un pays où l'or était si commun, si abondant, firent-ils faire des oranges d'or qu'ils rapportèrent chez eux comme les ayant cueillies dans le jardin des Hespérides. En fallait-il plus pour accréditer cette fable, et donner à d'autres Grecs le désir de voir cette terre miraculeuse ?

Quoi qu'il en soit, il paraît que les établissemens des Grecs, sur les côtes de la Méditerranée, ne furent point onéreux aux indigènes; qu'ils leur communiquèrent leurs diverses connaissances, leur donnèrent une mythologie plus douce, plus gracieuse que celle des dieux de Tyr, qui inspiraient la terreur et recevaient sans horreur les sacrifices humains. S'il en est des nations comme des individus, et qu'elles aient leur enfance, leur jeunesse, leur âge viril et leur décrépitude, on pourrait dire que l'enfance de la nation espagnole ayant été confiée à ces deux nations si différentes de mœurs, il en est résulté, comme dans l'éducation d'un individu qui aurait eu deux maîtres opposés d'opinions et de principes, que l'on doit trouver des contrastes bizarres dans son caractère. Les Grecs ont communiqué à l'Espagnol cet esprit vif et pénétrant qui se remarque jusque dans les dernières classes du peuple ; et les Phéniciens, leur cruauté, leur fanatisme. Il doit aux Grecs sa littérature brillante, vive, légère, pleine de force, d'énergie; aux Phéniciens, d'adorer un dieu terrible, et d'avoir courbé son front sous le joug infâme de l'inquisition.

CHAPITRE DEUXIÈME.

Invasions des Phocéens et des Carthaginois.

Le séjour des Grecs en Ibérie eut peu d'importance politique. Ils étaient alors inférieurs aux Phéniciens, qui s'enrichissaient chaque année du produit énorme des mines d'Espagne : cependant, d'autres expéditions suivirent les Rhodiens, et vinrent chercher aussi à jouir du beau ciel de l'Ibérie et de l'extrême fertilité du sol (1). Les Phocéens, des premiers, abor-

(1) Avant le terrible incendie qui détruisit, dit-on, jusqu'aux forêts dont les Pyrénées étaient couvertes, et qui fut causé par la sécheresse de trente ans, arrivée huit cents ans avant l'ère chrétienne, l'Espagne était le pays le plus fertile de l'Europe; mais la perte de ses forêts, jointe à la chaleur du climat, lui enlevèrent ce précieux avantage, que la paresse habituelle des Espagnols ne chercha point à recouvrer par le travail.

dèrent sur les côtes orientales de l'Espagne; d'après le rapport d'Hérodote, il paraît qu'ils prirent un chemin différent des Phéniciens qui s'étaient établis au Midi. Ils furent reçus par le seul roi dont l'histoire d'Espagne fasse mention. Il se nommait (1) Argentonius, et elle le représente « comme un prince doux et humain,
» aimant les arts et le commerce, et les
» faisant fleurir dans ses états; honorant le
» mérite dans ses moindres sujets; accueil-
» lant bien les étrangers pour se faire ins-
» truire par eux, et former avec leur na-
» tion des alliances avantageuses à son
» peuple. » Il accueillit les Phocéens, les combla d'amitié et de présens, et leur fit donner une somme suffisante pour se défendre contre leurs ennemis lorsqu'ils seraient de retour en Grèce. Ces secours ne leur furent pas suffisans pour s'y maintenir, et ils furent obligés d'abandonner

(1) Tiré de Depping. (*Histoire générale d'Espagne.*)

leur patrie et d'en chercher une autre. Ils s'établirent successivement en Corse, en Calabre, enfin, sur les côtes méridionales des Gaules, où ils fondèrent *Massilia*, maintenant Marseille, établirent une république aristocratique régie par un sénat composé de six cents nobles. Cette république envoya par la suite des colonies sur les bords de la Catalogne. Ces peuples y firent un établissement dans une île près de Roses, pour leur servir d'entrepôt. Les naturels du pays ne voyaient toujours qu'avec chagrin ces hôtes incommodes, et cherchaient à s'en délivrer ou au moins à circonscrire leur territoire d'une manière si étroite, qu'ils ne pussent pénétrer dans l'intérieur du pays où sont placées ces montagnes redoutables à tout peuple qui prétend conquérir l'Espagne. Là, de tous temps, les nations originaires de la péninsule se retirèrent et se rirent des efforts de ceux qui prétendaient les soumettre. On peut s'emparer des villes, des champs qui les environnent à peu de distance; mais les montagnes appartiennent à la courageuse nation qui s'y est toujours réfugiée, et qui, du haut de leur sommet, a sans cesse défendu son indépendance. Les Catalans avaient eu recours à un stratagème avec les Phocéens. Ils les avaient reçus dans une ville qu'Étienne de Byzance appelle ville celtique, mais seulement comme en d'autres ports on reçoit les flottes étrangères. Les Phocéens voulurent en chasser les anciens propriétaires, et leur livrèrent des combats sanglans; les naturels du pays l'emportèrent, mais n'obtinrent pas un avantage assez décisif pour se débarrasser de leurs adversaires. Ils imaginèrent alors de faire avec eux un arrangement fort bizarre; ils leur cédèrent un quartier de la ville, dont l'enceinte n'était que de quatre cents pas, et se retirèrent dans l'autre partie. Celle qu'occupaient les Phocéens était sur la mer; ils l'environnèrent d'une forte muraille, où ils ne conservèrent qu'une porte pour communiquer avec le reste de la ville; mais cette porte était toujours fermée du côté des Grecs. Un de leurs magistrats y était de garde avec les soldats; et la nuit, le tiers de la population veillait sur les murs, de crainte de surprise. Un tel état de gêne et d'inquiétude ne pouvait subsister long-temps. Les Phocéens ne pouvant enfreindre le traité qui leur défendait de dépasser les limites assignées, se dispersèrent en partie le long de la côte, et s'emparèrent de la ville de Roses, fondée par les Rhodiens, qu'ils eurent moins de peine à réduire que les Catalans. Ils passèrent ensuite dans le pays où est bâtie Valence, et fondèrent trois colonies. On ne connaît le nom que de celle appelée *Dianum*, aujourd'hui Denia, devenue célèbre par le magnifique temple de Diane et par son observatoire; les deux autres ne sont nommées dans aucun historien, mais on croit qu'elles se trou=

vaient sur le territoire de Caudia. L'illustre et malheureuse Sagonte, aujourd'hui Murviedo, était un établissement grec fondé par les habitans de l'île de Zante. Jamais les Grecs ne furent redoutables en Espagne comme puissance militaire; ils s'y maintinrent par le commerce et l'aménité de leurs manières, tandis que les Phéniciens, se livrant à leur désir insatiable des richesses, finirent par indisposer ceux qui les avaient reçus avec un sentiment de bienveillance.

Cette dernière considération me conduit à une observation que j'appuierai sur l'histoire ancienne et moderne des habitans de la Péninsule. L'Espagnol est confiant et généreux, comme franc et loyal. Il ne soupçonne jamais qu'on veuille le trahir; mais s'il se livre avec une entière bonne foi, il n'en est que plus irrité lorsqu'il remarque de la perfidie : alors sa vengeance est féroce; extrêmement dur pour lui-même, et ne redoutant pas la douleur, il n'est pas sensible à celle de son semblable; nulle compassion n'entre plus dans son cœur, et ne se place entre lui et l'objet de sa haine; il en poursuit les effets jusqu'au dernier terme, et invente les plus horribles supplices pour torturer ses victimes. Ce caractère est ce qui a toujours rendu si dangereux de faire la guerre à un peuple qui ne se pique d'aucune pitié envers ses prisonniers, et dont rien n'a pu adoucir les mœurs à cet égard. Attaché avec une sorte de fanatisme à sa religion, il n'a jamais mis en pratique la sublime morale du pardon des injures. A cet esprit vindicatif peut être attribuée la première guerre que l'Espagnol déclara aux Phéniciens, qu'il avait reçus avec tant de cordialité, et qui si long-temps abusèrent de son amitié pour lui enlever ses trésors.

L'esprit des Phéniciens était entièrement mercantile; s'ils étaient forcés de guerroyer, c'était toujours avec des troupes étrangères. Carthage, au contraire, eut des troupes aguerries et des généraux célèbres. Déjà les flottes de cette république couvraient la Méditerranée. Les Carthaginois, qui savaient de quel prix il était pour eux de pénétrer en Espagne, résolurent d'y fonder des colonies : mais c'était une entreprise bien hasardeuse. Les Phéniciens avaient des établissemens redoutables; les Grecs devaient aussi défendre les leurs; et quoique les indigènes ne supportassent qu'avec une peine extrême l'avarice des Tyriens, ils devaient redouter aussi les Carthaginois et s'opposer à leur invasion. Une nouvelle puissance ne pouvait donc s'établir sur les côtes de l'Ibérie, sans éprouver la plus vigoureuse résistance. Les Carthaginois employèrent la ruse qui les caractérisait; leur mauvaise foi a passé en proverbe. Ils ne parurent point menacer la péninsule, et semblèrent se borner à vouloir acquérir un simple entrepôt dans les îles Pithieuses, dont l'une s'appelle aujourd'hui Ivica, et l'autre Formentera. La première, plus près des côtes que Majorque et Minorque, parut aux Carthaginois mieux convenir à leurs desseins. Cette île offrait un bon port, un terrain fertile, un air pur, et ne renfermait aucun animal venimeux (1). Les nouveaux colons ne pouvaient trouver un séjour plus favorable pour observer ce qui se passerait dans la péninsule, et saisir ou faire naître une occasion favorable pour pénétrer dans l'intérieur d'un pays qu'ils savaient renfermer de grandes richesses; ils ne furent pas long-temps à atteindre le but qu'ils se proposaient.

Ce que j'ai dit du caractère des Celtibériens est prouvé par ce qui se passa bientôt. Les naturels du pays, excités peut-être par les Carthaginois, crurent

(1) Celle de Formentera, qui est très-voisine d'Ivica, en est tellement infectée qu'elle est restée déserte.

avoir à se plaindre des habitans de la ville de Gadès, fondée par les Phéniciens, qui avaient soumis les pays environnans. Ils cherchèrent à secouer le joug, que l'Espagnol porte toujours avec impatience, quand c'est l'étranger qui le lui impose; et se sentant trop faibles, ils appelèrent à leur secours leurs nouveaux voisins, sans imaginer que ceux-ci deviendraient pour eux des maîtres bien plus dangereux que ceux dont ils voulaient se défaire. L'Espagne devint ainsi le théâtre d'une guerre en quelque sorte civile entre Tyr et Carthage, et souffrit de leurs combats, les indigènes étant souvent forcés de prendre les armes pour ceux qui les traitaient encore en alliés. Cette lutte fut terrible, et ne cessa qu'après la plus opiniâtre résistance. Tyr finit par céder à Carthage ses établissemens sur la Méditerranée, dans lesquels les Carthaginois s'établirent en vainqueurs, et osèrent dicter des lois à ceux qui ne les avaient reçus que pour être protégés par eux. Les naturels du pays furent contraints de dissimuler. Pour les délivrer du joug des Phéniciens, ils avaient imploré les Carthaginois : qui les délivrera de celui de ces derniers? Bien plus insupportable que les Phéniciens, leurs nouveaux maîtres ne connaissaient aucun des ménagemens que les premiers avaient toujours gardés.

Les Carthaginois, sans cesse armés, obtenaient par la force ce que les naturels du pays prétendaient leur refuser; endurcis à tous les travaux, nés sous le climat brûlant de l'Afrique, celui de l'Espagne, si pernicieux aux peuples du nord de l'Europe, était pour eux doux et tempéré. Plusieurs de ces alliés avaient été nourris sur les sables de la Libye, ou sur le sommet du mont Atlas, plus âpre encore que la Sierra-Morena, et même que les Pyrénées. Les Carthaginois étaient donc certains de pouvoir pénétrer impunément dans l'intérieur de la péninsule, et de s'y établir; mais ce ne fut pas sans de terribles combats, où les deux partis déployèrent leur férocité naturelle. C'était surtout l'approche des mines que les indigènes défendaient avec le plus de force ; ils avaient appris à connaître la valeur de l'or, qu'ils avaient ignorée si long-temps, et ils commencèrent à concevoir pour ce métal une véritable passion. Comme aujourd'hui, l'Espagnol, sobre et mal vêtu, se contentait du plus chétif mobilier; mais dès-lors, les plus pauvres eux-mêmes attachèrent du prix à posséder de l'or sans en faire usage, et ils trouvèrent tant de charmes à ce trésor inutile, que lors d'une invasion, dont je parlerai plus tard, on verra ce peuple regretter plus ses onces que ses propriétés, lors même que celles-ci étaient d'un prix bien plus considérable que le trésor qu'il perdait. Ce penchant particulier s'est empreint dans le caractère de cette nation, et présente l'une des causes qui rend la conquête de la péninsule presque impossible, parce que l'Espagnol, n'estimant que son or et son rosaire, se dérobe facilement à son ennemi en emportant l'un et l'autre dans ses montagnes, d'où il revient presque aussi riche qu'il l'était avant l'invasion; n'ayant perdu que des effets de très-peu de valeur, qu'il peut facilement et promptement remplacer, il se remet tranquillement à labourer son champ, non pour lui faire produire tout ce qu'il pourrait en retirer avec un travail soutenu, mais seulement pour en obtenir ce qui est d'une absolue nécessité au propriétaire, et, en se donnant le moins de peine possible, se nourrir lui et sa famille.

Cependant, l'un des plus grands malheurs que les indigènes crurent avoir éprouvés à l'époque dont j'ai parlé, malheur qu'ils n'avaient pas encore connu, ce fut de se voir forcés de quitter leurs dieux pénates pour aller dans le camp des Carthaginois, faire la guerre à des peuples dont ils n'avaient reçu aucun outrage. Ils devaient apprendre dans ces expéditions, sous les généraux carthaginois, cet art si difficile et si funeste dans lequel ils firent des progrès qui furent tels, que les Carthaginois les regardèrent bientôt comme leurs meilleures troupes, et les placèrent à l'avant-garde comme les plus intrépides de l'armée. Les habitans des îles Baléares étaient alors regardés comme les plus habiles à lancer la fronde. Lors de la première guerre punique, les Carthaginois transportèrent sur leurs vaisseaux, en Sicile et en Italie, des soldats espagnols, se servant ainsi de leurs bras et de leur or pour s'opposer à l'agrandissement d'une puissance qui menaçait d'envahir le monde connu; mais Carthage, en portant des forces considérables contre Rome, ne négligeait pas les avantages qu'elle s'était assurés en Espagne en s'y emparant des mines et du commerce. Des troupes disciplinées sous les ordres de ses meilleurs généraux, contenaient les naturels du pays lorsque la pesanteur du joug africain les portait à la désobéissance, que les vainqueurs appelaient révolte, et qui n'était dans les Celtibériens que le sentiment de la liberté que rien ne peut détruire dans une âme fière et courageuse. Il en coûtait souvent du sang et d'extrêmes fatigues aux soldats carthaginois, pour maintenir en Espagne la puissance de leur république, qui finit par s'emparer progressivement de la plus grande partie des provinces ibériennes. Elle y faisait un commerce considérable. Ce commerce s'étendit même en Gaule, où elle avait pénétré par les vallées des Pyrénées; c'est par cette route que les Carthaginois amenaient les levées de soldats gaulois qu'ils recrutaient, et qui, ayant traversé l'Espagne et étant embarqués sur les côtes de la Catalogne, passaient en Italie avec les autres troupes à la solde des ennemis de Rome, dont Carthage ne pouvait pressentir la future grandeur sans une extrême jalousie. Les efforts qu'elle fit pour abaisser sa rivale devaient causer sa perte, et sa ruine venger en quelque sorte les Ibériens du joug insupportable qui avait succédé à leur indépendance.

CHAPITRE TROISIÈME.

Suite de l'invasion des Carthaginois.

L'Espagne, gouvernée militairement par Carthage, eut, parmi les célèbres généraux à qui cette république confia le commandement, deux hommes d'un génie entreprenant, nommés Himilcon et Hannon. Ayant traversé la péninsule, ils arrivèrent sur les côtes occidentales de l'Espagne, où ils firent des dispositions pour deux expéditions importantes. Himilcon devait reconnaître les côtes des pays septentrionaux de l'Europe, et Hannon celles de l'Afrique. Il n'entre point dans mon sujet de rendre compte du succès de ces voyages, qui demandaient alors un courage extraordinaire, la navigation étant privée encore de tous ces moyens de direction qui rendent aujourd'hui peu dangereux les trajets du plus long cours. Ces deux hommes intrépides rendirent un service essentiel à leurs contemporains, en rectifiant en partie les erreurs géographiques de ce temps. Hannon, de retour de son voyage, reprit le commandement de l'Espagne. Plein d'ambition, d'audace, et s'abandonnant à toute la véhémence de ses passions, il ne se fit pas scrupule d'exercer un pouvoir sans bornes dans un pays conquis. Rien n'arrêtait ses emportemens et sa tyrannie. Ses exactions furent portées à un tel point, qu'au bout de quelques années, il se crut assez riche et assez puissant pour concevoir l'idée d'asservir Carthage, en tournant contre sa patrie ses propres bien-

faits. Le sénat, instruit à temps, déjoua
ces projets; et la chute de cet orgueilleux
citoyen, suivant de près ses premières
tentatives, entraîna sa perte et celle de sa
famille.

Cet événement ne rendit pas la position
des Ibériens plus heureuse. La péninsule
fut long-temps occupée par les troupes
carthaginoises : plusieurs généraux de
cette nation se succédèrent dans le commandement de l'Espagne, sans adoucir le
sort des habitans : un des plus renommés
fut Amilcar Barcas; que la profondeur de
son génie avertit que Rome dominerait
un jour sur les ruines de Carthage, si
celle-ci ne faisait pas tous ses efforts pour
anéantir sa rivale. Ce grand homme de
guerre, après avoir soumis à sa république les côtes africaines, et fait rentrer
sous son obéissance les îles Baléares qui
avaient tenté de secouer le joug des Carthaginois, étant de retour à Carthage,
voulut, avant de se rendre en Espagne,

où le sénat l'envoyait combattre, assurer à sa patrie, dans la personne de son fils encore enfant, un général digne de le remplacer. Il fit préparer un sacrifice solennel, où se trouvaient sa femme, ses enfans, les principaux membres de sa famille, avec une foule de ses concitoyens; et ayant fait approcher son fils Annibal, âgé alors de neuf ans, il lui fit jurer sur la victime une haine immortelle aux Romains.

Aussitôt après, il partit, emmenant avec lui ses trois fils, à qui il inspira les mêmes sentimens ; et lorsqu'on lui demandait comment si jeunes il les associait aux fatigues et aux dangers d'une guerre d'invasion : « Ce sont de jeunes lions, répondait-il, que je dresse contre Rome ; il faut que de bonne heure ils apprennent à rugir contre elle. » Rien en effet n'était plus propre à former un chef intrépide que cette guerre, où les Espagnols ne se lassaient pas un seul instant de repousser l'ennemi, et semblaient opposer des forces sans cesse renaissantes. Attaqués dans la plaine, voyaient-ils la victoire douteuse? ils se retiraient en bon ordre. Les Carthaginois voulaient-ils les poursuivre? ils disparaissaient en gagnant des défilés inconnus aux étrangers, et trouvaient un abri dans le creux des rochers ou dans les profondeurs des vallées. On eût dit que la terre les avait engloutis. Si les Carthaginois ou tout autre peuple les attaquaient (1), ils laissaient croire à leurs ennemis qu'ils étaient dispersés et qu'ils n'étaient plus à craindre; et tout-à-coup, on les apercevait au sommet des montagnes, d'où ils lançaient des flèches et des cailloux avec une telle violence, qu'ils détruisaient des armées régulières sans qu'elles pussent se défendre, les naturels se trouvant en quelque sorte suspendus entre le ciel et la terre. D'autres fois, ils parcou-

(1) Cette tactique est et sera toujours celle des Espagnols.

raient les campagnes en petit nombre, cachant leur marche au fond des ravins, se mettant en embuscade dans les buissons. Malheur à celui qui les rencontrait s'il n'avait pas avec lui une escorte assez forte pour résister au nombre, car alors ils fondaient tout-à-coup sur l'homme isolé, et le massacraient : aussi, était-il enjoint aux soldats de ne pas s'éloigner du camp. Malgré cet ordre, l'ardeur du pillage faisait tomber assez souvent des Carthaginois dans les mains des Celtibériens, qui exerçaient sur eux d'horribles cruautés, que trop souvent on a vues se répéter dans les temps modernes.

Malgré cette héroïque résistance, Amilcar poursuivit ses conquêtes, qu'il étendit jusqu'aux côtes de l'Ouest, et se rendit maître d'une grande partie de la Lusitanie, maintenant le Portugal, et de toute la contrée qui se trouve entre l'Andalousie et le royaume de Léon. Ces événemens se passaient l'an 520 de la fondation de Rome, dans le temps où le consul Lutatius força Carthage à demander la paix, après l'éclatante victoire navale qu'il remporta sur les Carthaginois, dont il détruisit la flotte commandée par Amilcar. Ainsi se termina la première guerre punique, qui avait duré vingt-quatre ans. Il semblait qu'en cet instant la fortune qui avait jusqu'alors accompagné les armées de Carthage, les eût abandonnées ; un an après le traité dont je viens de parler, Amilcar, qui comptait autant de victoires que de combats, fut vaincu par les Celtibériens dans une bataille rangée, et périt de la main d'un de leurs chefs.

Annibal, qui n'était point majeur, ne put, selon les lois de Carthage, succéder à son père dans le commandement de l'Espagne, et ce fut Asdrubal, gendre d'Amilcar, qui fut nommé à sa place. S'il y eut un temps heureux pour les peuples de la péninsule, ce fut celui qui s'écoula pendant que ce général eut toute autorité sur eux; car il les gouverna avec une douceur et une équité qu'ils n'avaient pas encore trouvées dans aucun de ses prédécesseurs. Il les traitait plutôt en alliés qu'en vaincus; il faisait fleurir les arts et l'agriculture, n'inquiétant point le paisible habitant des campagnes; mais ce qui honore le plus son commandement, c'est la fondation de la ville de Carthagène, ou Carthage la Neuve. Cette ville dont Polybe, qui l'avait habitée long-temps, lorsqu'il suivit en Espagne Émilien-Scipion, son élève, fait une si exacte description, a résisté à toutes les révolutions auxquelles l'Espagne a été livrée; elle existe encore et a conservé son nom. Sa situation est la plus heureuse que l'on puisse imaginer. Placée sur la plage méridionale de l'Espagne, elle s'élève au fond d'un golfe qui forme un port vaste, et d'autant plus sûr, qu'à l'entrée se trouve un îlot qui ne laisse des deux côtés qu'un passage étroit, où les vagues se taisent et ne laissent à redouter au port que les vents d'Afrique, le port étant abrité des trois autres côtés. La ville est sur une colline qui domine la mer et rend l'aspect de la cité très-agréable. Bâtie par les Carthaginois, elle fut embellie par les Romains; ceux-ci l'ornèrent de chefs-d'œuvre d'architecture et de peinture, qui ont subsisté jusqu'au temps du vandalisme. On y voit encore les ruines d'un amphithéâtre, les débris d'un aquéduc et quelques inscriptions : ces embellissemens ont passé, mais les avantages qu'elle tenait de sa situation lui restent, et elle est encore le port le plus sûr de toute la côte. Asdrubal, que l'histoire nous représente sous les traits d'un homme vraiment digne de l'estime de la postérité, mourut assassiné par un esclave de Tagus, prince espagnol, qui voulut venger la mort de celui-ci, qu'Asdrubal avait fait périr, soit parce qu'il s'était révolté, soit parce qu'il avait refusé de se soumettre. Cette action injuste priva les Carthaginois d'un de leurs meilleurs généraux, et prouve que l'homme le plus puissant doit craindre d'attirer sur lui la vengeance du moindre des individus, parce que celui qui ne redoute point la mort est tôt ou tard maître de la vie de son ennemi.

Annibal, qui avait atteint sa vingt-cinquième année, succéda à son beau-frère. Il fit connaître sa cruauté dès le premier moment de sa puissance, en faisant périr dans les plus horribles supplices l'esclave qui avait assassiné Asdrubal. Rien ne put vaincre l'opiniâtreté de cet homme, qui soutint jusqu'à son dernier soupir, qu'on ne pouvait lui imputer comme un crime son attachement pour son maître. Ce ne fut que le prélude de la domination sanguinaire d'Annibal, qui néanmoins eût été l'un des génies les plus extraordinaires de son siècle, s'il avait su allier à toutes les qualités d'un grand homme de guerre, cette douceur, cette sensibilité, qui consolent l'humanité des maux que lui cause l'humeur belliqueuse des héros.

Annibal, abandonnant la marche politique qu'Asdrubal lui avait tracée, négligea tout autre soin que celui de soumettre le reste des peuples qui résistaient encore aux Carthaginois. A peine avait-il reçu les marques du commandement, qu'il prit les armes et pénétra plus avant qu'aucun de ses prédécesseurs dans l'intérieur des terres. Il établit son camp dans ce que nous appelons la Castille, entra dans le royaume de Léon et prit deux villes, Arbacala et Almania, aujourd'hui Salamanque : la première lui ouvrit ses portes; l'autre usa de ruse pour échapper à la domination de Carthage.

Le siége ayant été poussé avec force, la place capitula, et l'ennemi accorda aux hommes la vie et la liberté, mais leur défendit d'emporter leurs armes. Les femmes suivirent leurs maris cachant sous leurs robes des poignards et des épées.

Annibal n'avait placé qu'un corps de cavalerie peu nombreux à la porte de la ville; le reste de l'armée se livrait au pillage. Bientôt le corps de réserve voulut y prendre part et quitta son poste; alors les habitans, rentrant dans Almania avec les armes que leurs femmes leur avaient données, et surprenant les Carthaginois dans l'ivresse, massacrèrent tout ce qui ne put se soustraire par la fuite à leur fureur. Les femmes mêmes combattaient auprès de leurs maris, et l'une d'elles força un soldat carthaginois à lui céder sa lance, dont elle le blessa mortellement.

Annibal, furieux d'avoir été trompé, rallia les fuyards, les ramena, et, après un combat opiniâtre, força les habitans à se retirer sur un haute montagne, peu distante; s'y retranchant, ils obtinrent une capitulation honorable, et eurent la liberté de rentrer dans leurs foyers, restant toutefois sous la domination carthaginoise.

CHAPITRE QUATRIÈME.

Siége de Sagonte.

Aussitôt que ce traité fut conclu, Annibal ne pensa qu'à retourner à Carthagène; mais au moment où il voulait pénétrer en Castille, il y trouva une armée de cent mille hommes, composée des différens peuples qui habitaient l'Espagne et qui s'étaient réunis contre l'ennemi commun. L'arrière-garde carthaginoise fut battue, et le reste de l'armée tellement harcelé par les naturels du pays qui ne lui laissaient pas un moment de repos, que malgré son habileté, Annibal fut forcé de se retirer. On crut d'après cet échec qu'il ne tenterait plus de traverser un pays hérissé de montagnes et couvert d'épaisses forêts, et qu'il se contenterait de Carthagène, dont la situation lui donnait encore assez de moyens pour tirer du reste de la péninsule de grands avantages, par le commerce que les Carthaginois, aussi habiles négocians qu'expérimentés dans la guerre, ne négligeaient jamais; mais rien ne satisfaisait encore sa haine contre les Romains. La paix avait été solennellement jurée : il ne pouvait ouvertement enfreindre les traités ; l'astucieux Carthaginois trouva dans les articles mêmes de cette convention, des moyens de susciter des querelles qui lui servirent de prétexte pour la rompre. On se rappelle l'établissement des colonies grecques sur la côte orientale de l'Espagne; l'une des plus célèbres était établie à Sagonte (1). Carthage avait reconnu l'indépendance des Sagontins; ceux-ci, peut-être excités en secret par Annibal, prétendirent avoir à se plaindre des Torboletains, autre colonie grecque qui était sous la protection des Carthaginois. Annibal ne fut pas plus tôt instruit de ce

(1) Maintenant Murviedo.

différend, que son âme ardente et vindicative vit d'un coup d'œil que cette étincelle pouvait embraser l'Italie. Il se hâta donc d'apprendre au sénat de Carthage que les Romains fomentaient la discorde entre les Grecs, et qu'il n'y avait point de doute que si l'on ne réprimait pas l'audace de Rome en humiliant ceux qu'elle protégeait, elle viendrait bientôt troubler les Carthaginois jusque dans leurs établissemens les plus importans. C'était flatter le sénat que de lui faire entrevoir un moyen de réparer par une nouvelle guerre les désavantages du dernier traité. Rome avait déjà tiré parti de cet accord, et sous prétexte que les Carthaginois, aux termes de la convention, ne devaient pas pousser leurs conquêtes au-delà de l'Èbre, elle se regardait comme maîtresse de la péninsule; elle se persuadait que les Grecs étaient assez forts pour en défendre l'entrée aux armées de sa rivale, et ne savait pas tout ce qu'Annibal était capable d'entreprendre.

Celui-ci reçut donc de sa république tout pouvoir pour agir contre les Sagontins, et il en fit aussitôt usage. Se mettant à la tête de cinquante mille hommes des meilleures troupes de son armée, il vint assiéger Sagonte. Il traînait avec lui toutes les machines de guerre qui, moins promptes que notre artillerie, parvenaient néanmoins à force de travail à renverser les murailles : les Grecs ne pouvant douter de leur perte à la vue de ce redoutable appareil, envoyèrent des députés à Rome. Le sénat se contenta de faire partir des ambassadeurs pour Carthage, et ne donna aux assiégés que des réponses vagues; ceux-ci, abandonnés à leurs propres forces par l'inconcevable indifférence de leurs alliés, députèrent leurs personnages les plus importans vers Annibal, dont ils obtinrent encore moins de satisfaction. Ne consultant alors que leur courage et l'horreur que leur inspirait la pensée d'être soumis à Carthage, les Sagontins surpassèrent dans la défense de leur ville tout ce que l'histoire nous retrace de plus héroïque. N'attendant plus rien de Rome qui les délaissait si lâchement, ils ne se fièrent qu'à eux seuls du soin de conserver leur liberté. Ils faisaient des sorties qui toujours étaient à leur avantage : mais Annibal ne se rebutait pas. Depuis sept mois il était sous les murs de Sagonte, et cette ville, semblant imprenable, résistait à tout ce que le génie infernal de la guerre avait inventé pour la destruction des murailles. Le général Carthaginois, honteux d'être arrêté long-temps dans ses immenses projets, commanda l'assaut; mais ses troupes furent repoussées avec perte; lui-même il fut blessé à la cuisse, et obligé, par la suite de sa blessure, à suspendre quelques jours les attaques. Habile à profiter de ce repos forcé, il fit construire une tour d'une hauteur extraordinaire, d'où, à l'aide des balistes et des catapultes, on lança un si grand nombre de pierres, que les habitans ne pouvaient travailler à réparer les brèches que les béliers, continuellement portés contre les murailles, ne cessaient de multiplier. Il s'en fit un si grand nombre, qu'enfin les troupes d'Annibal entrèrent de toutes parts dans la place, et se rendirent maîtres des remparts. Les braves Sagontins ne voulant pas se rendre, se retranchèrent au centre de la ville, s'y fortifièrent, non dans l'espérance d'éloigner un farouche vainqueur, mais pour se donner le temps d'échapper par la mort aux fers que leurs ennemis préparaient à leurs femmes et à leurs enfans. Dans ce projet désespéré, ils allumèrent un grand feu, où ils jetèrent tout ce qu'ils avaient de précieux, et presque tous se poignardèrent : les femmes, non moins courageuses que leurs époux, et s'abandonnant même à une exaltation au-dessus de tous les sentimens de la nature, tuèrent leurs enfans, et se précipitèrent dans les flammes. Annibal, averti de ce qui se passait, fit avancer ses troupes qui forcèrent les barricades ; les vainqueurs n'aperçurent que des monceaux de cadavres à demi brûlés ou baignés dans leur sang. Chose inouïe ! ils massacrèrent ce qui respirait encore, parce qu'ils ne trouvaient plus à satisfaire leur passion pour le pillage; après cet acte de fureur, ils connurent eux-mêmes le regret sous les murs d'une ville infortunée dont le nom glorieux a traversé vingt siècles, et se rattache encore à tout ce qui est grand et héroïque. On a vu de nos jours une ville de cette même contrée donner une preuve presque semblable de dévouement et de fidélité; et réveillant en quelque sorte l'admiration que tout homme généreux ne peut refuser à la mémoire des Sagontins, réclamer le même sentiment honorable pour ses habitans ; c'est nommer l'intrépide Sarragosse.

Ces exemples ne furent point rares en Espagne, presque toujours le théâtre de guerres cruelles. Cependant, ce pays eut quelques momens de relâche pendant la célèbre expédition d'Annibal en Italie. Aussitôt que celui-ci eut détruit tout ce qui pouvait l'être de Sagonte, il fit déclarer la guerre aux Romains, et avancer son armée victorieuse dans la Catalogne; il prit Barcelone (1) et s'apprêta fièrement à passer les Pyrénées. Ses phalanges étaient composées de Carthaginois et d'Espagnols. Après avoir mis des garnisons carthaginoises dans les places conquises, il fit, de plus, passer en Afrique le reste des Espagnols en état de porter les armes; de sorte qu'il ne laissait derrière lui, en Espagne, qu'une armée carthaginoise commandée par son frère Asdrubal. Si le cadre de cet ouvrage était moins circonscrit, j'aurais peine à ne pas retracer cette expédition mémorable du plus grand général qu'aient eu les Carthaginois, et je

(1) Quelques-uns disent que son nom vient de Barcina ou Barcas.

me plairais à le voir marcher vers son but avec une assurance qui n'appartient qu'aux génies supérieurs; je le montrerais sachant vaincre les obstacles sans nombre qui se présentaient sous ses pas, braver tous les périls, ouvrir enfin, au travers des Gaules, un chemin depuis l'Espagne jusqu'en Italie; il ne dut qu'à l'amour et à la confiance qu'il savait inspirer à ses troupes, de leur faire vaincre la nature dans le passage des Pyrénées, du Rhône et des Alpes, et mettre en fuite les habitans féroces qui leur disputaient pied à pied le terrain. Mais je ne puis suivre ce héros dans cette brillante expédition qui l'éloigna de l'Espagne, où il ne revint plus : et je me trouve forcé d'y rester pour voir successivement paraître Asdrubal, frère d'Annibal; Hannon, Himilcon, Magon, et Asdrubal, fils de Giscon, qui défendirent autant et aussi long-temps qu'ils le purent, les établissemens que la république de Carthage avait faits dans la péninsule. Cette lutte cruelle entre les seuls peuples qui fussent puissans alors, devait être terminée par Scipion en présence même de toute la nation espagnole, dont on se disputait le territoire, sans qu'elle eût dans ces événemens d'autre rôle que celui d'auxiliaire, tantôt de l'armée carthaginoise, tantôt de l'armée romaine. Je vais décrire, le plus succinctement possible, au chapitre suivant, le tableau de cette longue et funeste guerre dont l'issue changea la scène politique du monde, et prépara les grands événemens qui l'occupèrent pendant plusieurs siècles.

CHAPITRE CINQUIÈME.

Invasions des Romains.

Rome était arrivée au point qu'elle ne pouvait plus conserver ses conquêtes qu'en en faisant de nouvelles, situation dans laquelle un gouvernement échange le bonheur contre la gloire. Carthage, restant maîtresse de l'Espagne, devenait une rivale trop puissante. Il fallait lui ôter ces bras et cet or qui la rendaient si redoutable; et comme le dit un auteur estimable (1), si Rome ne voulait pas devenir une province carthaginoise, il fallait que l'Espagne devînt une province romaine.

Quand il fut décidé dans le sénat que l'on porterait la guerre en Espagne, les Romains ne se dissimulèrent pas les dif-

(1) Depping.

ficultés de cette entreprise. Carthage était alors au plus haut point de sa prospérité, et elle avait Annibal pour l'un de ses généraux; mais il avait quitté l'Espagne pour venir attaquer Rome dans Rome même; c'était donc l'instant le plus favorable pour faire passer des troupes dans la péninsule. On sait que le choix d'un général est la chose la plus importante, surtout lorsqu'il ne suffit pas d'employer la force des armes, qui asservit, mais ne subjugue point, si l'on n'y joint la persuasion et cette douce éloquence qui est un présent du ciel. Il fallait vaincre la première résistance. Mais qu'est-ce que soumettre une petite peuplade enclavée dans un pays qui, alors, en contenait plus de cinquante de mœurs différentes, et dont chacune, comme je l'ai dit, avait des lois particulières? Il fallait donc parvenir à les soumettre toutes.

Il est vrai que le mécontentement général contre Carthage était porté à son comble. Lorsqu'un peuple éprouve ce malaise qui ne lui laisse plus considérer l'existence que comme un fardeau, il est disposé de lui-même à changer de gouvernement, et il ne faut plus qu'un peu d'habileté pour lui donner de nouveaux maîtres. L'Espagnol, naturellement fier, ne pouvait s'accoutumer à l'arrogance carthaginoise. Il était donc adroit et politique de lui envoyer un homme qui joignît aux vertus guerrières, une grande affabilité et une douceur qui entraînassent tous les esprits. Cet homme fut Cnéius Scipion. Il se présenta sur les bords de la Catalogne, au-dessus de l'Èbre, non comme un conquérant, mais comme un libérateur. Le nom des Romains était déjà célèbre; on vantait la sagesse de leurs lois, leur amour pour leurs dieux, leur fidélité à remplir leurs engagemens, l'urbanité de leurs mœurs, et il suffisait de voir Scipion, qui était si supérieur à son siècle, pour se confirmer dans cette flatteuse opinion envers ses concitoyens. Il fut donc reçu avec un élan de plaisir ; à son entrée en Espagne, on vit accourir des députés, non-seulement des villes voisines, mais même des peuplades sauvages qui habitaient les montagnes du Nord. Tous s'empressèrent de se placer dans l'alliance de Rome, et promirent au général romain les secours dont il aurait besoin.

Cependant, deux grandes armées défendaient les possessions carthaginoises, qui, alors, comprenaient presque toute l'Espagne : l'une de ces armées occupait les confins de la Lusitanie, et était commandée par Hannon ; l'autre obéissait à Asdrubal, et se trouvait à Carthagène. Il était fort important pour Scipion de ne pas laisser le temps à ces deux généraux de réunir leurs forces. Assuré de la bienveillance des naturels du pays, il marcha droit contre Hannon, l'attaqua et le défit. Asdrubal accourt avec une armée que nous ne regarderions que comme une faible division : il n'y avait alors que les barbares qui vinssent en foule au combat; les armées composées de troupes disciplinées n'étaient guère que comme celle du maréchal de Turenne, de quarante à cinquante mille hommes. Asdrubal n'en avait pas quinze mille, et cependant il attaqua les Romains, qui, surpris par une marche aussi rapide, abandonnèrent leurs lignes, et laissèrent les Carthaginois pénétrer dans le pays des Étergètes : ceux-ci s'emparèrent de Taragone, parvinrent à détacher de la coalition plusieurs peuplades, et se retirèrent au-delà de l'Èbre. Scipion, après avoir relevé le courage de ses troupes, revint à son tour dans le pays des Étergètes, punit les chefs de la révolte, et se fit donner des otages ; ensuite, regagnant sa flotte, il attaque celle des Carthaginois dans les mers où se décharge l'Èbre, remporte une victoire signalée, et force ainsi ses adversaires à abandonner la côte; rentré de nouveau en Espagne, il s'avança jusqu'à la forêt de Castulo, tandis qu'Asdrubal ne trouvait de sûreté qu'en Lusitanie.

Il n'est aucun doute que si les naturels du pays se fussent contentés d'être témoins des combats de Rome et de Carthage, et qu'ils n'eussent donné de secours ni à l'une ni à l'autre république, ces deux puissances se fussent épuisées en vains efforts, et eussent été contraintes d'évacuer un pays d'où dépendait la fortune du peuple qui parviendrait à s'y établir d'une manière solide. Il eût été très-utile aux indigènes que Rome et Carthage eussent renoncé à la conquête de la péninsule, qui, faite par l'une ou par l'autre, ne pouvait améliorer le sort des Espagnols; mais ils négligèrent le seul parti qu'ils eussent à prendre, celui de laisser les deux rivales s'entre-détruire; et passant tantôt de l'alliance des Romains à celle des Carthaginois, et des Carthaginois aux Romains, ils virent s'anéantir leurs ressources, et prodiguèrent leur sang, leur repos, sans autre espoir que celui de porter un joug un peu plus ou un peu moins pesant.

La fortune, si long-temps fidèle aux Romains, leur fit remporter cinq victoires signalées. Le frère de Scipion était venu le joindre avec un renfort considérable, et on ne pensait plus qu'il fût possible aux Carthaginois de leur résister long-temps. Les deux frères, ayant uni leurs forces, passèrent l'Èbre, et vinrent mettre le siége devant Sagonte, qui, malgré l'abandon où Rome l'avait laissée, conservait un sentiment de préférence pour ses anciens alliés. Mais les Sagontins se trouvaient dans une situation fort embarrassante. Annibal avait mis, sous la garde d'un officier carthaginois nommé Bostar, des otages qui lui avaient été donnés par les différentes villes espagnoles. Ces otages étaient des hommes distingués par leur naissance et par leur fortune. Les Sagontins, en ouvrant leurs portes aux Romains, ne pouvaient soustraire leurs otages aux vainqueurs; et quand l'honneur ne les eût pas détournés d'une pareille perfidie, que n'avaient-ils pas à craindre d'Annibal à son retour en Espagne? ne s'exposaient-ils pas à une terrible vengeance lorsqu'il apprendrait leur trahison? Ils se voyaient donc encore une fois obligés de soutenir un siége qui pouvait achever la ruine de leur malheureuse ville, quand un des principaux habitans, qui, selon toute apparence, n'était point d'une de ces familles qui s'ensevelirent sous les ruines de leur cité plutôt que de manquer à la foi jurée, n'éprouvant aucun scrupule de tromper ses compatriotes pour leur éviter de nouvelles calamités, commença par leur persuader qu'il était prudent de faire sortir les prisonniers, et de les renvoyer chez eux pour les dérober à la fureur du vainqueur. Ne soupçonnant pas son dessein, on lui ouvrit les portes ainsi qu'aux otages; c'est alors que l'on connut sa perfidie, car il les conduisit non dans leurs foyers, mais aux Romains. Ceux-ci qui, soit politique, soit humanité, ne manquaient jamais une occasion de montrer des sentimens généreux, mirent sur-le-champ les prisonniers en liberté, et les firent conduire chacun dans leur ville. Un pareil procédé était fait pour captiver l'amour des peuples. Les habitans de Sagonte, instruits de la conduite des Romains, leur ouvrirent leurs portes, et les reçurent comme d'anciens alliés.

Le premier soin de Scipion fut de faire oublier les torts de sa république envers la malheureuse Sagonte. Il voyait alors combien la cause de Rome avait dû perdre de son poids par cet abandon de la plus fidèle de ses alliées. Il ne s'occupa que de satisfaire les mânes de ceux qui avaient été victimes d'un attachement sans exemple à la république romaine ; il releva les remparts de la ville, donna la propriété du territoire et des édifices publics aux fils des habitans qui avaient survécu, et rendit, autant qu'il lui fut possible, à cette cité, son ancien lustre. Les Espagnols, frappés de cet acte de justice, comprirent qu'il leur était plus avantageux d'entrer dans l'alliance de Rome, que de rester tributaires des Carthaginois.

Ce fut après ces succès que les Celtibériens, oubliant la fierté naturelle à leur nation, se mirent à la solde des Romains; ce qui causa une grande indignation parmi les autres nations de la péninsule, qui ne pouvaient concevoir que pour quelques pièces de monnaie on vendît sa liberté à des étrangers. Il est vrai qu'ils se vendaient ainsi pour parvenir à chasser une nation dont le joug était devenu insupportable à l'Espagne : mais était-ce une raison pour que des hommes libres se missent à la solde d'un autre peuple?

Les Carthaginois, fort contrariés de

voir croître les forces de leurs ennemis, se souvinrent de leur habileté dans l'art de créer des ruses, et en employèrent une qui leur réussit. Les deux armées étaient en face l'une de l'autre, sous les murs d'Arritorgi en Aragon. Asdrubal fit courir le bruit dans le camp des Celtibériens, que leurs compatriotes, irrités de les voir à la solde d'une puissance étrangère, les engageaient à rentrer chez eux, et que ceux qui se retireraient sur-le-champ recevraient le double de la paie dont ils étaient convenus avec Scipion. Les Celtibériens se laissèrent prendre à ce stratagème et demandèrent leur congé, que le général romain n'osa leur refuser; leur départ affaiblit tellement l'armée romaine, qu'elle fut obligée de se retirer pour se mettre à l'abri d'une attaque qu'elle n'était plus en état de soutenir avec avantage, étant beaucoup plus faible que l'ennemi, car la fatigue et l'âpreté du climat lui avaient fait perdre une partie de ses troupes.

Les Carthaginois, au contraire, virent leurs forces s'augmenter. Un prince espagnol, chef des Suésetains, amena à Asdrubal un renfort considérable. Massinissa, prince africain, fils du roi des Massiliens, entra en Espagne, et vint joindre le général carthaginois : ces troupes étant réunies, Asdrubal chercha à profiter de son avantage. Ayant rencontré Publius-Scipion dans les environs de Valence, il lui livra bataille; les deux partis combattirent avec impétuosité pendant plusieurs heures, et de part et d'autre on fit des prodiges de valeur; Asdrubal, malgré le nombre de ses troupes, allait succomber, quand tout-à-coup Magon, que l'on croyait loin du champ de bataille, vint fondre sur l'arrière-garde de Scipion et en fit un horrible carnage.

Un autre coup, non moins terrible, fut porté aux Romains. Scipion fut frappé mortellement d'un coup de lance, qui le renversa de son cheval. La mort de ce grand homme répandit une telle consternation dans l'armée romaine, que la retraite devenant impossible, une grande partie fut massacrée par les Carthaginois et les Espagnols, qui non contens de cette première victoire sur Publius-Scipion, portèrent aussitôt leurs forces contre Cneius-Scipion, qui cherchait à sauver le reste de l'armée. Poursuivi de près et ne pouvant se retrancher, il fut obligé de recommencer le combat. Dès le premier choc ses soldats furent dispersés et s'enfuirent dans les bois environnans. Cneius-Scipion se retira avec ceux qui étaient restés près de lui, dans une tour voisine qui fut presque aussitôt prise par les ennemis. Tous ceux qui s'y trouvèrent furent les victimes de l'atroce fureur des Carthaginois, qui ne firent grâce à aucun. Scipion fut la première victime de leur rage. Ainsi les deux frères, aussi célèbres par leur touchante amitié que par leur brillant courage, périrent l'un et l'autre à un mois de distance, emportant l'estime de tous les guerriers qui avaient servi sous leurs ordres. Lorsque Marius fit connaître ce terrible événement, les soldats donnèrent des témoignages d'une douleur immodérée, surtout ceux qui, après la mort de Cneius, s'étaient réunis sur les confins de l'Arragon au camp romain. Marius les ayant assemblés, leur parla avec tant de force de la nécessité où ils étaient de venger ces illustres frères, dont les mânes ne pouvaient être apaisés que par le sang de leurs ennemis, qu'il réveilla leur ardeur. Après avoir rendu les honneurs funèbres à leurs généraux, et leur avoir élevé près de Tarragone un monument qui porte encore aujourd'hui le nom de *Torre de los Scipiones*, il les ramena au combat; au moment ou Asdrubal croyait l'armée romaine anéantie, il se vit attaqué par elle dans son camp. Deux victoires signalées rendirent aux Romains le sentiment de leurs forces; Asdrubal, forcé d'abandonner son camp, laissa aux vainqueurs un riche butin, entre autres un bouclier d'argent, sur lequel était le portrait d'Asdrubal-Barca, qui pesait, dit-on, 128 livres. Ce trophée fut envoyé à Rome, consacré à Jupiter, et suspendu au-dessus de la porte du Capitole.

Cependant ces succès furent de peu de durée, et cette guerre ne présente qu'une alternative continuelle d'avantages passagers et de défaites; seul résultat que dussent attendre deux peuples qui se disputaient la possession d'un pays étranger, où tout dépendait pour eux des dispositions plus ou moins favorables des indigènes. Les Carthaginois étaient détestés, mais puissans par leurs richesses et les places fortes qu'ils possédaient; les Romains avaient des alliés, mais point de citadelles; aussi lorsqu'ils étaient vaincus, ils n'avaient aucun moyen de se mettre à l'abri de la fureur de leurs ennemis, qui les forçaient bientôt à chercher leur salut sur leurs vaisseaux, ou à attendre dans des positions souvent plus dangereuses les secours que Rome leur envoyait.

Un jour Asdrubal, le plus rusé des généraux carthaginois après Annibal, parvint, sans qu'il lui coûtât un seul homme, à rendre inutile le secours que Claude Néron amenait en Espagne. Celui-ci avait abordé sur les côtes de la péninsule avec douze mille hommes d'infanterie et un corps de cavalerie. Asdrubal, averti de son approche, marche contre lui, se flattant de l'empêcher d'entrer dans l'intérieur du pays, et d'augmenter son armée en s'unissant à celle des alliés de sa république. Mais quelque diligence que fît Asdrubal, il se trouva, lors de la rencontre de Néron, dans un défilé si étroit, que toute son armée se voyait à la disposition des Romains, qui n'avaient plus qu'à leur commander de mettre bas les armes. Asdrubal, conservant son sang-froid dans cette position désespérée, s'avisa de demander la paix. Néron, croyant dicter des conditions avantageuses à son pays, consentit à entrer en négociation : mais l'adroit Carthaginois fit naître tant de difficultés à la conclusion du traité, que rien ne fut décidé dans le jour, et tout ayant été remis au lendemain, il décampa dans la nuit. Néron, frappé d'étonnement à la disparition de son ennemi, se sentit d'autant plus profondément humilié, qu'il ne pouvait accuser que lui-même de ce malheur. Le général carthaginois, qui connaissait mieux que lui le pays, avait conduit son armée avec le plus profond silence, par des passages dont la garde avait été négligée. Ce manque de précaution, si fâcheux dans un général, donna une idée peu avantageuse de Claude Néron. Le nom romain, redoutable dans l'Italie, perdit de son crédit en Espagne, et sans qu'il y eût des affaires décisives, les forces de la république romaine s'affaiblirent de jour en jour. On commençait à craindre qu'Asdrubal, faisant de grandes levées en Espagne, ne traversât les Pyrénées et la Gaule, pour aller rejoindre Annibal, dont la présence en Italie causait tant d'inquiétude aux Romains. Le sénat voyant s'anéantir dans la péninsule ses meilleures troupes, hésitait s'il ne serait pas plus prudent d'abandonner l'Espagne que de faire de vains efforts pour s'y maintenir, lorsque le génie de Rome lui suscita un de ces personnages extraordinaires que la nature fait naître à différentes époques pour les rendre à jamais mémorables.

CHAPITRE SIXIÈME.

Prise de Carthagène. — Entière expulsion des Carthaginois.

Le mauvais succès de l'expédition de Claude Néron avait porté le découragement jusque dans Rome : on ne savait à qui donner le commandement des troupes en Espagne. On assembla les comices : un décret ordonnait que celui qui se croirait capable de remplir ces fonctions importantes se présentât.

Quoique l'assemblée fût nombreuse, personne n'éleva la voix, tant on espérait peu du succès de la guerre dans la péninsule. Lorsqu'un jeune homme, à peine âgé de vingt-quatre ans, se leva, et dit : *Je suis prêt à mener les troupes romaines en Espagne, si la république a assez de confiance en moi pour m'en charger.*

Quand on sut que ce jeune homme était le fils de l'un des Scipion qui avaient péri en combattant les Carthaginois, tous les suffrages se réunirent en sa faveur. Ce mouvement d'enthousiasme céda bientôt à la réflexion que devait faire naître la grande jeunesse du candidat. Mais lorsqu'on l'eut entendu prononcer avec une modeste gravité un discours plein de sagesse, ceux des anciens qui hésitaient à lui donner leur voix se réunirent à la multitude, et il fut proclamé général de la république romaine en Espagne.

Le jeune Scipion partit avec 10,000 hommes d'infanterie et mille cavaliers, débarqua en Espagne, et s'arrêta à Tarragone pour y passer l'hiver, employant ce temps à acclimater ses troupes et à connaître parfaitement l'esprit des naturels du pays. Il avait été reçu avec empressement par ceux qui se souvenaient des vertus de son père et de son oncle ; il se vit bientôt assuré que cette province serait fidèle aux Romains, et qu'il y trouverait toujours une retraite s'il lui arrivait des revers. Il fit alors ses dispositions pour commencer la campagne, sans faire connaître à ses soldats le but qu'il se proposait. Ils n'en furent instruits que sous les murs de Carthagène, dont il forma le siége. Scipion connaissait parfaitement le génie des Romains. Il savait qu'ils étaient portés vers les croyances superstitieuses, et il n'ignorait pas que ses troupes avaient d'autant plus de confiance en lui qu'elles le croyaient protégé particulièrement de la divinité dont il se disait inspiré. Cette persuasion lui fut très-utile pour s'emparer de Carthagène.

Il avait d'abord essayé de se rendre maître de cette ville, en livrant des assauts qui furent tous repoussés avec perte par Magon, qui commandait dans la place. Scipion perdait un grand nombre de soldats, et n'avançait pas dans son entreprise, lorsqu'un jour il cria : *Aux armes, soldats! prenez des échelles, posez-les du côté des murs que baigne le lac; ne voyez-vous pas que par un prodige nouveau les eaux se retirent? Sachez que ce sont les dieux qui vous livrent vos ennemis : courons profiter de leurs bienfaits.*

Le soldat frappé en effet de la diminution sensible de l'eau du lac, n'imagina pas que ce fût par une cause naturelle dont Scipion s'était fait instruire par des pêcheurs; ce lac, qui communiquait à la mer, se trouvait presqu'à sec pendant les marées basses. Magon ne s'aperçut point du mouvement des assiégés : il en eût été instruit qu'il eût regardé leur tentative comme inutile, pensant que la ville était imprenable dans cet endroit. Il conserva toutes ses forces pour s'opposer, du côté de la mer, à des attaques que Scipion feignit de vouloir continuer pour tenir l'ennemi sur ses remparts. Pendant ce temps, l'armée ayant passé le lac à pied sec, elle ne trouva nul obstacle pour l'escalade, et les Romains se rendirent maîtres de la ville. Ils la traversèrent précipitamment, et vinrent attaquer la garnison par-derrière, la mettant ainsi entre deux dangers extrêmes; Magon ne put parer cette savante manœuvre, et fut obligé de se retirer dans la citadelle. Les Romains, ouvrant les portes à leurs concitoyens, massacrèrent tout ce qu'ils rencontrèrent, s'emparèrent de tous les bâtimens qui étaient dans le port, et firent un butin d'une valeur incalculable. La citadelle fut investie, et Magon la rendit après une faible résistance. Le nombre des prisonniers se montait à plus de 10,000. Après cette victoire, Scipion ordonna que les citoyens recouvrassent leur liberté et leurs maisons, et ne fit esclaves que les Africains. Il y avait à Carthagène un nombre considérable d'otages; c'étaient les fils des familles les plus importantes d'Espagne: Scipion prescrivit d'en avoir le plus grand soin, et fit dire aux peuplades auxquelles appartenaient ces prisonniers, qu'il était prêt à les rendre, ne demandant pour rançon qu'un traité d'alliance. Cette proposition fut acceptée avec le plus vif empressement, et Scipion conquit ainsi à la république, non-seulement une place très-utile, mais un grand nombre d'amis.

Qui ne connaît ce trait rapporté par

plusieurs historiens? Parmi les otages, se trouvait une jeune princesse d'une grande beauté, fiancée à Allucius, prince espagnol qui l'adorait. Les soldats amenèrent cette belle captive à leur général, qui refusa de la voir, et la rendit à celui qui devait être son époux, et qui, depuis cet instant, fut un des plus fidèles alliés de Rome, ainsi que son père. Tout ce qui connut la générosité et la modération de Scipion rechercha son amitié et lui témoigna la sienne dans toutes les circonstances.

Lorsqu'il eut assuré la défense de Carthagène, Scipion donna des ordres pour rétablir les parties de la ville qui avaient souffert pendant le siége, et se retira à Tarragone, où il assembla les nouveaux alliés de Rome, et leur demanda des secours pour achever de les délivrer du joug des Carthaginois. Ils s'empressèrent de se rendre à ses vœux, de manière qu'il se vit maître de presque toute la partie en-deçà de l'Èbre, où les Romains avaient leurs établissemens.

Cependant les généraux carthaginois ne pouvaient voir, sans un mortel chagrin, que Scipion, non-seulement eût pris Carthagène, mais qu'il s'emparât de tout le nord de l'Espagne. Asdrubal résolut de venger Magon, et s'avança avec une armée considérable jusqu'à Bécula en Andalousie. Scipion se trouva en face de lui, et quoique la position d'Asdrubal fût très-avantageuse, Scipion, comptant sur son bonheur, et craignant d'être enveloppé par deux autres corps qui devaient joindre l'armée carthaginoise, attaqua celle-ci avec tant d'habileté qu'il la mit en déroute. Quels que fussent les efforts d'Asdrubal pour conserver ses retranchemens, il le força d'abandonner son camp, qui devint la proie des soldats romains. Le général carthaginois se sauva avec un petit nombre de ses troupes, sut se frayer même un chemin au milieu des peuplades amies des Romains, traversa les Pyrénées, et alla en Italie chercher de nouveaux revers et la mort.

Scipion suivit le plan que la générosité de son caractère lui avait dicté. Parmi les captifs qu'il fit dans cette journée, il ordonna de mettre en liberté tous les Espagnols, et leur rendit leurs effets, ce qui lui donna sur tous les cœurs un pouvoir dont il fut loin d'abuser. Il avait vaincu la volupté, il résista à une passion non moins dangereuse : l'ambition ne trouva point de place dans son cœur; il refusa la couronne que les Espagnols lui offraient, préférant la gloire d'avoir combattu pour sa patrie à un trône environné de mille écueils.

Carthage disputait encore une conquête qui, de jour en jour, lui échappait. Hannon et Magon, à la tête d'une armée soutenue par plus de neuf mille Celtibériens, voulaient effacer la honte de leurs dernières défaites. Ils vinrent offrir le combat à Scipion, qui, jugeant que les allíés des Carthaginois pourraient tromper leurs espérances, porta de ce côté la plus grande partie de ses forces. En vain Hannon s'empressa de leur donner un prompt secours; le désordre se mit bientôt dans ses troupes indisciplinées, qui se débandèrent et cherchèrent leur salut dans la fuite : elles entraînèrent Hannon, qui fut fait prisonnier.

Magon n'avait pas attendu la fin du combat pour prendre, avec sa cavalerie, la route de Gadès: la fortune lui fit rencontrer Asdrubal-Giscon, qui unit ses troupes aux siennes, et ils cherchèrent à se soutenir dans l'Andalousie. Mais Scipion s'empara sous leurs yeux d'Oringi (1), malgré la résistance des assiégés, qui firent extrêmement souffrir les Romains par leur adresse à lancer une arme meurtrière, et qui n'était pas connue encore; c'é-

---

(1) Aujourd'hui Arjona.

tait une espèce de crochet aigu qu'on ne pouvait retirer de la plaie qu'il avait faite qu'en la déchirant. Tel fut de tous temps, tel est encore le génie cruel des Espagnols, qui inventent les moyens de donner à leur ennemi une mort accompagnée des plus vives souffrances. Cependant Oringi fut pris, et malgré la soumission de la garnison, les Romains la passèrent au fil de l'épée.

Pendant une absence de Scipion, quelques villes se révoltèrent. Le général romain les en punit à son retour; il vint mettre le siége devant Iliturgie, qui, après avoir été alliée de Rome, avait refusé asile à un corps de troupes de la république romaine. Au commencement du siége, Scipion fut blessé; ce qui rendit ses soldats plus acharnés encore à la prise de cette ville, que ses habitans défendaient avec une intrépidité digne d'un meilleur sort. Les femmes, les enfans se pressaient sur les remparts, lançant des flèches et des pierres avec une telle précision, que chaque coup portait. Mais Scipion, découvrant un rocher dont on avait négligé la défense, parce qu'il était regardé comme inaccessible, y porta ses soldats, qui ne connaissaient point d'obstacles lorsqu'ils avaient confiance dans leur chef. Ceux-ci gravirent le roc à l'aide de pointes de fer fixées dans les fentes qui se rencontraient dans le bloc. Arrivés au sommet, ils se précipitèrent dans la ville, y mirent le feu, et massacrèrent tous les habitans sans songer au pillage. La ruine totale de cette place mit seule un terme aux excès auxquels la troupe de Scipion se livra pour se venger de ce que les habitans d'Iliturgie avaient refusé un asile aux Romains. Castulon, ville dans le voisinage d'Iliturgie, craignit le même sort, et se rendit; mais celle d'Astapa fut une nouvelle Sagonte. Il semble que l'admiration soit si pénible à l'espèce humaine, que rarement on en éprouve pour deux traits qui se ressemblent. Sagonte a tous les honneurs d'un dévouement, qu'on regarde comme unique, tandis que celui d'Astapa est tombé dans l'oubli ; cependant il eut des suites plus funestes encore. Au moment où les Romains, après une forte résistance, entrèrent dans cette malheureuse ville, loin d'être touchés du sort des victimes qui périssaient dans le bûcher où ses habitans avaient jeté leurs trésors, ainsi que leurs femmes et leurs enfans qu'ils avaient fait égorger, ils ne pensèrent qu'à se saisir de leurs richesses, et, marchant sur les cadavres palpitans et à demi brûlés, ils s'avancèrent jusqu'au milieu des flammes pour en arracher l'or et les meubles précieux qu'elles dévoraient. Mais ces insatiables vainqueurs, pour la plupart, se trouvèrent tellement environnés de flammes et de fumée, qu'ils ne purent retourner en arrière, et périrent avec les habitans d'Astapa, payant ainsi, par une mort douloureuse et sans gloire, leur extrême cupidité.

La sévérité avec laquelle Scipion punissait les villes qui manquaient aux traités faits avec la république, n'empêcha pas que Mandonius et Audobal, pendant que le général romain était retenu dans son lit par une maladie dangereuse, ne vinssent ravager le territoire des alliés de Rome, et ne fomentassent des révoltes jusque dans le camp ennemi. Dès que Scipion eut recouvré ses forces, il marcha contre eux, et remporta sur Mandonius et Audobal une victoire signalée; en même temps Lélius, lieutenant de Scipion, mit en fuite les galères carthaginoises qui croisaient le long des côtes de la Catalogne.

La puissance carthaginoise fut alors expirante dans la péninsule; elle ne conservait plus que Gadès, qui lui tenait lieu de Carthagène. Les Romains ayant décidé de soumettre entièrement l'Espagne à la république romaine, Scipion profita du mécontentement des habitans de Gadès, et les engagea à fermer leurs portes à Magon, qui avait cherché à mettre ses vaisseaux à l'abri dans leur port. Le Carthaginois, irrité au dernier point de cette insulte, fit attacher en croix les suffètes (principaux magistrats) qu'il avait attirés à son bord, sous prétexte de faire un nouveau traité plus avantageux aux habitans. Cet outrage ne pouvait manquer d'attirer sur Magon la plus terrible vengeance, et il craignait de s'y exposer en restant à portée de la ville. Il prit le large, et après avoir croisé quelque temps, il s'éloigna entièrement de Gadès. Aussitôt que son départ fut connu, cette ville se donna aux Romains, et devint l'une des places les plus importantes de leur république. A cette époque, Scipion repassa en Italie, et porta la guerre en Afrique.

Mandonius et Audobal, dont j'ai déjà parlé, crurent l'instant favorable pour lever l'étendard de la révolte. Ils assemblèrent une armée fort nombreuse, mais mal disciplinée. Les Romains, commandés par Marius, ne leur laissèrent pas le temps de se retrancher; ils les attaquèrent, les défirent entièrement. Audobal périt sur le champ de bataille; plus heureux que Mandonius que ses propres troupes livrèrent aux Romains, ainsi que les principaux chef de l'insurrection, qui furent ainsi que lui mis à mort et leurs biens confisqués.

Quelques autres entreprises obscures furent tentées par des peuplades celtibériennes pour reconquérir leur ancienne indépendance, et ne réussirent point : d'un autre côté, Scipion, par le traité qu'il força Carthage d'accepter pour terminer la seconde guerre punique, l'an 200 avant l'ère chrétienne, fit stipuler qu'aucun Carthaginois n'aborderait en Espagne. Ainsi ce beau pays devint une province romaine : cependant il fallut cent quatre-vingts ans de guerres presque continuelles avec les naturels du pays pour le soumettre entièrement.

CHAPITRE SEPTIÈME.

Efforts des Espagnols pour reconquérir leur liberté. — Viriate. — Prise de Numance.

Le sénat de Rome sentit l'intérêt qu'il avait à conserver l'Espagne, et il ne chercha dans les commencemens qu'à se faire des amis de ceux que la défaite des Carthaginois lui avait soumis. La péninsule respira sous l'empire de ses nouveaux maîtres; mais bientôt ceux que Rome envoya commander en Espagne s'écartèrent de cet esprit de justice qui présidait aux délibérations du sénat. Les exactions amenèrent des murmures; et de là à la révolte il n'est qu'un pas, s'il se trouve un chef pour se mettre à la tête des mécontens. Les Espagnols le rencontrèrent dans la personne de Viriate. Ce chef devait tout à lui-même ; de simple berger il s'était fait brigand, puis chef de bande et partisan redoutable ; sa valeur indomptable, son amour pour son pays, à qui il voulait rendre la liberté, le firent élever au rang de général des Lusitains ses compatriotes. A peine revêtu du commandement, il attira les Romains près de Tarisse, dans une embuscade, où il les surprit et les tailla en pièces. Les Romains, honteux de se voir vaincus par un chef de brigands (c'est ainsi qu'ils appelaient l'armée que commandait Viriate), firent de nouveaux efforts pour le perdre ; mais cet homme d'un génie supérieur, et doué de toutes les qualités qui forment les héros, eut pendant onze ans des avantages continuels sur les Romains. Il remporta la plus brillante victoire près Visée en Lusitanie, et défit Caius Nigidus, préteur, dont le collègue Vitellius avait péri dans une autre rencontre : enfin Viriate, non content de délivrer sa patrie du joug des Romains, avait poussé ses conquêtes jusque dans l'Andalousie. Jamais ces fiers républicains n'avaient éprouvé d'aussi sensibles revers, et cependant on ne pensait point encore à négocier avec un homme que l'on s'efforçait de regarder comme un soldat de fortune. Néanmoins les défaites furent tellement répétées, que le préteur se vit forcé de recevoir les conditions que Viriate, qui avait conquis la moitié de la péninsule, lui offrit. Le sénat ne ratifia pas le traité, et Quintus Fabius étant arrivé en Espagne, y réunit quinze mille hommes et plaça son quartier-général près d'Orsona. Avant d'ouvrir la campagne, Fabius alla faire un pèlerinage au temple d'Hercule honoré à Gadès ; pendant ce temps Viriate battit les Romains, et les enferma en quelque sorte dans leurs quartiers. Fabius de retour n'en parut pas affecté; il employa près d'une année à former ses troupes, et ne les conduisit contre Viriate que lorsqu'il se crut assuré de le vaincre. Viriate alors trouva dans les Romains des ennemis redoutables ; et quoique maître de presque toute l'Espagne, il fut obligé de se replier sur la Lusitanie. Métellus obtint des succès en Castille et dans le royaume de Léon. Servilius, l'année suivante, continua la guerre contre Viriate et lui offrit la bataille près d'Ituca ; il l'eût peut-être vaincu, si le désordre, fruit de l'indiscipline d'un corps de Nubiens, n'eût empêché le général de profiter de la position de l'armée et ne l'eût forcé de s'en tenir à la prise de quelques villes.

L'ennemi du nom romain existait toujours et savait échapper aux plus grands dangers. Servilien, autre général envoyé par Rome, obtint des avantages qu'il signala par les plus affreuses cruautés. Il entra avec son armée dans le pays dont

Sarragosse est la capitale, près du fleuve Xacar; il s'empara d'un corps d'insurgés et les vendit à l'enchère. Ces infortunés ne pouvant souffrir l'esclavage, plusieurs d'entre eux s'entre-tuèrent; d'autres ayant été embarqués percèrent la cale, et périrent avec tout l'équipage.

La ville de Lancia eut la lâcheté de promettre aux Romains qui l'assiégeaient, de lui livrer la garnison que Numance lui avait envoyée. A peine cette nouvelle fut-elle parvenue à Numance, que les habitans envoyèrent, pour punir cette ville, un détachement qui l'attaqua. Les Romains ne voyant pas que l'on remplît la promesse qui leur avait été faite, livrèrent de leur côté l'assaut à la ville, qui se trouva atttaquée en même temps par deux ennemis bien plus forts qu'elle. Les Romains, qui l'étaient plus que les Numantins, non-seulement détruisirent Lancia, mais passèrent ses habitans au fil de l'épée sans épargner les Numantins, dont il n'y eut que deux cents hommes qui se firent jour au travers de l'armée romaine, et rentrèrent dans Numance.

Crisanes, attaquée par Servilien, allait subir le même sort que Lancia, si Viriate ne fût venu à son secours : il s'élança sur les Romains avec une telle vigueur, qu'il les força de prendre une position dangereuse qui pouvait les anéantir ; mais il préféra la paix qui, au milieu de ses plus grands succès, était toujours le but qu'il se proposait, ne voulant que le bonheur et la liberté de ses compatriotes. Ceux-ci convinrent que les Lusitains et les Romains garderaient leurs possessions, et qu'ils ne chercheraient point à en étendre les limites.

Malgré la foi jurée, Cépion vint en Espagne remplacer Servilien, et se prépara à la guerre, de l'aveu ou non du sénat. Il surprit Viriate, qui, sur la foi du traité, était retiré dans un village que l'on croit celui d'Arnagues, et le força d'avoir recours à ses amis pour réunir une faible armée. Cépion l'attaqua entre la Guadiana et le Tage; mais l'habile général lusitain trompa son ennemi, comme il l'avait fait plus d'une fois : il fit défiler ses troupes par une vallée couverte de bois, et resta seul avec un corps de cavalerie, défiant ses ennemis au combat. Ceux-ci le croyant soutenu par son armée n'osèrent accepter la bataille, et au commencement de la nuit il partit au grand galop, ne laissant aux Romains que le regret d'avoir manqué une si belle occasion de s'emparer d'un ennemi redoutable.

Viriate ayant mis les siens en sûreté et se trouvant, par la réunion de plusieurs corps, en état de se faire craindre encore des Romains, reprit néanmoins le projet de pacifier l'Espagne, et de jouir enfin du bonheur le plus véritable qu'un grand homme puisse goûter, celui de voir sa patrie libre et tranquille par ses soins. Il envoya trois des chefs de son armée qu'il croyait dignes de sa confiance et qui se disaient ses amis, pour savoir ce qui mettait de nouveau les armes aux mains des Romains et quelles étaient leurs prétentions : il offrait de conclure une paix solide. Cépion, par la plus lâche des trahisons, souilla la gloire romaine en employant l'intrigue et les plus brillantes promesses pour séduire les Lusitains, qui n'eurent pas d'horreur du crime que le général leur proposa, et convinrent de terminer, par un lâche assassinat, la vie du héros que Cépion désespérait de vaincre. De retour au camp de Viriate, ils n'attendirent que les ombres de la nuit pour commettre cet horrible forfait.

Le lendemain les soldats, étonnés de ne pas voir leur général, entrent dans sa tente et le trouvent baigné dans son sang. Qui rendra la rage, la douleur, le désespoir de ceux qu'il avait si long-temps conduits à la victoire! Les scélérats qui avaient commis le crime passèrent aussitôt dans le camp romain : on dit que Cépion parut ne pas avoir eu la moindre part à ce forfait et les abandonna à leurs remords. Il avait été un temps où le sénat eût désavoué hautement une semblable perfidie et en eût fait rechercher vivement les auteurs : mais la vertu romaine n'était plus qu'un nom ; on se contenta de nier que l'on eût eu connaissance de l'attentat qui avait fini les jours du héros. Sa mort rendit des fers à la Lusitanie, et la liberté de la péninsule fut, pendant bien des siècles, ensevelie sous les ruines de Numance (1).

Pompée Rufus avait succédé à Servilien, et depuis un an il assiégeait cette ville dont le nom est devenu si célèbre. Les Numantins dédaignaient de se mettre à l'abri de leurs murailles ; ils attaquaient chaque jour ceux qui les assiégeaient, et,

(1) Maintenant Soria dans la Vieille-Castille, aux sources du Duero près du pont de Garai, où l'on voit encore ses vestiges.

par des sorties continuelles, détruisaient
peu à peu l'armée de Pompée. Forcé de
lever le siége, Pompée conclut avec les
Numantins un traité que les Romains ne
ratifièrent pas, et Popilius vint recommencer les hostilités. Ce nouveau général
n'eut pas plus de succès que Pompée :
Hostilius qui lui succéda fut encore plus
malheureux; on l'accusa des mauvais succès de la campagne. Mandé à Rome pour
rendre compte de sa conduite, il fut con-
damné, non qu'il fût coupable, mais
parce que le sénat voulait recommencer
la guerre. Le malheureux Hostilius fut
renvoyé aux portes de Numance pour être
livré à la vengeance des habitans. Les Numantins, plus généreux que leurs ennemis, n'abusèrent point de la triste situation de ce général, et ne se saisirent pas
de lui : il passa vingt-quatre heures gar-
rotté et sans vêtemens sur la voie publique, et fut enfin repris par les Romains,

qui n'avaient voulu que rompre le traité qu'il avait fait.

Rome ne fut pas plus heureuse dans cette campagne : les Vaccéens, que ses soldats attaquèrent, pour avoir fourni des vivres à Numance, leur échappèrent. Les maladies et la famine désolèrent les assiégeans, qui tentèrent de se retirer ; mais les assiégés firent une sortie si vigoureuse qu'ils tuèrent plus de six mille Romains, et le reste de l'armée ne se sauva qu'à la faveur de la nuit.

Junius Brutus répara, par des conquêtes dans l'Espagne ultérieure, les désastres que la république éprouvait dans l'Espagne citérieure (1) ; il s'empara de tout le pays entre la Guadiana et le Tage, et ar-

(1) L'Espagne citérieure comprenait toute la partie de la péninsule en-deçà de l'Èbre, le royaume de Léon et l'Arragon ; sa capitale était Tarragone ; l'ultérieure renfermait la Lusitanie, la Vieille-Castille, l'Andalousie, etc., jusqu'à Cadix.

riva jusqu'aux bords du Léthé, aujourd'hui Lima. La ressemblance du nom avec le fleuve de l'Oubli, que les Romains croyaient entourer les Champs-Élysées, frappa d'effroi ces braves ; tant la superstition est dangereuse. Le général, voulant faire cesser l'hésitation de son armée, se jeta le premier à cheval dans le fleuve, qui à cet endroit avait fort peu de profondeur, et le traversa. Tous les officiers et les soldats, à son exemple, le passèrent et entrèrent sur le territoire de Bracar, où ils trouvèrent une résistance bien plus vigoureuse qu'ils ne s'y étaient attendus. Les femmes ne cédaient point à leurs maris la gloire de repousser l'ennemi ; elles ne craignaient ni la mort ni les blessures. Prêtes à tout sacrifier à la liberté, on en vit qui, sur le point de tomber au pouvoir du vainqueur avec leurs enfans, oubliaient tous sentimens de la nature et les égorgeaient pour les soustraire à l'esclavage. On ne put s'emparer de leur pays qu'en le changeant en un affreux désert. Si malheureusement l'Espagne eût été entièrement peuplée de nations aussi fortement passionnées pour leur indépendance, elle se fût trouvée entièrement dépeuplée.

Les habitans de Talabriga au contraire ne firent point de résistance : le général romain leur ordonna de sortir de leurs murs ; ils obéirent sans répliquer. Les soldats étant entrés dans la ville y prirent tout ce qui leur convenait, et laissèrent ensuite rentrer les habitans, qui se soumirent sans le moindre murmure aux lois romaines.

Mais Numance devait attirer tous les regards et donner à jamais un grand exemple. Elle résistait de toute la grandeur du courage de ses habitans à la domination étrangère. Rome, qui ne se relâchait en rien de ses prétentions, avait cependant employé inutilement ses plus habiles généraux et ses meilleures troupes à la reddition de cette ville, et ne trouvait plus personne qui voulût courir les hasards d'une guerre aussi malheureuse, lorsque le sénat jeta les yeux sur Scipion Émilien, que la ruine de Carthage avait illustré à jamais, et le nomma consul pour la seconde fois, dérogeant pour lui à la loi qui exigeait douze ans d'intervalle entre les deux nominations.

Scipion, arrivé en Espagne, réforma le luxe et la mollesse qui s'étaient introduits dans les camps, en fit sortir les femmes et les marchands d'objets de sensualité. La discipline la plus sévère fut observée, et on peut dire que, retrempant l'âme de ses soldats, il leur rendit l'ancienne énergie romaine, qu'ils avaient peu à peu perdue dans une vie oisive et efféminée. Lorsqu'il eut rétabli l'ordre dans son armée, il la mena combattre les Vaccéens qu'il vainquit, et vint ensuite établir des lignes de circonvallation autour de Numance, n'essayant pas de combattre sa valeureuse garnison, mais voulant la réduire par la plus horrible famine. Le blocus fut si exactement exécuté, que bientôt les Numantins, réduits à la dernière misère, demandèrent à capituler. Scipion ne voulut entendre à aucune composition. Un habitant, nommé Rétrogène, suivi de quatre de ses compatriotes, s'échappa à travers mille dangers et alla demander du secours aux Avéraques, qui étaient cause de tous les maux de Numance, parce que celle-ci les ayant secourus lorsqu'ils étaient en guerre avec les Romains, avait ainsi attiré sur elle la haine de ces maîtres vindicatifs.

Le nom de Scipion inspirait une telle frayeur, que les Avéraques n'osèrent donner aucun appui à leurs anciens alliés. La jeunesse de Lancia ayant eu la générosité de s'armer pour la cause de Numance, les anciens de la ville ne voulurent point la laisser sortir de leurs murs, et firent prévenir Scipion du projet de ces jeunes gens. A cette nouvelle, le général romain se rend à Lancia avec une force suffisante, se fait ouvrir les portes, force les habitans à lui livrer quatre cents de ces braves et héroïques citoyens, et leur fait couper les mains ; ainsi la guerre change souvent les héros en tigres. Après cette affreuse expédition, Scipion revint à Numance qu'une surveillance plus rigoureuse encore priva de tout secours, et dont la détresse devint telle, que les assiégés furent réduits à manger les cadavres de ceux que la faim et l'ennemi faisaient périr.

Livrés au désespoir, les Numantins voulurent tenter un dernier effort et sortirent tumultueusement de leurs murs, hommes, femmes, enfans, vieillards, les uns armés, les autres sans armes ; et toute cette population vint fondre sur le camp des assiégeans. Mais que pouvaient des infortunés, exténués par le besoin, contre soixante-dix mille hommes de troupes fraîches ? Ceux-ci n'employèrent pas même leurs armes contre eux, et ne firent que les repousser dans leur malheureuse ville, pour que, suivant les ordres de Scipion, ils y périssent de faim. Ne pouvant plus enfin supporter la vie, et saisis d'une rage frénétique, ils se donnèrent tous la mort, les uns par le poison, d'autres en se précipitant du haut des édifices; ceux-ci la reçurent de la main de leurs amis les plus chers; ceux-là se percèrent avec leurs propres armes. On en vit qui embrasèrent leurs maisons et se précipitèrent au milieu des flammes. Tout ce que la faim n'avait pas entraîné dans la tombe périt dans cette épouvantable journée. Les cris de ces infortunés arrivèrent jusqu'à l'oreille de leur bourreau, sans qu'il en fût ému; lorsqu'enfin le silence de la mort lui apprit que toute la population de Numance avait cessé d'exister, il entra suivi de ses troupes, reput ses regards de cet affreux spectacle, et ordonna de détruire la ville. Ses ordres furent si bien exécutés qu'il ne resta pas la moindre trace de la courageuse cité qui avait osé résister aux Romains.

La chute de Numance porta la désolation dans toute la péninsule. Avec elle avait péri la liberté de l'Espagne. Ses farouches vainqueurs appesantirent leur joug sur le pays ; et pendant quelques années y régna le calme des tombeaux. La terreur du nom romain était telle, que les naturels du pays n'osaient que partiellement faire des tentatives : les moindres insurrections étaient punies par des expéditions militaires, qui finissaient toujours par la ruine entière de la ville qui avait osé s'élever contre l'oppression ; la moitié des citoyens était massacrée, l'autre vendue comme on vend de vils bestiaux.

Cependant les Lusitains se réunirent et combattirent pendant quinze ans contre Rome, et le nombre, plutôt que le courage, les soumit ; ils résistaient encore, lorsqu'un détachement des Cimbres (1), qui désolaient l'empire romain, passa les Pyrénées. Les Celtibériens s'unirent d'abord aux Romains pour les repousser, mais bientôt se joignirent à ces étrangers contre leurs oppresseurs. Les Romains ayant triomphé tirèrent de cet abandon une horrible vengeance. Titus Dédius détruisit de fond en comble les villes de Ségovie et de Termes ; prit Colenda en Castille, en vendit les habitans commé esclaves, et, par un raffinement atroce de cruauté, fit engager un grand nombre d'Espagnols à se rendre à Colenda, disant qu'il voulait leur partager le territoire de cette ville; ils n'y furent pas plus tôt arrivés qu'il les fit égorger. Partout on vit la ruse et la fureur porter la destruction dans ce malheureux pays. Du sein de ses ennemis même s'éleva enfin un homme

(1) Peuple venu du nord de l'Europe au nombre de 300,000 hommes.

qui vint le défendre et lui apporta quelque relâche à ses malheurs.

CHAPITRE HUITIÈME.

Sertorius.

Rome, après avoir porté la guerre dans tous les états du midi de l'Europe, se voyait elle-même en proie à tous les maux qui suivent les discordes civiles. Sylla et Marius la livraient à la fureur de deux partis, dont chacun regardait réciproquement comme un crime irrémissible d'avoir suivi un autre chef que le sien. Sertorius était attaché au parti de Marius. La mort de ce dernier et celle de Cinna le forcèrent à quitter l'Italie, et il alla chercher un asile dans la péninsule. Le portrait de ce grand capitaine à cette époque a été tracé par Salluste. « Sertorius, dit cet historien, était » dans la force de l'âge, doué de toutes les » qualités naturelles du corps et de tous

» les talens qui constituent un grand guer-
» rier. Une tempérance rare le rendait ex-
» trêmement recommandable entre tous
» les généraux romains, auxquels d'ailleurs
» il ne cédait en rien pour les connais-
» sances militaires. Intrépide dans les dan-
» gers, modéré dans les succès, il ne se
» laissait jamais aller ni au découragement
» où jette l'infortune, ni à la fausse sécu-
» rité que le bonheur inspire. Dans l'ac-
» tion, il avait ce coup d'œil d'aigle qui
» fait saisir le moment décisif pour agir et
» voir quelle manœuvre peut tromper l'en-
» nemi. » A ces brillantes qualités il joi-
gnait une âme douce et un brûlant amour
pour sa patrie. Un peu enclin à la mélancolie, on dit qu'il avait un instant songé
à se retirer dans les îles Fortunées pour y
couler ses jours au sein d'une vie privée
et tranquille. Cet état convenait à sa sensibilité naturelle, dont la vivacité le mit
aux portes du tombeau lors de la perte
de sa mère; mais il fut maîtrisé par un

secret désir d'étendre la domination de sa patrie, et de la faire aimer par les lois qu'il donnerait en son nom à la péninsule. Il lui semblait que, devenant ainsi le législateur de l'Espagne, il pourrait en quelque sorte rendre la métropole à son ancienne splendeur, en lui inspirant l'envie de rappeler ses antiques vertus, qu'elle avait sacrifiées à son luxe et à ses mœurs licencieuses, fruit de ses immenses richesses. Il ne put réaliser de si nobles espérances; mais, au milieu des guerres continuelles qu'il soutint, il laissa souvent briller son généreux projet et tous les sentimens qui embellissaient son âme; heureux si la fin de sa vie eût été digne d'un héros doué de si rares qualités personnelles!

Sertorius, arrivé en Espagne, pénétra en Lusitanie, et y fut bientôt environné de tout ce que Rome avait de plus illustre parmi les citoyens que les proscriptions de Sylla avaient forcés de s'expatrier. Cinq mille hommes lui suffirent pour se mesurer avec le préteur Didius, sur lequel il remporta, dans les environs de Tariffe, une victoire signalée. Pendant ce temps, son lieutenant battait Lucius Domitius dans le nord, et s'emparait d'Arcabria. Sertorius s'empressa de former comme une nouvelle Rome; il établit un sénat, et des écoles publiques où les enfans des nobles étaient instruits dans la littérature des Grecs et des Romains. Habile à séduire le bas-peuple, généralement porté à la superstition, il lui persuada qu'il avait commerce avec les dieux, et qu'il en recevait des avis par l'organe d'une biche blanche qu'il avait élevée et qui le suivait partout, même dans les batailles. Tous les peuples accouraient à lui avec transport. Ces nouvelles alarmèrent Sylla, qui envoya contre lui Métellus et le jeune Pompée. Métellus vint mettre le siége devant Lacobriga, qu'il comptait prendre en peu de jours, parce que la ville n'avait qu'un seul puits. Mais il avait affaire à un ennemi accoutumé à se jouer des obstacles. Sertorius fit passer dans la ville deux mille outres pleines d'eau ; de manière que la place put résister assez long-temps pour que les assiégeans manquassent de vivres. Ils voulurent s'en procurer en sortant de leurs lignes : Sertorius les attaqua, les défit et les poursuivit avec la cavalerie espagnole, dont l'agilité et la légèreté étaient alors sans exemple.

Se portant ensuite contre l'armée que commandait Pompée, il fut arrêté par les habitans de Characitane, voisins du Tage; ces peuples occupaient des chemins étroits bordés de cavernes sous des rochers escarpés, où ils se retiraient, et où eux seuls pouvaient pénétrer. Sertorius se rendit maître de leurs retraites en tournant contre eux leur propre sol, qui, n'étant qu'une terre friable, devenait une poussière impalpable dès qu'on la remuait. Cette terre ayant été amoncelée, le vent de l'est, en l'élevant, la poussa en si grande quantité contre l'entrée des cavernes, que les habitans en furent accablés, et se virent forcés de se rendre. Ce stratagème donna une haute idée de l'habileté de Sertorius, et fit accourir sous ses drapeaux la plus grande partie de la population de cette contrée.

L'armée de Pompée était forte de soixante mille hommes; celle de Sertorius avait soixante-dix mille hommes d'infanterie et huit mille de cavalerie. Pompée et Sertorius, jeunes encore, avaient le désir de se mesurer; tous deux étaient braves et défendaient leur parti. Mais Sertorius avait plus d'expérience que Pompée, et en donna la preuve dans cette première rencontre : le camp espagnol se trouvait dans les environs de Laurone, au royaume de Valence. Pompée voulant empêcher que Sertorius assiégeât la ville, marcha vers une colline qui la commandait; mais Sertorius s'en empara le premier. Pompée alors se plaça entre la hauteur et le camp espagnol, croyant, par cette manœuvre, enfermer l'ennemi. Sertorius dit, à cette vue : « Apprenons à cet écolier de Sylla *qu'un homme qui fait la guerre doit regarder autant derrière que devant lui.* » Pompée croyait le camp vide; mais Sertorius y ayant fait porter un ordre, il en sortit des troupes qui, agissant simultanément avec les premières, bloquèrent les Romains et les battirent. Sertorius s'empara de Laurone sans que ceux-ci pussent s'y opposer.

On raconte que pendant cette bataille Sertorius perdit sa biche. Des soldats l'ayant retrouvée, le général les engagea au secret. Il feignit le lendemain d'avoir été averti par un songe du retour de sa compagne favorite; aussitôt on coupa le lien qui la retenait, et l'armée, la voyant accourir vers son maître, remplit les airs de cris de surprise et d'allégresse. Après l'expédition de Laurone, Sertorius rentra en Lusitanie, où il prit ses quartiers d'hiver. Au printemps suivant, l'armée espagnole fut partagée. Sertorius commanda les troupes qui devaient entrer dans l'Espagne citérieure; Perpenna, son lieutenant, marcha vers le Midi, et fut entièrement défait par Métellus. Pompée voulut combattre Sertorius; mais il ne put l'empêcher de prendre Contrebie, malgré la résistance des habitans. Cependant Pompée, cet écolier que son adversaire affectait de mépriser, devenait son digne rival, et accroissait la puissance romaine. Sertorius, dont le caractère distinctif était le courage dans l'adversité, ne se laissait point abattre, et résolut de tenter une action décisive. Il avait fait forger une grande quantité d'armes par les Espagnols, et il les distribuait sur la route aux habitans qu'il déterminait à se ranger sous ses drapeaux. Avant que les deux généraux se fussent rencontrés, Pompée avait défait une seconde fois Perpenna et pris Valence; Métellus battit les officiers de Sertorius en Andalousie. Cette nouvelle remplit Sertorius de fureur. Il venait, lorsqu'il l'apprit, de faire assembler les troupes auxiliaires, et arrivait sur les côtes où il voyait approcher Pompée. Il plongea son poignard dans le cœur du courrier qui l'instruisit de cette défection, et continua de donner ses ordres pour le combat avec le plus grand sang-froid.

C'était la première fois que ces deux grands capitaines se mesuraient en bataille rangée : l'ardeur était égale dans les deux armées. Le choc fut terrible. L'aile gauche de Sertorius plia, mais il s'y porta avec la rapidité de l'éclair, et s'écria : *Sont-ce là ces Espagnols qui avaient juré jadis de me défendre jusqu'au trépas ? Qu'ils retournent chez eux; quant à moi, je vais chercher la mort;* et il s'élança au milieu des escadrons ennemis. Ses troupes le suivirent; à l'instant les Espagnols furent vainqueurs; les Romains furent écrasés, et fort peu se sauvèrent. Pompée même fut blessé dans le combat; sur le point d'être fait prisonnier par les Africains, il ne leur échappa que par miracle. Cette journée coûta vingt mille hommes aux Romains. Heureusement pour le reste de l'armée, Métellus rejoignit Pompée que Sertorius poursuivait. Une nouvelle action s'engagea, mais le général des troupes espagnoles se sentant plus faible, employa le moyen qui a toujours déconcerté les généraux étrangers qui ont fait la guerre en Espagne, celui de faire disparaître en un instant, comme par enchantement, toute son armée, et de la mettre en sûreté dans des montagnes inaccessibles. Après beaucoup d'autres rencontres où il usa du même moyen, Sertorius finit par retirer ses troupes par pelotons, et les réunit à la Calaora, qu'on appelait alors Cataguri-Nasica, où Pompée et Métellus vinrent l'assiéger. Mais de fréquentes escarmouches les forcèrent à prendre leurs quartiers d'hiver.

Métellus passa cette saison dans les fêtes, et s'enivra de l'encens prodigué par ceux qui tenaient pour le parti des Romains. Sertorius au contraire ne cessa d'exercer ses troupes, et de se ménager des alliés dans les peuplades restées indépendantes de Rome. Aussi son armée s'était-elle infiniment accrue au moment d'entrer en campagne. Quand Pompée et Métellus vinrent mettre le siége devant Palucia, ils furent contraints de le lever et de combattre les Espagnols, qui leur livrèrent la bataille sous les murs de la ville et leur tuèrent trois mille hommes.

Rien cependant ne terminait cette lutte qui n'était plus une guerre nationale, les deux généraux ayant oublié l'un et l'autre la cause qui les avait armés. Sertorius, aigri par la présence de Pompée en Espagne, avait perdu ces sentimens nobles qui l'eussent rendu le bienfaiteur de cette contrée : la haine s'était emparée de son cœur. Celle de Pompée contre lui n'était pas moins envenimée, et ces deux rivaux, ne pouvant se vaincre, formaient l'horrible projet de dévaster la péninsule, pour que celui qui en resterait maître ne régnât que sur des tombeaux. Sertorius donna toutefois encore une preuve de l'élévation de son âme et de son attachement au pays qui l'avait exilé. Mithridate, roi de Pont, ayant entendu parler de ses exploits, crut pouvoir compter sur lui, et lui envoya des ambassadeurs. Sertorius les reçut en présence du sénat qu'il avait établi. Ils étaient chargés de proposer à l'illustre général d'unir ses armes à celles du roi de Pont pour reconquérir non-seulement les provinces que les Romains lui avaient enlevées, mais encore pour s'emparer de l'Asie.

Sertorius retrouvant dans son cœur le feu sacré de l'amour de la patrie, dit avec une noble fierté : « Je consens que votre

» maître reprenne sur Rome la Bithynie
» et la Cappadoce, qui font partie de l'hé-
» ritage de ses ancêtres, rien de plus juste;
» mais qu'il s'empare de l'Asie, jadis usur-
» pée par lui, et cédée aux Romains par
» un traité formel, c'est ce que je ne souf-
» frirai jamais. Quoique armés contre no-
» tre patrie, ou plutôt contre ses tyrans,
» nous n'en maintiendrons pas moins ses
» droits; c'est sa gloire et non sa ruine
» que nous voulons. »

Les ambassadeurs rendirent cette réponse à Mithridate, qui s'écria, plein d'admiration : *Si, dans l'exil, il nous dicte des lois, que fera-t-il quand il sera dictateur à Rome!* L'alliance fut conclue suivant les conditions imposées par Sertorius.

Ce furent les derniers momens de bonheur de ce grand homme. Métellus ne pouvant le vaincre, employa pour s'en défaire le plus lâche de tous les moyens; il fit publier, à son de trompe, qu'il promettait à qui lui apporterait la tête de

Sertorius cent talens d'argent et une portion considérable de terres. Cette proclamation causa un grand trouble dans l'armée; une partie des soldats désertèrent pour n'être pas entraînés dans la perte de leur général; les autres au contraire jurèrent de le défendre, et sa garde surtout ne le quittait plus. Mais l'effet le plus fâcheux que produisit cette annonce, fut d'inspirer à Sertorius un dégoût extrême de la vie. Depuis ce moment, il fut sombre et soupçonneux. Son caractère, aigri par les revers, changea entièrement, et il devint cruel, vindicatif; il mécontenta les Espagnols, en paraissant malgré tous les chagrins que Rome lui causait, la préférer à l'Espagne, et des traits de férocité firent qu'enfin les habitans du pays ne virent plus dans leur général et leur bienfaiteur qu'un tyran barbare.

Pompée et Métellus, profitant de la disposition des esprits, s'avancèrent avec de nouvelles forces, et s'emparèrent de villes qui ne se défendaient plus. Perpenna voyant que la fortune abandonnait Sertorius, trama contre lui un horrible complot dans lequel il fit entrer les principaux chefs de l'armée. Lorsqu'il se crut assuré que rien ne s'opposerait à son dessein, il vint trouver son ancien ami, et lui fit part d'une prétendue victoire remportée par un de ses lieutenans contre les Romains, l'engageant à la célébrer par un repas splendide : Sertorius donna dans le piége, il se rendit à la salle du festin, où il fut reçu avec des démonstrations de joie simulées. Au milieu du repas, Perpenna prit une coupe pleine de vin, l'éleva en l'air et la laissa retomber : c'était le signal convenu. L'un des convives alors frappa Sertorius d'un coup de dague; celui-ci voulut se défendre, mais tous se jetèrent sur lui, et se disputèrent l'affreux plaisir de concourir à sa mort.

A peine la nouvelle s'en fut répandue,

que l'ancien amour qu'il avait inspiré, surtout à sa garde, se réveillla. L'indignation contre Perpenna fut au comble, lorsque l'on sut que ce monstre était nommé par Sertorius son héritier. Le meurtrier ne s'en mit pas moins à la tête de l'armée; mais elle marchait avec horreur sous un chef assassin de celui qui l'avait si souvent conduite à la victoire. Perpenna ne jouit pas de son crime. Pompée peu de temps après l'attaqua ; il fut pris et décapité. Tous ses complices, ainsi que lui, périrent malheureusement; un seul survécut, mais ce fut pour traîner sa vie dans la honte et la misère.

CHAPITRE NEUVIÈME.

Jules César. — Entière soumission de l'Espagne à l'empire romain.

La mort de Sertorius ne pacifia pas l'Espagne. Plusieurs villes tinrent pour son parti. Elles furent prises successivement par Pompée. Cataguri résista, et paya chèrement son attachement à la mémoire de son ancien chef. Ses habitans furent réduits au dernier excès de misère, au point de manger les cadavres de leurs proches parens, et de pousser la précaution jusqu'à saler ces horribles viandes afin de s'en repaître plus long-temps (1). Pompée, instruit de leur détresse, ne fut que plus acharné à leur perte; lorsqu'il n'y eut plus que des morts et des mourans, il entra dans la ville, qu'il rasa après avoir fait passer au fil de l'épée la partie de la population qui avait survécu aux horreurs du siége. Ah! quand se lassera-t-on d'appeler de grands hommes ces tigres féroces qui ne se repaissent que de sang et de carnage?

(1) On vit dans la guerre de Lorraine, sous Louis XIV, cette affreuse précaution prise par un gouverneur de place assiégée par les Français.

La guerre sertorienne avait duré dix ans : la prise de Cataguri la termina. Toutes les villes, frappées de terreur, ouvrirent leurs portes, et l'Espagne respira un instant sous l'empire romain.

Les deux généraux qui avaient mis fin à cette lutte, voulurent aller à Rome recevoir le prix de leurs services; Pompée, avant de quitter la péninsule, éleva à sa gloire un monument durable. Il fit construire une ville dans la Navarre, qu'il nomma Pampelona, en français Pampelune.

Ce repos, dont l'Espagne avait tant de besoin, ne fut pas de longue durée. Il semble que ce pays ait été de tout temps destiné à servir de théâtre aux grands exploits des héros dont l'antiquité et l'histoire moderne ont conservé les noms.

Jules César, à la mémoire de qui se rattache toute sorte de gloire, excepté celle que l'on n'acquiert que par le dévouement désintéressé à la patrie, vint comme questeur dans la péninsule. La fortune semblait l'y amener pour lui faire connaître les plaines qui, plusieurs années après, devaient être témoins de ses triomphes. Alors, jeune encore, il vit avec chagrin que la soumission de l'Espagne ne lui donnât point l'espoir de se signaler à son tour; il avait versé des larmes en contemplant dans le temple d'Hercule la statue d'Alexandre, qui, plus jeune que lui, avait fait de si grands exploits. Ne pouvant supporter l'inaction des troupes romaines, il provoqua la guerre par une injustice qu'il colora sous ce mot, dont on couvre tant de criantes injustices, *le bien général.* Il avait remarqué que toutes les insurrections venaient des montagnes, parce que leur séjour assurait l'impunité aux agitateurs. Ayant reçu un renfort de dix mille hommes, il fit publier l'ordre aux montagnards de quitter leurs habitations, comme servant de retraite aux brigands qui dévastaient les villes et les bourgades, et de venir s'établir dans les plaines. Cette injonction révolta les peuples de la frontière de la Lusitanie, ils refusèrent d'obéir. César alors donna l'ordre à ses troupes de les y forcer et de punir de mort ceux qui résisteraient. Ces malheureux s'enfuirent vers la Galice, César les poursuivit. Ils passèrent le Duero; César les atteignit sur la côte, mais ils se jetèrent dans des barques et gagnèrent une île. César n'avait point de navires pour les y suivre; il force une partie de ses soldats à passer à pied, pendant la marée basse, le trajet qui se trouve entre l'île et la côte. Mais ayant mal calculé le retour des vagues, ils sont surpris par elles, et périssent ou par l'impétuosité des flots, ou sous le nombre de flèches que leur lançaient les Espagnols. Ce mauvais succès ne découragea pas César; il envoya à Cadix chercher les vaisseaux qui l'avaient amené d'Italie, s'embarqua lui-même avec son armée, qui n'eut aucune gloire à accabler de son nombre des infortunés désarmés, et dont le désespoir seul excita la résistance. En arrivant, les Romains les détruisirent jusqu'au dernier. Une semblable expédition n'eût pu servir à rendre célèbres les qualités guerrières de César, et encore moins à faire vanter sa clémence, mais elle annonce dès l'origine son opiniâtreté à suivre les moindres entreprises. Une fois embarqué, il longea les côtes, et soumit quelques peuplades qui avaient échappé jusqu'alors aux Romains; puis pénétrant dans l'intérieur de la péninsule, il la trouva tellement paisible, qu'il négligea de faire de nouvelles conquêtes. Après avoir cantonné ses troupes en Andalousie, et levé sur les Espagnols de très-grosses contributions, il retourna en Italie où il voulait se trouver au temps des comices, espérant être nommé consul.

De retour dans sa patrie, ce fut alors que César se montra le plus ambitieux des hommes, en voulant faire taire en sa faveur la loi qui ne permettait pas de décerner à la fois le consulat et le triomphe. Ne pouvant vaincre seul l'austérité de Caton qui s'opposait à toute innovation, il forma ce trop célèbre triumvirat composé de Pompée, de Crassus et de César. Mais comme ces longues querelles appartiennent à l'histoire romaine et nullement à celle d'Espagne, j'entrerai dans fort peu de détails. Tandis que la métropole se voyait en proie aux plus vives agitations, la péninsule goûta pendant plusieurs années une parfaite tranquillité ; au bout de huit ans, la guerre s'y ralluma.

Je ne parlerai que des actions les plus mémorables qui eurent lieu en Espagne entre les armées de César et de Pompée. Depuis long-temps, celui-ci était gouverneur de l'Espagne sans oser y venir, ne voulant pas quitter Rome, dans la crainte que Pompée n'en devînt maître. César au contraire pensa que rien ne pouvait lui être plus avantageux que de s'emparer de la péninsule, et d'en chasser les lieutenans de Pompée qui y commandaient six légions romaines, et une autre formée des naturels du pays; ces lieutenans se nommaient Afranius, Pétréius et Varron : les deux premiers étaient sincèrement attachés à Pompée, le troisième fit présumer par sa conduite qu'il avait des intelligences avec César. Fabius reçut de ce dernier l'ordre de passer les Pyrénées et d'entrer dans l'Espagne citérieure, pendant que César devait partir de Marseille avec une flotte considérable et aborder au-dessus de l'Ebre. Si Varron se fût réuni à ses deux collègues, ou qu'il eût au moins défendu les côtes pour empêcher le débarquement, l'opération de César était manquée; mais il demeura constamment en Lusitanie. Fabius, selon l'usage, ne rencontra pas d'obstacles à son arrivée. L'Espagnol, lorsque l'on entre sur son territoire, éprouve un moment de surprise qui lui donne une sorte d'immobilité ; plus tard seulement il réfléchit qu'il eût été mieux de s'opposer à l'invasion, et souvent il fait payer cher à l'ennemi la sécurité à laquelle celui-ci a cru pouvoir se livrer. Les naturels du pays laissèrent donc entrer les légions de César, composées de vieilles troupes, qui avaient fait sous lui la guerre dans les Gaules, et qui se trouvaient presque toutes composées de Germains et de Gaulois. Fabius établit son camp près du confluent de la Sègre et de la Cinca. Les Pompéens occupaient une hauteur près de Lérida ; il était impossible qu'il n'y eût pas des rencontres fréquentes. Un jour qu'il s'était engagé entre les soldats de César et de Pompée une affaire assez vive, l'un des deux ponts que Fabius avait fait construire sur la Sègre, se rompit et laissa un détachement de cavalerie très-exposé. Afranius s'apercevant que ce corps n'avait pas de moyens de retraite, l'attaqua impétueusement, et il l'aurait entièrement défait si Fabius n'eût envoyé par l'autre pont des secours qui arrivèrent à temps et dégagèrent les Pompéens. Ces cavaliers rentrèrent dans le camp, où César arriva bientôt, et prit le commandement de ses troupes, qui étaient presque sûres de la victoire quand elles marchaient sous ses ordres.

Il semblait en effet que les élémens conspirassent en vain contre lui et contre ses soldats. Une neige abondante, suivie de pluie, ayant causé de grandes inondations, l'enfermèrent dans un terrain peu spacieux, qui le séparait d'un grand convoi de vivres et de munitions, et de jeunes cavaliers romains qui venaient se ranger sous ses drapeaux. Une manœuvre savante lui suffit pour se tirer de ce mauvais pas; lorsqu'on le croyait perdu, il passa la Sègre sur de petites barques qui, disent les historiens, étaient en cuir, s'empara d'une colline, et y établit un camp où son armée fut en sûreté. Là il reçut les convois qui assuraient sa subsistance. Un détachement de l'armée ennemie, s'étant avancé trop près de ses lignes, fut entièrement défait, et en ce même instant sa flotte remporta une victoire signalée près de Marseille. Sa fortune lui donna bientôt des alliés qui accoururent à lui comme à l'homme qui pouvait seul délivrer la péninsule des exactions des lieutenans de Pompée. Quatre peuplades lui envoyèrent des députés pour solliciter son amitié, et firent porter du blé dans son camp. D'autres suivirent leur exemple. Les lieutenans de Pompée ne pouvaient voir ces dispositions favorables pour César sans en être effrayés, et ils résolurent de se retirer en Celtibérie; mais César ne leur en laissa pas les moyens. Ses manœuvres furent si habiles qu'elles déconcertèrent celles des généraux ennemis. Sans exposer la vie de ses troupes dans aucune bataille, il parvint à mettre l'armée de son rival dans une position si fâcheuse, que, privée de toute communication, elle manqua pendant trois jours d'eau et de vivres. Elle demanda enfin à capituler; César y consentit. Il fut convenu qu'elle sortirait de l'Espagne, et ne pourrait jamais porter les armes contre lui. Quant aux Espagnols qui s'y trouvaient, César les renvoya dans leurs foyers; ce qui lui fit encore un grand nombre d'amis.

Ainsi cet habile général termina sa première campagne contre l'armée de Pompée, sans avoir perdu un seul homme de la sienne. Il lui restait à réduire le corps que commandait Varron, et qui n'était que de ving-tcinq mille hommes. Il paraîtrait, par la conduite que tint celui-ci dans cette occasion, qu'il n'avait pas été d'accord avec César, ou qu'il se repentait de l'avoir servi, car il prit les plus grandes précautions pour soustraire ses troupes à ses attaques : mais ces mêmes précautions tournèrent contre lui, parce qu'elles étaient accompagnées de tant de vexations envers les naturels du pays, qu'il s'en vit entièrement abandonné. César ayant indiqué une assemblée générale à Cordoue, les députés s'y rendirent avec empressement. Il entra dans la ville n'ayant avec lui que six cents hommes; sa présence réunit toutes les volontés. Varron, à qui Cadix avait fait fermer ses portes, fut obligé de remettre ses troupes à son ennemi, et de lui rendre compte de l'état des différentes sommes qu'il avait perçues dans la province. César fit restituer les richesses du temple d'Hercule que Varron avait enlevées, ainsi que les contributions que ce lieutenant de Pompée avait levées, et qui furent rendues aux députés des villes.

Il donna encore le droit de citoyen romain aux habitans de Cordoue, et se rendit à Cadix, où il fut reçu avec la plus grande affection. Cette ville, depuis 173 ans, n'avait cessé de donner à la république romaine les témoignages du plus grand attachement; elle promit à César d'en avoir un semblable pour lui, tant sa modération et son habileté lui méritaient d'estime!

Cet illustre général ayant entièrement abattu le parti de Pompée en Espagne, crut pouvoir la quitter et s'en rapporter à ses lieutenans Cassius et Lépidus du soin de l'administrer pendant son absence; choix infiniment fâcheux, qui livra la péninsule à de nouveaux malheurs et y ramena la guerre, qui semblait ne pouvoir laisser respirer un instant les malheureux Espagnols.

La mort de Pompée aurait dû terminer les querelles sanglantes qui déchiraient l'empire; mais les fils de ce général jurèrent de venger leur père, et ce fut encore en Espagne qu'ils portèrent leurs armes. Les lieutenans de César, Cassius et Lépide, avaient indisposé les indigènes et même les Romains de leur parti par leur avarice, leurs cruautés et leurs mauvaises mœurs ; de sorte qu'à l'arrivée de Sextus Pompée et de son frère Cnéius, tout était disposé en leur faveur. Cassius venait d'être contraint de retourner à Rome ; il périt à l'embouchure de l'Èbre avec toutes les richesses que ses rapines lui avaient procurées, et qu'il avait chargées sur son vaisseau, n'ayant osé traverser avec elles la péninsule.

Le jeune Pompée eut bientôt rallié une armée composée des anciens amis de son père et des ennemis que les lieutenans de César lui avaient faits. Il attaqua Lépide, et eut quelques succès. César, qui ne s'en rapportait qu'à lui toutes les fois qu'il y avait des obstacles à vaincre, entra pour la quatrième fois en Espagne, où il mit le comble à sa réputation militaire en remportant, à Munda, la victoire la plus complète sur les deux frères.

Atégua, qu'il attaquait, s'était donnée à lui en demandant pour unique grâce qu'on épargnât la vie des citoyens. Il répondit: *Je m'appelle César; je tiendrai ma parole;* et il l'observa fidèlement. Les fils de Pompée ayant perdu une place si importante pour eux, cherchèrent inutilement à en conserver d'autres qui, moins heureuses qu'Atégua, furent le théâtre des cruautés des deux armées ; car César chassait les Pompéens de toutes les villes où ils se réfugiaient, et ceux-ci ne les quittaient qu'en les saccageant. Les fils de Pompée établirent leur camp à Munda, où César ne tarda pas à les joindre. Les armées étaient en présence ; une plaine de cinq milles d'étendue semblait les inviter à une action générale: mais les suites d'une telle bataille effrayaient les chefs; car tout paraissant égal dans ces deux grands corps, la fortune pouvait seule décider la victoire. Les deux armées se composaient de Romains, d'Espagnols et d'Africains, guidés par des rois ou des généraux de familles royales. César et

Pompée ayant hésité long-temps avant de donner le signal du combat, Pompée enfin se rangea en bataille et César l'attaqua. Les premiers coups furent terribles ; mais les soldats de César, qui avaient remarqué sur le front de leur chef un voile de tristesse, ne se trouvèrent pas animés de cette ardeur guerrière qui les enflammait à sa voix. Peu à peu ils pliaient, quand César, paraissant à la tête de l'armée, leur reprocha leur faiblesse, et, tirant son épée, en posa la pointe sur son cœur en disant : « Puisque vous vous laissez vaincre, je ne survivrai pas à votre défaite. » Ceux qui l'environnaient s'empressèrent de le désarmer, et lui jurèrent de remporter la victoire ou de mourir à ses côtés. Ce mouvement se communiqua de rang en rang avec la rapidité de la flamme ; tous se sentirent embrasés d'un nouveau courage. En ce moment le roi Bagus, allié de César, fait un mouvement pour s'emparer du camp de Pompée, et force un officier de ce général de s'y porter avec un détachement; les Pompéens croient cette troupe en fuite, et leur découragement est égal au surcroît d'audace des soldats de César. Alors la victoire n'est plus douteuse ; de tous côtés les troupes de Pompée se débandent, et laissent le champ de bataille couvert de morts et de blessés : la fortune de César l'emporte. Cnéius Pompée s'était sauvé avec cent cinquante hommes à Carteya, et y fut bientôt assiégé : certain qu'il ne pourrait rester dans cette ville sans risquer d'être livré à son ennemi, il se retira dans une caverne sur le bord de la mer. Un soldat de l'armée triomphante l'y suivit, le tua, et porta sa tête à César. Celui-ci était alors occupé au siége de Munda, dont les habitans s'ensevelirent sous les ruines de leur ville ; le terrain seul tomba au pouvoir du vainqueur.

Le sort de Sextus Pompée fut moins malheureux que celui de son frère : il se retira à Cordoue; mais voyant que son ennemi préparait à cette ville le destin de Munda, il en partit secrètement et alla se cacher en Celtibérie, d'où il ne sortit qu'après la mort de César. Ce qu'il avait prévu du sort de Cordoue ne se trouva que trop réalisé; le vainqueur y fit périr vingt-deux mille habitans. Séville eut les mêmes malheurs à déplorer; Ursaore fut la dernière ville qui tint pour le parti de Pompée et opposa une grande résistance à César; mais tout cédait à son génie : il s'empara de cette place, et, vainqueur de la péninsule, il la quitta, emportant à Rome d'immenses richesses qui lui servirent pour arriver au but qu'il se proposait, celui d'asservir à son tour sa patrie.

Pendant le triumvirat qui suivit sa mort, l'Espagne échut à Octave. A dater de cette époque, arrivée trente-six ans avant l'ère chrétienne, la péninsule fut tellement assujettie aux Romains, qu'elle n'eut pas même l'espoir de recouvrer son indépendance, et on peut dire qu'il n'y eut plus que des insurrections si peu importantes, pendant 400 ans, qu'elles ne sauraient entrer dans cet aperçu. Cette contrée alors fut toute romaine.

CHAPITRE DIXIÈME.

Mœurs et civilisation des Espagnols sous la domination romaine.

Fatigués du spectacle des guerres continuelles qui ont désolé l'Espagne pendant plus de dix siècles, arrêtons-nous un moment pour la considérer recevant de ses vainqueurs cette nouvelle existence à qui elle dut des jours de calme et de félicité.

Dès qu'Auguste put se regarder comme entièrement maître de la péninsule, il s'occupa d'y organiser une administration sage et durable. Ses habitans reçurent avec reconnaissance les lois et les coutumes romaines, par l'attachement qu'ils avaient pour l'empereur. Auguste avait divisé l'Espagne en trois provinces : la Taragonaise, la Bétique, la Lusitanie. Taragone fut le chef-lieu de la première, Séville de la seconde, Augusta Emerita de la troisième. Il établit des gouverneurs, des tribunaux civils, qui avaient beaucoup de rapport avec les nôtres, et des proconsuls ou préfets. Les habitans de plusieurs villes jouirent du droit de citoyens romains ; il assigna des priviléges aux vétérans qui venaient peupler les villes que la guerre avait rendues désertes ; il arrêta de quelle manière les transmigrations seraient reçues en Espagne : elles se composaient en général de bourgeois de Rome qui étaient accueillis avec une grande solennité. Quand le lieu où ces colons devaient s'établir était désigné, ils s'avançaient en ordre de bataille ; un prêtre traçait les limites du terrain avec une charrue attelée d'un bœuf ou d'une vache, et alors personne autre que la colonie romaine n'avait droit d'habiter dans cette enceinte.

L'Espagne fut assujettie aux impôts comme les autres pays soumis à l'empire romain. Alors seulement l'état militaire y prit une forme régulière. Auguste, après la soumission entière de cette contrée, n'y laissa qu'environ dix-huit mille hommes. On ignore à combien montaient les levées que Rome faisait dans cette grande province; mais on sait qu'elles étaient réunies en cohortes qui presque toujours servaient loin de leur patrie.

Les Espagnols, ainsi que je l'ai dit, sont naturellement religieux; ils s'étaient emparés successivement de toutes les croyances des peuples qui les avaient asservis, mais ils accueillirent surtout avec respect la théogonie grecque qui se professait à Rome. Ils eurent, comme en Italie, un très-grand nombre de prêtres. Leur hiérarchie avait beaucoup de degrés;

l'ordre des pontifes était le plus considéré. Le sacerdoce admettait des femmes dans ses cérémonies; il y avait en outre des confréries, des colléges, des fonctionnaires sacerdotaux nommés flamines, au nombre desquels étaient aussi reçues des femmes. La plus grande partie du culte consistait dans l'accomplissement des vœux : le peuple en faisait dans les dangers, dans les maladies, pour obtenir des récoltes abondantes et d'heureuses navigations. Les *ex voto* que l'on offrait aux prêtres étaient très riches ; c'étaient souvent des statues d'argent massif, du poids de 100 livres, représentant un dieu ou une déesse. Dès que la paix fut rendue à l'Espagne, on y construisit des temples d'une grande beauté, qui furent, comme depuis les églises, ornés avec une extrême magnificence.

La langue latine devint la seule que l'on parlât et que l'on écrivît dans toute la péninsule, et il n'y eut plus que vers les Pyrénées que l'on conserva l'ancien langage ; encore s'y mêla-t-il nécessairement beaucoup de mots latins.

Il ne faut pas cependant penser que la langue et les mœurs de l'Espagne aient pris tout-à-coup cette politesse et cette urbanité qui caractérisaient la capitale de l'Italie ; ses habitans conservèrent presque toujours des usages simples et le goût des plaisirs champêtres. Les hommes riches habitaient leurs métairies, s'occupaient de la chasse et de l'amélioration de leurs troupeaux, qui jouissaient déjà d'une haute réputation. On assure que l'on a vu alors payer un bélier cinq mille francs, valeur qui me paraît exagérée, puisque les plus beaux mérinos sont loin d'être encore aujourd'hui de ce prix. Les Espagnols, sachant qu'ils trouveraient à Rome le débit de tous les objets de luxe, cultivèrent ce qui pouvait rendre plus somptueuses les tables des gens riches. Les cardons étaient très-estimés à Rome, et le moindre jardin en Espagne où l'on en cultivait, rapportait beaucoup d'argent à son propriétaire. Il y avait une grande quantité de ruches, et le miel qu'elles fournissaient était excellent ; on tirait alors d'Espagne, comme à présent, des fruits secs; les figues surtout y étaient très-estimées.

Long-temps on y négligea la culture de la vigne ; les habitans préféraient au vin des boissons de fruits et de grains, dont ils faisaient du cidre et une espèce de bière : par la suite ils multiplièrent les ceps en voyant que les Romains faisaient un cas particulier de leurs vins. Le gouvernement en borna quelquefois la culture, parce qu'il craignait que si les Espagnols la préféraient à celle du blé, Rome, qui tirait de l'Espagne ses meilleurs grains, ne vînt à manquer. La plus considérable de leurs productions était l'huile, dont ils faisaient de très-abondantes récoltes. Ils avaient aussi de très-beau lin avec lequel ils fabriquaient des étoffes que les citoyens riches de Rome estimaient beaucoup.

L'empire, du moins pendant longtemps, laissa aux Espagnols l'exploitation de leurs mines, et se contenta d'en tirer un impôt de fermiers qui les tenaient à bail ; par la suite le gouvernement les fit exploiter à son compte par des esclaves et des malfaiteurs. Les Romains n'ouvrirent aucune nouvelle mine ; les Carthaginois les avaient presque toutes découvertes, mais ils perfectionnèrent le travail métallurgique et fouillèrent plus profondément. On distingue leur exploitation de celle des peuples qui leur ont succédé dans ce travail. Leurs puits sont ronds, les galeries creusées avec la plus grande régularité et revêtues d'un mastic qui rend les murs si lisses, que l'on croirait être dans un appartement des plus recherchés ; tout prouverait que les mineurs de ce temps valaient bien mieux que ceux des temps modernes. Il est peu de pays où il se trouve plus de médailles ; elles attestent, par les symboles qu'elles représentent, presque tout ce que je viens de rapporter ; et les savans conviennent que celles des Celtibériens sont beaucoup plus belles que celles des Romains.

Pendant 400 ans de paix et de bonheur que les Espagnols passèrent ainsi, ils cultivèrent avec succès les arts et les lettres; ils portèrent très-loin l'architecture ; ils eurent, comme je l'ai dit ailleurs, de magnifiques temples, des amphithéâtres, des ponts et des aquéducs, dont quelques-uns existent encore et ne le cèdent en rien à l'Italie. Le pont d'Alcantara, sur le Tage, est toujours remarqué; les aquéducs que Sertorius fit construire pour la ville d'Évora, se sont très-bien conservés. On connaît aussi quelques statues d'anciens sculpteurs du pays, qui font regretter que le zèle contre l'idolâtrie en ait fait briser un si grand nombre.

Murviédo, l'ancienne Sagonte, que Scipion avait fait relever avec tant d'éclat, est l'une des villes d'Espagne les plus riches en antiquités. On remarque surtout son théâtre construit par les Grecs, et qui contenait 12,000 spectateurs. Cet édifice avait quelque chose de particulier dont on a fait l'expérience dans les derniers temps. Placé en face d'une colline, celle-ci répercute et renforce la voix, de manière que, sans aucun secours étranger, les acteurs, quoique en plein air, se faisaient parfaitement entendre. En 1785, M. Palos y Navaro procura aux habitans de Murviédo le plaisir d'assister à une comédie dans ce même emplacement où leurs ancêtres les Sagontins célébraient leurs jeux il y a plus de trois mille ans (1). On voit aussi les débris d'un très-beau por-

(1) Depping.

tique dans les ruines de Talavera. Il y en avait de magnifiques à Carthagène et à Canama. Les Espagnols participèrent au bienfait des routes romaines dont plusieurs sont encore ouvertes. Les tombeaux étaient un luxe chez eux. Les gens de la moindre importance se faisaient élever des monumens funèbres, chargés d'inscriptions, dont beaucoup servent encore à conserver le souvenir de divers événemens. Les funérailles se faisaient avec pompe; l'état se chargeait de celles des braves dont la famille n'était pas en état d'en faire les frais. On parait le mort d'habits somptueux, on le plaçait sur un bûcher, et on recueillait ses cendres dans une urne qu'on déposait dans un tombeau, sur lequel, tous les ans, ses parens et ses amis apportaient des fleurs et les mets que le défunt avait le plus aimés.

Les Espagnols avaient des ouvriers de toute espèce, mais surtout de ceux qui travaillent l'or et l'acier. Leurs manufactures d'armes ont toujours joui d'une grande réputation.

Quant aux travaux de l'esprit, si leurs premiers écrivains ne s'élevèrent pas à la hauteur des génies qui ont immortalisé le règne d'Auguste, ils furent les premiers dans le second rang. Antoine, Julien, Porcius Latro, les deux Sénèques, Quintilien, Italicus, Pomponius Mela, Florus, prouvent à quel point de civilisation les Espagnols étaient arrivés. Ils eurent des spectacles à l'instar de ceux de Rome; mais, dès ce temps, ils aimèrent surtout les combats des bêtes féroces; ceux de taureaux se sont conservés, et l'on peut attribuer à ce goût les figures colossales de ces animaux que l'on voit sur diverses places publiques. Ce barbare amusement est encore un des plus grands plaisirs des Espagnols. On a peine à concevoir comment ce peuple grave peut se plaire à voir des hommes exposés au danger imminent que courent les malheureux torréadors ; et l'on s'imagine encore moins que les femmes supportent et recherchent même cet affreux spectacle, dans lequel l'arène est toujours ensanglantée. Les étrangers ont peine à revenir des applaudissemens et des cris de joie de la multitude quand le piccador est le plus exposé à la fureur de l'animal qu'il attaque. Il semble que tout l'intérêt soit pour le taureau, et que l'on compte pour rien la vie de l'homme.

Les Espagnols ont, de tout temps, été habiles aux exercices du corps ; ils excellent à la course, au pugilat. Un nommé Dioclès, fameux à la course des chars, gagna 3,000,000 de livres pour avoir remporté 2526 fois le prix.

Les femmes de l'Andalousie, principalement celles de Cadix, avaient un talent supérieur pour la danse, et telle était la volupté qu'elles mettaient dans l'exercice de cet art dangereux, qu'elles prenaient sur les spectateurs un ascendant irrésistible. Les Espagnoles modernes, soumises aux modifications que le christianisme a apportées dans leur éducation, ont toutefois leur célèbre fandango que l'on danse sur le théâtre, et dont les belles Castillanes, à toutes les époques d'invasions, se sont toujours servies pour adoucir leurs farouches vainqueurs.

Telle était l'Espagne au commencement du cinquième siècle. Nous allons voir dans une seconde partie ses habitans changer de religion, mais conserver à peu près leurs anciennes mœurs. Le culte extérieur est ce qui leur plaît; ils adressent volontiers leurs prières à des objets sensibles, rarement à celui qui se dérobe à tous les yeux, à l'Être invisible qui ne demande aux hommes que de l'aimer, et de chérir en lui leurs semblables.

FIN DE LA PREMIÈRE PARTIE.

DEUXIÈME PARTIE.

CHAPITRE PREMIER.

La religion chrétienne professée en Espagne. — Irruption des Suèves, des Alains, etc.

Le tableau que je viens de tracer peint l'Espagne jusqu'au temps où le torrent dévastateur des peuples du Nord s'y répandit et changea la face de l'empire.

Une grande révolution s'était opérée dans l'Europe. La religion chrétienne avait été prêchée à Rome par les apôtres. On croit que saint Jacques, l'un des douze, passa dans la péninsule dès le premier siècle de l'ère nouvelle. Quel qu'ait été dans cette contrée le fondateur de la vraie religion, elle y fut si humble, si faible, dans le commencement, que l'on ne peut guère marquer l'époque de son établissement en Espagne. Elle ne s'y fait remarquer que du temps de Dioclétien et de Dacien, qui firent périr par d'horribles supplices ceux qui n'avaient d'autre tort que de professer une morale aussi pure, et d'adorer un seul Dieu. Mais ces exécutions, dont les récits font frémir, n'étaient point réservées aux seuls chrétiens : c'était avec la même cruauté qu'on punissait alors, dans tout l'empire, ceux qui contrevenaient aux lois de l'état. Rien ne changea dans l'ordre politique en Espagne, jusqu'à Constantin qui rendit la paix à l'église, et permit au clergé d'enseigner publiquement l'Évangile.

Je n'entrerai point dans le détail des lois civiles que Constantin établit dans l'empire, encore moins dans les persécutions que les Ariens suscitèrent aux chrétiens; ces détails sont entièrement étrangers à mon sujet. Je dirai seulement que ce prince porta un coup mortel à l'empire romain, en licenciant les légions qui défendaient ses frontières de l'invasion des Barbares. En vain ses successeurs firent des efforts pour soutenir ce grand corps frappé dans sa base ; tout devait faire croire à sa chute prochaine, quand Théodose en réunit encore les différentes parties sous sa puissance. Ce fut le dernier des empereurs qui illustra le trône par de grandes vertus. Il était fils de Théodose, Espagnol qui s'était signalé sous le règne de Valentinien. L'empereur Théodose remporta plusieurs victoires sur les Goths, les Huns et les Alains, mais sans pouvoir les forcer à retourner dans le Nord. Il ne fit que retarder de quelque temps leur terrible invasion, et se rendit surtout illustre par les lois qu'il donna à l'empire. Elles sont connues sous le nom de *Code Théodosien*, et méritent encore l'attention des hommes d'état.

La mort de Théodose fut une calamité pour tout l'empire, mais surtout pour l'Espagne, qu'il protégeait spécialement.

Ce fut peu de temps après que ce pays fut en proie aux hordes barbares qui, après avoir ravagé les Gaules, entrèrent à la fin du quatrième siècle en Espagne, encore livrée au souvenir de l'invasion des Cimbres.

Parmi les lois que Constantin avait publiées, celle pour l'affranchissement des esclaves, et que l'on ne peut trop louer comme un hommage rendu à la dignité de l'homme, eut cependant des inconvéniens relativement à l'exploitation des mines qui devint beaucoup plus onéreuse. La fondation de Constantinople avait presque anéanti le commerce de Gadès et de Carthagène. Enfin le luxe que les Orientaux avaient introduit dans Rome, et que celle-ci avait communiqué à plusieurs de ses provinces, arrachait beaucoup de bras à l'agriculture et aux armes. L'Espagne, affaiblie par ces diverses causes, s'offrit presque sans défense aux habitans du Nord, qui depuis si long-temps la convoitaient. Ces Barbares se composaient de trois peuples différens : les Suèves des bords de la Baltique, commandés par Herméric; les Alains, venus des pays situés entre le Volga et le Don, ayant Atace à leur tête; enfin les Vandales, habitans de la Suède, qui marchaient sous les étendards de Gondéric.

Beaucoup d'intrigues avaient attiré ces peuples dans les provinces de l'empire. Le faible Honorius ayant succédé au trône de Théodose son père, et non à ses grandes qualités, avait donné toute sa confiance à un nommé Stilicon. Celui-ci, pour se rendre nécessaire à son maître, et peut-être pour avancer l'époque de la réussite de ses projets ambitieux, facilita cette terrible invasion, qui priva encore l'Espagne du repos dont elle jouissait depuis qu'elle était devenue une des parties les plus importantes de l'empire romain. Ces hordes amenèrent avec elles en Espagne des maux qui furent bien plus cruels que les vexations des Romains, et qui prouvent que les degrés du malheur sont infinis.

Il paraîtrait que, par une compensation trop funeste, les habitans du nord de l'Europe avaient cherché à se dédommager de l'âpreté du ciel qui les avait vus naître, en venant porter la désolation et la mort dans les belles contrées du Midi. On voit ces hordes barbares, à différentes époques, fondre sur elles, traînant sur leurs pas le carnage et la servitude. Quel terrible tableau que celui de l'Espagne, lorsque ces farouches étrangers, ne trouvant qu'une faible résistance au passage des Pyrénées, se répandirent dans la péninsule, comme ces laves que le Vésuve vomit, et qui, dans leur cours brûlant, renversent et dévorent tout ce qui est sur leur passage. Les villes furent détruites, leurs habitans massacrés, les campagnes arrosées du sang des indigènes, privées de culture, et changées en d'immenses déserts. La famine, la peste son horrible campagne, s'établirent sur les ruines fumantes; les animaux féroces, attirés par l'odeur fétide des cadavres qui couvraient les plaines, sortirent de leurs antres, et vinrent disputer à la dissolution, les restes sans sépulture de ceux qui naguère, vivant heureux et paisibles, peut-être s'occupaient de se faire ériger après leur mort de superbes tombeaux.

Quand il ne resta plus d'édifices à détruire, quand ceux qui avaient échappé au massacre se furent retirés dans des rochers inaccessibles pour tout autre que pour les montagnards, ou dans ces immenses souterrains que des mines abandonnées leur offraient; les peuples du Nord s'aperçurent qu'ils avaient changé le pays dont on leur avait vanté les charmes en une vaste et stérile solitude. Voulant s'y établir et y dresser leurs tentes, ils songèrent à cultiver le terrain qu'ils avaient conquis; mais, incapables de faire un partage équitable, ils s'en remirent au sort. La province de Grenade et l'Andalousie échurent aux Vandales; la Lusitanie fut le lot des Alains; les Suèves eurent la Galice, Léon, et la Castille. L'Espagne ne fut pas seule en butte à ces ravages; l'Italie était à cette époque menacée d'être envahie par les Goths, autre nation sortie de la Gothie, et de l'île de Gothland en Suède.

Ceux-ci étaient beaucoup plus avancés en civilisation que leurs voisins; ils avaient reçu l'Évangile, et étaient gouvernés par de sages lois. Ils estimaient les arts, et s'en occupaient avec quelque succès. Alaric, leur roi, était à leur tête, et rien n'avait arrêté sa marche jusqu'auprès de Rome; ses armées couvraient par leur nombre les pays qu'elles traversaient, et, quoiqu'elles ne se livrassent pas aux excès des autres peuples du Nord, elles n'en étaient pas moins très-onéreuses à l'Italie. Honorius, ne se sentant pas la force de s'opposer à cette invasion, ne vit d'autre moyen que de partager, en quelque sorte, l'empire avec Alaric, en lui cédant les Gaules et l'Espagne, à condition que le roi des Goths retirerait aussitôt ses troupes de l'Italie. Ce traité fut conclu, et Alaric s'apprêtait à le mettre à exécution lorsqu'il mourut à Naples. Il eut pour successeur Ataulphe, le premier des rois goths qui pénétra en Espagne. Ce prince, avant de quitter l'Italie, avait épousé Placidie, fille de Théodose, et, par conséquent, sœur de l'empereur, qui avait été donnée comme otage à Alaric. Ataulphe, auprès de qui elle restait pour sûreté des conditions du traité fait avec son prédécesseur, ne put la voir sans l'aimer; il demanda sa main, et l'obtint. Les noces de cet illustre couple se célébrèrent à Narbonne, où Ataulphe avait établi sa cour.

Le faible Honorius, qui ne pouvait ni se défaire de ses ennemis, ni se conserver des amis, envoya une armée contre son beau-frère pour le forcer à quitter la ville qu'il avait prise en affection.

L'armée d'Ataulphe, habituée aux travaux de la guerre, s'ennuyait dans le repos, et voulait conquérir les Gaules; et de leur côté, les Espagnols, instruits du traité d'Honorius avec Alaric, pressaient son successeur de venir les délivrer des Vandales. Placidie employa l'ascendant que la beauté et la vertu donnent à une femme sur son mari, pour le détourner de la conquête des Gaules, que les Romains redoutaient, et l'exciter à profiter du traité que l'empereur avait fait avec les Goths, et d'après lequel Ataulphe devait s'emparer de l'Espagne. Il céda aux instances de la princesse, quitta Narbonne, et passa dans la péninsule avec ses troupes, fort mécontentes de traverser les Pyrénées, pour aller vivre dans un pays dont il ne restait, pour ainsi dire, que le territoire.

Les mécontens, dans ces temps d'anarchie, s'en tenaient rarement à la menace.

Ataulphe, étant entré à Barcelone, entreprit contre les Vandales quelques faibles expéditions qui ne satisfaisaient pas ses troupes. Elles voulaient un roi qui répondît à leur impétuosité. Elles ôtèrent à Ataulphe la couronne et la vie. Il fut assassiné par son nain, qui le perça par-derrière d'un coup d'épée. Sigéric, nommé à sa place, n'eut qu'un règne de quelques jours, les Goths s'étant aperçus, aussitôt qu'ils l'eurent proclamé, qu'il ne s'occupait que des moyens d'établir un gouvernement tranquille, sans s'exposer aux dangers de la guerre. Il se rendit d'ailleurs odieux à l'armée en faisant périr les fils de son prédécesseur, et en traitant avec fierté Placidie, dont on estimait les vertus. Il fut tué comme Ataulphe. Valia ne craignit point de prendre un rang qui avait coûté en peu de jours la vie à deux princes; mais, pour ne pas courir le même danger, il conduisit les Goths contre les Vandales, tenta même une invasion en Afrique, et eut le malheur qu'une tempête détruisît sa flotte.

Honorius, qui n'avait cédé l'Espagne aux Goths que par faiblesse, et qui la regrettait par avarice, avait toujours le projet d'y rentrer. Au contraire Constance, qui idolâtrait Placidie avant son mariage avec Ataulphe, reprit les espérances que ce mariage lui avait ôtées, et parvint à obtenir d'Honorius qu'il fît la paix avec Valia, aux conditions qu'on lui rendrait sa sœur. Valia, qui n'avait nul dessein de s'unir à la princesse, accepta cette proposition, et eut l'art de prouver à ses sujets qu'il leur était plus utile de faire la paix avec les Romains que de les combattre, puisque le principal intérêt des Goths était de chasser les Barbares de la péninsule pour s'y établir à leur place. Les Goths, approuvant la politique de leur chef, consentirent au traité. Placidie fut remise aux Romains. Constance se vit au comble de ses vœux, et les Goths, qui avaient exigé d'Honorius qu'il resterait neutre, et qui le trouvèrent fidèle observateur de sa parole, n'eurent plus pour ennemis que les peuples du Nord. Ceux-ci tournèrent leurs armes les uns contre les autres. Valia porta les siennes contre les Vandales, qu'il força de demander asile aux Suèves en Galice. Les Alains ne purent lui résister, et il en tua en si grand nombre que le peu qui resta se perdit parmi les Vandales, avec lesquels ils ne firent plus qu'une seule nation. Les Suèves allaient éprouver le même sort, s'ils ne se fussent donnés au Romains comme tributaires. Valia promit alors de respecter les provinces de l'empire, et obtint en échange la partie des Gaules, comprise depuis Toulouse jusqu'à l'Océan; le roi des Goths fixa sa cour à Toulouse, et y mourut deux ans après.

Sous Théodorède, son successeur, les Vandales attaquèrent les Suèves. Ceux-ci s'étant retirés dans les montagnes d'Orvas en Galice, repoussèrent de là si vivement leurs perfides alliés, qu'ils les forcèrent d'abandonner le territoire d'un peuple envers lequel ils venaient de violer les lois de l'hospitalité. Théodorède, pour s'opposer aux dévastations des Vandales, s'unit aux Romains ; mais on ne put les empêcher de s'établir dans le pays, qui prit de leur nom celui de *Vandalia,* dont on fit *Andalucia,* enfin Andalousie. Il était impossible que des élémens si opposés demeurassent en paix, et il l'est presque autant qu'un précis tel que celui-ci développe toutes les variations qu'éprouvèrent ces divers gouvernemens. Tantôt vainqueurs, tantôt vaincus, les Vandales envahirent les îles Baléares et prirent Carthagène. Rien ne paraissait devoir borner leurs conquêtes dans la péninsule, lorsque le comte Boniface, irrité de n'avoir pas obtenu la préfecture de l'Afrique, leur offrit le tiers de ce pays s'ils voulaient appuyer ses prétentions sur le reste de cette contrée. Ils acceptèrent avec joie une proposition si inattendue, s'embarquèrent tous, descendirent sur les côtes de la Barbarie, et s'emparèrent par les armes de ce qui avait paru leur être cédé volontairement. Alors leurs querelles avec l'empire ne tinrent plus, en grande partie, à l'Espagne, et celle-ci se trouva miraculeusement délivrée de ces Barbares qui l'avaient occupée dix-huit ans.

Il ne restait plus que la nation des Suèves, qui vainquirent les Romains en bataille rangée sur les bords de la rivière nommée à présent le Xénil; ils s'emparèrent de Mérida et de Séville, et en trois ans ils conquirent la Lusitanie et la Bétique. Ces conquêtes ruinaient les habitans de ces provinces : ceux qui étaient sous la domination des Goths n'étaient pas moins malheureux. Les Espagnols résolurent enfin de sortir de ce dur esclavage. Il se forma des confédérations sous le nom de Bacaudes, du nom *sette bacod*, qui signifie junte ou assemblée ; mais ces insurrections n'étaient pas appuyées sur des bases assez solides pour pouvoir résister à la force des armes, et ne furent que comme des feux follets qui n'éclairent le voyageur égaré que pour le conduire à sa perte. Quand une conspiration ne comprend pas la majorité des citoyens, elle ne fait que causer la perte des chefs et appesantir le joug de ceux qu'ils ont voulu affranchir. Ainsi les Espagnols ne firent qu'entrevoir l'aurore de la liberté, qui leur rendit leur esclavage encore plus insupportable.

Les guerres qui eurent lieu entre les Huns et les Francs les laissèrent respirer quelque temps ; mais d'autres barbares, de la race des Hérules, vinrent sur les côtes de la Méditerranée, pillèrent les églises, les monastères, les maisons des particuliers. Heureusement Marius attaqua et défit tous ces peuples dans un combat naval.

CHAPITRE DEUXIÈME.

Querelles des rois goths et des rois suèves. — Premières invasions de ceux-ci en Espagne.

Les Goths ne voyaient qu'avec douleur les succès des Suèves; ils voulurent leur reprendre la Galice et ne purent y réussir. Les Espagnols profitèrent de leur défaite pour les attaquer, et ils les repoussèrent au-delà des Pyrénées ; mais ils n'eurent pas plutôt échappé à cet ennemi, qu'ils en trouvèrent un plus redoutable dans les Suèves, dont les cruautés enchérissaient encore sur celles des autres Barbares. Cependant les Goths ne pouvaient se résoudre à abandonner leurs anciennes possessions; ils rentrèrent en Espagne sous la conduite d'Euric, et, dans une seule campagne, ils s'emparèrent non-seulement de ce qu'ils avaient eu autrefois dans la péninsule, mais encore de la Lusitanie et des provinces dont les Romains étaient restés en possession. Ce n'était pas encore assez pour Euric; il soumit par ses armes presque toute la Gaule méridionale, et vint à Arles, où il voulut joindre à la gloire que donnent les conquêtes celle d'être parmi les princes goths le premier législateur. Il n'eut pas le bonheur de voir l'établissement de ses sages institutions; peu après les avoir fait promulguer, il mourut à Arles, dans la dix-septième année de son règne. Alaric son fils lui succéda. Ce fut à lui que Clovis déclara la guerre, sans autre raison que celle de la différence de religion. Les deux rois, comme on sait, se rencontrèrent à Vouillé, près Poitiers. Clovis remporta une victoire complète. Alaric fut tué et ne laissa qu'un fils en bas âge. Son frère naturel Gensaléric s'empara du sceptre et périt peu d'années après.

Théodoric, dont Alaric avait épousé la

fille, voulut venger son gendre et rendre à son petit-fils ses états. Il entra dans les Gaules avec une armée considérable, livra bataille à Clovis qu'il défit, et, ayant repris une partie des conquêtes d'Alaric, il réunit sous sa puissance les Goths et les Ostrogoths : lorsque Amalaric fut majeur, il lui rendit ses états au-delà des Pyrénées, qu'il avait jusque-là fait régir par un gouverneur avec une grande équité. Le nouveau roi demanda aux fils de Clovis leur sœur Clotilde en mariage ; ils y consentirent, à condition que la princesse ne serait pas obligée de changer de religion. Elle était catholique, et Amalaric arien fanatique ; en cela différant de ses ancêtres, qui ne persécutèrent pas les catholiques. Il dissimula ses sentimens pour obtenir la princesse, qui lui fut amenée en Espagne, où il tenait sa cour ; elle lui apporta une riche dot, qui n'engagea pas Amalaric à avoir pour elle plus d'égard. Elle fut si malheureuse qu'elle écrivit à ses frères pour qu'ils vinssent la délivrer des persécutions que son époux lui faisait souffrir, afin de la forcer à suivre la religion d'Arius. On ajouta que cette lettre était écrite avec le sang qui coulait des blessures que son mari lui avait faites.

Childebert et Clotaire, pour venger Clotilde, entrèrent en Espagne en 531, et attaquèrent leur beau-frère qu'ils mirent en déroute ; Amalaric fut tué d'un coup de lance. Sa mort rendit la liberté à l'infortunée Clotilde, qui repassa en France et mourut à Paris, où elle fut enterrée dans l'église de Saint-Pierre et Saint-Paul, qui depuis a été dédiée à Sainte-Geneviève. On voyait encore, dans le dernier siècle, son tombeau dans l'église souterraine, auprès de celui de Clovis son père.

Les deux rois ne bornèrent pas là leur expédition : avant de quitter l'Espagne, ils voulurent par représailles dépouiller les églises ariennes. Ils firent d'abord le siége de Sarragosse, pendant lequel on dit qu'il sé passa un événement qui, s'il n'est pas vrai, peint au moins admirablement les mœurs espagnoles. Voici comment Depping le raconte : « Les habitans » de cette ville n'ayant plus d'espoir de dé- » livrance, firent une procession solen- » nelle sur les murs ; les hommes revêtus » de cilices et portant les reliques de saint » Vincent martyr ; les femmes couvertes » de longues robes noires, avec leur che- » velure dénouée et chargée de cendres, » tous chantant des hymnes et des can- » tiques de pénitence. A ce spectacle nou- » veau, les Francs restèrent interdits, et » craignirent que ce ne fût quelque en- » chantement. Childebert voyant passer » un paysan, le fit arrêter pour lui de- » mander ce que signifiait cette scène » singulière : *C'est*, répliqua le paysan, » *une procession solennelle par laquelle les* » *assiégés implorent le secours de leur grand* » *patron contre vous autres.* A ces mots, la » terreur s'empare des Francs et leur fait

» aussitôt lever le siége. Cette anecdote,
» quelque invraisemblable qu'elle paraisse
» dans notre siècle, est cependant ana-
» logue à l'esprit de ces temps-là. On
» ajoute même que le roi Childebert fit
» appeler l'évêque de Sarragosse et lui de-
» manda une étole du saint martyr, à
» l'honneur de laquelle il fit bâtir à Paris
» une église magnifique, devenue depuis
» celle de l'abbaye des Bénédictins. »

S'il est vrai que la piété envers saint
Vincent détermina les deux rois français
à épargner Sarragosse, ils n'eurent pas la
même modération pour les autres parties
de l'Espagne; ils portèrent leurs armes
contre l'Arragon et la Catalogne, enlevant
partout l'argenterie des églises ariennes.
Ils crurent qu'il leur serait facile, après
avoir ravagé ces deux provinces, de rentrer dans les Gaules avec leur butin; mais
Theudis, qui avait succédé à Amalaric,
les laissa s'avancer dans ces provinces, et
borna tous ses soins à s'emparer des pas-

sages des Pyrénées, pour ôter aux Francs tout moyen de retourner dans leur patrie; il vint ensuite présenter le combat aux deux rois. Theudis avait tellement pris ses avantages, qu'il remporta une victoire complète; ce fut avec une peine extrême que Childebert et Clotaire rallièrent les débris de leur armée et trouvèrent le moyen de passer les Pyrénées par des chemins que l'on avait crus impraticables, ce qui avait fait négliger de les garder. Ce fut ce qui sauva cette malheureuse armée, la première de celles des Français qui eût pénétré dans l'Espagne, et de qui les malheurs servirent en quelque sorte de pronostic pour celles qui depuis ont franchi les Pyrénées, même sous les plus vaillans généraux.

Theudis ayant forcé les Français à sortir de l'Espagne, fit en Afrique une expédition qui ne fut pas très-heureuse. Attaqués un dimanche par les Musulmans, les soldats de Theudis n'osèrent se défendre et furent tous massacrés. On ignore de quelle manière Theudis se sauva; ce qu'il y a de certain, c'est qu'il rentra en Espagne et qu'il y régna paisiblement pendant plusieurs années, laissant aux catholiques toute liberté de conscience : il n'en fut pas moins assassiné par un scélérat qui s'introduisit dans le palais, déguisé en mendiant.

Les révolutions sanglantes se succédaient en Espagne comme dans l'empire romain. Le trône y était presque toujours le chemin qui conduisait à la mort, et cependant les hommes sont tellement avides de puissance, qu'il n'était jamais vacant. Theudisèle, parent de Totila, roi d'Italie, succéda à Theudis, et effraya ses sujets par sa cruauté et la licence de ses mœurs, qui soulevèrent contre lui ceux qui l'avaient couronné. Ce fut au milieu d'une orgie nocturne qu'ils le tuèrent. Grégoire de Tours rapporte que ce prince ayant voulu convaincre de ruse des prêtres qui prétendaient que le baptistère d'Osset se remplissait miraculeusement, en avait fait sceller la porte, et avait fait faire tout autour un fossé large et profond pour qu'il n'eût aucune communication souterraine, remettant l'ouverture du baptistère à une solennité prochaine : il fut assassiné deux jours avant celui qu'il avait indiqué pour la cérémonie, où il devait convaincre de fausseté ceux qui avaient proclamé ce miracle.

Agila, son successeur, n'eut pas un meilleur sort; le midi de l'Espagne refusa de le recevoir pour maître. Il vint mettre le siége devant Cordoue, qui se défendait vigoureusement. La basilique de saint Asiscle n'était pas enfermée dans les murs; Agila s'en empara et profana la sépulture du saint en y faisant décapiter ses prisonniers, et convertit l'église en une vaste écurie. Les habitans de Cordoue, furieux que l'on ne respectât pas les objets de leur vénération, firent une sortie si terrible, qu'ils s'emparèrent du camp des Goths, tuèrent le fils du roi, prirent ses trésors et ses équipages. Jamais la guerre civile ne fut accompagnée, en Espagne, de plus de fureur qu'à cette époque. Athanagilde avait appelé à son secours une armée impériale : il fut proclamé roi dès qu'Agila eut été assassiné par des soldats. Croyant alors n'avoir plus besoin des forces de l'empire, le nouveau roi eût voulu se débarrasser de ceux qu'il avait si imprudemment appelés dans la péninsule ; mais les impériaux, qui regrettaient ce beau pays, y restèrent malgré les Goths, et s'établirent dans les environs de Carthagène.

Athanagilde n'en fut pas moins puissant, au point que Sigebert, roi d'Austrasie, lui demanda sa fille Brunehaut en mariage, et que Chilpéric son frère, roi de Soissons, obtint la main de Gossinde, sœur de Brunehaut. Qui ne sait les malheurs que cette double alliance causa à la

France, et la fin cruelle de ces deux princesses? La diversité des opinions sur le compte de Brunehaut, occupa de tout temps le loisir des critiques célèbres; mais comme ces faits n'ont qu'un rapport éloigné avec l'Espagne, je me contenterai d'en indiquer l'époque, ainsi que de ces cruelles dissensions qui eurent lieu vers le milieu du septième siècle. Dans ce même temps, la Galice abjura le paganisme et devint chrétienne. La guérison du fils de Théodomir son roi, par l'invocation de saint Martin, en fut la cause. Le roi se fit baptiser, et toute sa cour l'imita; car les courtisans n'ont d'autre conscience que celle qui se trouve d'accord avec la faveur du prince. Dès que cette partie de l'Espagne fut catholique, elle se peupla de couvens et d'ermitages qui se remplissaient de tous ceux que les troubles toujours renaissans dans l'empire des Goths forçaient de se mettre à l'abri des réactions continuelles que chaque parti éprouvait à la mort de ses chefs.

Celle d'Athanagilde excita de nouveaux malheurs en réveillant l'ambition des prétendans à la couronne. Ce fut Linda qui l'obtint ; mais il ne vint point en Espagne, et nomma, pour administrer ce pays, son frère Léovigilde, qui hérita quelques années après de sa puissance, non-seulement dans la péninsule, mais encore dans le midi des Gaules.

Il est peu de rois dont la conduite ait été aussi différemment jugée que celle de Léovigilde. Des auteurs graves le représentent comme un prince fanatique, en qui l'attachement pour l'arianisme étouffa tous les sentimens de la nature; d'autres au contraire, comme un grand roi outragé par un fils rebelle à qui il pardonna plusieurs fois, et qui se vit enfin forcé de le punir. Celui-ci était devenu l'époux d'une fille de Brunehaut dont il avait embrassé la religion. Il en est qui prétendent qu'un zèle indiscret pour cette religion lui fit désirer la couronne, afin d'établir le cute catholique dans tout le pays soumis à son père. C'est le défendre bien mal que de lui prêter un semblable motif. La mort fut la punition de sa révolte, et laissa son frère Récarède seul héritier du trône.

Comme s'il eût été décidé dans les décrets célestes que l'Espagne n'aurait jamais de repos, des nuées de sauterelles fondirent sur les campagnes et dévorèrent toutes les récoltes ; ce fléau dura trois ans. A peine en était-on délivré, que les Francs rentrèrent en Espagne. Récarède les força bientôt de repasser les Pyrénées. Ce jeune héros ne posa pas les armes, et, profitant des troubles de la Galice, il entra dans ce royaume, en fit la conquête, et envoya en exil Andeca qui s'était emparé du trône. Pendant ce temps, Léovigilde se rendait maître de la Cantabrie, et par ses victoires, et par celles que son fils remporta, il se mit en possession de toute l'Espagne, qui, pour la première fois, se trouva réunie sous un seul chef.

On croit que c'est dans cette guerre que les Vascons passèrent les Pyrénées et vinrent donner leur nom à la Vasconie ou Gascogne. Ils ne se mêlèrent point avec les indigènes, conservèrent leur langage et leurs mœurs, et les Basques sont encore en France une colonie étrangère.

Les succès éclatans de Léovigilde le firent vénérer de ses peuples ; il fut le premier des rois goths qui parut en public avec un manteau royal et la couronne sur la tête : il ne donnait audience que sur son trône. Ses médailles sont les premières qui représentent une tête couronnée.

Léovigilde ayant pacifié l'Espagne fonda la ville de Récopolis, en l'honneur de son fils Récarède qui avait combattu les Francs de la manière la plus brillante. Un an avant de mourir, il le nomma son successeur et voulut lui donner en mariage la fille de Chilpéric. Les obstacles qui s'opposèrent à cette union sont tellement romanesques, quoique véritables, que l'on est tenté de ne pas y croire. Il paraît que la princesse désirait autant cet hymen que les grands de sa cour le craignaient; mais enfin, arrivée jusqu'à Toulouse, et se trouvant abandonnée de toute sa suite, elle fut obligée de retourner sur ses pas et d'aller rejoindre sa mère Frédégonde, dont l'époux venait d'être détrôné. Récarède ne fut pas plus heureux dans le dessein d'un autre mariage avec une sœur de Childebert: alors il se décida à épouser une Espagnole nommée Badda.

CHAPITRE TROISIÈME.

Les Goths se font chrétiens. — Vamba.

Lorsque Récarède fut affermi sur son trône, il forma le hardi projet de changer de religion et de faire abjurer l'arianisme à tous ses sujets, projet qu'il exécuta; il ne fut plus occupé depuis ce moment que de conciles et de fondations pieuses; l'évêque de Séville, nommé Léandre, qui avait été un des conseillers du frère de Récarède, et que Léovigilde n'avait pas compris dans la sentence de mort de son fils, eut toujours une grande influence à la cour du nouveau roi, et on peut le regarder comme l'auteur de la conversion de celui-ci, qui fut imitée de sa cour et de presque tout le reste de la nation. Ce Léandre, que les Espagnols honorent comme un saint, eut deux frères, Fulgence et Isidore, célèbres par leurs ouvrages, et une sœur, nommée Florentine, qui fut abbesse de quarante maisons religieuses. La multitude de ces maisons fut étonnante dans la péninsule, du moment où la religion catholique y fut permise ; combien n'a-t-elle pas dû s'accroître dans les siècles suivans! On montrait au couvent de Notre-Dame-della-Valle le tombeau de cette abbesse, qui s'appelle encore *Torre de santa Florentina.*

Récarède, voulant assurer la tranquillité de sa domination, envoya des ambassadeurs avec des présens, suivant l'usage de ce temps, à Childebert et à Gontran pour faire alliance avec eux, afin de se trouver assez fort pour contenir la faction arienne, qui, mécontente d'avoir perdu tout crédit à la cour, remuait sans cesse. Childebert ne promit que la paix et la neutralité. Gontran refusa de recevoir les ambassadeurs, et envoya peu après, sous la conduite de Boson, soixante-dix mille hommes qui ravagèrent les environs de Carcassonne. Le duc Claude, chargé par Récarède de s'opposer aux progrès des Francs, les attira près de la ville dans une embuscade, les tailla en pièces et s'empara de leur camp. Récarède, dit-on, ne voulant point profiter de la faiblesse de son ennemi, retira ses troupes. Il les employa contre les Vascons qui désolaient ses frontières, et les força à demeurer au-delà des Pyrénées.

Après avoir pacifié son royaume, ce

prince ne s'occupa plus que de l'administrer avec autant de prudence que d'équité. Il se montra clément envers ceux qui formèrent des complots contre sa vie, et mérita le surnom de Sage, que lui donnent les médailles frappées de son temps. Il mourut après un règne de quinze ans, laissant ses peuples dans une paix profonde et l'église florissante. Il avait trois fils; l'aîné, nommé Linda, lui succéda. On n'eut pas le temps de connaître ce qu'il eût été sur le trône : Vitteric l'assassina, et se mit à sa place. L'affront que lui fit le roi de Bourgogne, qui lui avait demandé sa fille en mariage, et qui la lui renvoya un an après en gardant sa dot; le manque de secours que les rois français lui avaient promis, et qu'ils ne lui donnèrent pas; ses défaites par les Bourguignons, jointes à la haine que ses sujets lui portaient comme assassin de Linda, excitèrent enfin la vindicte publique : il fut assassiné à son tour, et reçut ainsi la punition de son lâche attentat.

Gondemar, dont on connaît peu les actions, lui succéda; on sait seulement qu'il fit alliance avec le roi d'Austrasie contre le roi de Bourgogne, dont l'insulte, faite à l'Espagne, n'était pas vengée; mais ce roi d'Austrasie ne fournit pas de troupes, et Gondemar mourut après un an de règne sans avoir pu même marcher contre les Bourguignons.

Sisebut, son successeur, attaqua et battit les troupes impériales, qui, toujours maîtresses du rocher où est maintenant Gibraltar, et des campagnes environnantes, ne cessaient de faire des incursions dans le royaume; Sisebut, par des victoires répétées, les força à demander la paix.

On ne peut omettre un trait qui prouve que Sisebut eut un cœur digne d'un meilleur temps : voyant ses soldats suivre les horribles lois de la guerre telles qu'elles existaient alors, et passer au fil de l'épée les habitans des villes prises d'assaut, il fut tellement touché de compassion qu'il s'écria : *Hélas! que je suis à plaindre d'être roi, puisque je suis cause d'une si grande effusion de sang!* et il fit publier que quiconque se retirerait près de lui aurait la vie sauve. Un grand nombre des habitans vinrent le joindre, et non-seulement il épargnait leurs jours, mais il leur donnait la liberté, avec ce qui était nécessaire pour qu'ils pussent attendre une nouvelle récolte. Ainsi, c'est avec justice que les historiens le nomment un roi sage, pieux et juste. Mais il paya un tribut funeste à son siècle par la loi qu'il rendit contre les juifs. Il les força de se faire baptiser, ou d'être rasés et leurs biens confisqués. Quatre-vingt-dix mille Hébreux se soumirent de force, et reçurent le baptême; d'autres s'enfuirent en France. Cette persécution ternit, aux yeux des hommes éclairés, l'éclat des vertus de ce monarque, qui mourut la neuvième année de son règne.

Je ne parlerai pas de ses successeurs qui, semblables aux princes qui gouvernaient alors la France, valent à peine que leurs noms soient recueillis dans les fastes historiques. Sintilla, à qui Sisebut avait laissé le trône, nous a donné un de ces exemples malheureux, qui sont si fréquens parmi ceux qui gouvernent; ce prince a prouvé qu'il ne suffit pas pour un monarque d'avoir des vertus guerrières, et que trop souvent le trône est la perte des plus grands héros. Sintilla défit les armées de l'empire, qui, depuis un siècle, faisaient éprouver à l'Espagne d'odieuses vexations. Il s'empara des chefs, reprit les villes qu'ils avaient conquises, et enfin les chassa entièrement de la péninsule. Il soumit aussi les habitans des montagnes du Nord, leur fit poser les armes, et donner une somme suffisante pour bâtir en Navarre une place forte, nommée Ologite, et destinée à les contenir dans le devoir. Aussi restèrent-ils en repos pendant tout le règne de ce roi. Mais les douceurs de la paix corrompirent son cœur, et lui firent perdre l'amour de ses sujets qu'irritèrent sa vie licencieuse et sa cruauté. Un parti puissant se forma contre lui, et obtint des troupes de Dagobert, en lui promettant un grand plat d'or enrichi de pierreries. Pour ce frivole avantage, le roi de France exposa une armée de quatre-vingt-dix mille hommes, qu'il envoya, non pour soutenir un roi sur son trône, mais pour le renverser. Les Français traversèrent les Pyrénées, et s'avancèrent jusqu'à Sarragosse. Siserand ne les attendit pas pour s'emparer du sceptre; Sintilla abandonna lâchement la couronne, et les Français s'en retournèrent sans avoir acquis ni gloire ni profit : leur roi n'eut pas même le plat d'or qui l'avait déterminé à cette inutile démarche. On assure cependant que Siserand lui envoya la somme de deux cent mille sous, que Dagobert donna à l'abbaye de Saint-Denis.

L'usurpateur s'appuya de l'autorité d'un concile qui excommunia Sintilla et sa famille, leur ôta leurs dignités, leurs biens et légitima la domination du nouveau roi : étrange abus du pouvoir ecclésiastique, dont on ne voit que trop d'exemples dans ces siècles, pendant lesquels la civilisation parut s'arrêter devant l'ignorance et la superstition.

Depuis 631 jusqu'en 672 que Vamba monta sur le trône, Chintilla et Recewinte l'occupèrent, et si leurs noms n'avaient pas été conservés dans les actes des conciles qu'ils convoquèrent, ils ne seraient peut-être pas parvenus jusqu'à nous, tant leurs règnes offrent peu d'événemens remarquables.

Vamba en présente au contraire un très-rare. Appelé par son mérite et par l'estime de ses compatriotes à régner sur eux, il refusa constamment le sceptre jusqu'au moment où l'un des officiers supérieurs de l'armée lui mit la pointe de son épée sur la gorge en criant : La royauté ou la mort! Il accepta la première, et pour rendre son autorité respectable, il se fit couronner et sacrer dans l'église de Tolède par l'archevêque. C'est le seul roi d'Espagne qui se soit soumis à cette cérémonie (1).

Vamba éprouva bientôt les embarras de la royauté qu'il avait redoutée. Les Vascons et les Gaulois de la Gaule Narbonnaise se révoltèrent, et loin de faire en sorte de calmer cette insurrection, il lui donna un nouvel aliment en bannissant les juifs de l'Espagne. Ils se retirèrent à Nîmes, foyer de la rébellion. Dès

---

(1) On raconte qu'un Anglais demanda un jour à un Espagnol quand le roi d'Espagne serait sacré; il lui répondit : « Monsieur, nous ne sacrons, ni ne massacrons nos rois. »

GAILLARD.

que Vamba en fut instruit, il mit deux armées en campagne, partit à la tête de l'une, et donna l'autre à commander au duc Paul, Grec d'origine, qu'il aimait beaucoup, et en qui il avait toute confiance. Le traître en abusa d'une manière indigne; il se réunit aux révoltés, s'empara de Barcelone, de Girone et de Vich, passa les Pyrénées, et se fit ouvrir les portes de Narbonne, où il fut déclaré roi. On posa sur sa tête une couronne d'or, ornée de pierreries, que Récarède avait offerte à saint Félix : l'armée et les habitans de Narbonne lui prêtèrent serment de fidélité.

Vamba fut bientôt instruit de cette nouvelle par une lettre du duc Paul, lettre qui fait connaître que la langue que l'on parlait en Espagne n'était qu'un latin corrompu, et avait beaucoup de rapport avec le style oriental. On peut présumer que c'est là ce qui a donné à la langue espagnole l'enflure qu'on lui reproche. Voici cette lettre :

« Au nom du seigneur *Flavius Paul*,
»roi suprême de l'Orient, à *Vamba*, roi
»du Midi, dis-moi, ô guerrier ! dis-moi,
»seigneur des bois et ami des rochers,
»si tu as déjà parcouru les rudes passages
»des monts inhabitables, si comme un
»lion fort tu as fait retentir de ta voix les
»immenses forêts ; si tu as égalé la vé-
»locité des chèvres et des cerfs, dompté
»la férocité des sangliers et des ours, et
»si tu as arraché le venin aux vipères et
»aux serpens. Si tu as fait cela, hâte-toi de
»venir vers nous pour que tu nous fas-
»ses entendre la voix du rossignol. Ainsi,
»homme magnifique, soulage ton cœur,
»et avance jusqu'aux *clausures*; tu y trou-
»veras un être puissant, digne de se me-
»surer avec toi. »

Cette jactance n'en imposa pas à Vamba; il dit, après avoir lu cette missive : « Commençons par soumettre les Vascons, puis nous irons à lui. » Le roi avait l'estime de son armée, elle lui fut fidèle. En sept jours, il s'empara des montagnes, et força ceux qui les habitaient à mettre bas les armes. Bientôt il entra dans la Catalogne, reprit les places qui s'étaient laissé tromper par le duc Paul. Celui-ci, sachant que le roi marchait contre Gironne, donna ordre à l'évêque d'ouvrir les portes sans coup férir, persuadé qu'il arriverait le premier. *Paul prend ses précautions*, dit le roi en souriant; *il sera étonné d'apprendre que c'est pour moi qu'il a donné ses ordres*. Vamba passa les Pyrénées, et vint assiéger son rival dans Narbonne, qui d'abord se défendit avec force, et qui insultait aux assiégeans; mais bientôt ceux-ci, animés par la présence du roi, redoublèrent d'audace; les uns escaladèrent les murs au milieu d'une nuée de flèches; les autres mirent le feu aux portes, entrèrent dans la ville, et s'en emparèrent après un horrible carnage. Le duc Paul et ceux de son parti trouvèrent le moyen de s'échapper. Vamba poursuivit

Paul de ville en ville; toutes ouvrirent leurs portes à leur légitime souverain; enfin les révoltés entrèrent dans Nîmes, que Vamba assiégea avec trente mille hommes. L'évêque de Narbonne étant venu au-devant du roi pour obtenir la vie des habitans de Nîmes et même des conspirateurs, Vamba la lui accorda et entra avec son armée dans la place. Le duc se cacha dans les souterrains de l'amphithéâtre avec les chefs de la révolte : ils en furent tirés et conduits devant le roi.

Le duc s'étant jeté à genoux pour demander grâce, le roi lui dit : « Allez vous rendre en prison; j'ai promis de vous accorder la vie, quoique vous ne le méritiez pas, mais non de laisser impuni un pareil attentat. » Le roi, à son retour à Tolède, se contenta de faire marcher Paul et ses complices les premiers du cortége, la tête et le menton rasés, les pieds nus, et ayant pour vêtement une étoffe de poil de chameau. Le roi paraissait ensuite, environné des chefs de l'armée, magnifiquement vêtu. Vamba fut conduit au palais par un peuple immense, qui adressait pour lui au ciel les vœux les plus ardens. Quand il fut entré dans la salle du trône, il s'assit et prononça l'arrêt du duc Paul et de ses complices, qu'il condamna à passer leur vie en prison; ils y furent aussitôt conduits.

Vamba, délivré de ses ennemis, ne s'occupa plus que du bonheur de son peuple. Cependant les dernières années de son règne furent troublées par l'apparition de nouveaux conquérans qui s'étaient emparés de l'Afrique, et qui tentèrent un débarquement en Espagne; mais il avait des troupes aguerries, prêtes à repousser toute agression; les Sarrazins furent obligés de se retirer. Si le ciel eût toujours donné à l'Espagne des rois aussi vertueux et aussi vigilans que Vamba, ces Musulmans ne se fussent pas emparés de l'Espagne; ils n'eussent pas causé, pendant tant de siècles, la désolation de ce beau pays.

Un événement extraordinaire, et qui peint les mœurs de ce temps, priva l'Espagne de ce bon roi au moment où l'on devait le moins s'y attendre. Un jour il se trouva mal au point de perdre connaissance; tout ce qui était présent, le croyant près de mourir, appelle l'évêque de Tolède pour qu'il rende au roi le plus important service, suivant les idées de ce siècle, en lui accordant le bonheur de mourir dans un habit monacal. L'évêque lui coupe les cheveux, ceux qui l'entourent lui ôtent ses vêtemens royaux, et le revêtent d'une robe de moine. Vamba, revenu à lui, fut frappé d'étonnement en se voyant sans cheveux et vêtu comme un reclus; il en éprouva une telle révolution qu'il abdiqua aussitôt, et se retira dans le couvent de Pampliega, près Burgos, où il finit ses jours. Il avait régné avec gloire pendant huit ans. On avait employé la violence pour le faire roi; il descendit du trône volontairement et sans peine. Ervige persuada au peuple que Vamba l'avait désigné pour son successeur.

Un concile, qui trop souvent alors était aux ordres du plus fort, soutint la légitimité d'un prétendu testament mystique. Ervige, tourmenté par ses remords, proposa à Égiza, frère de Vamba, la main de sa fille Cixelane et sa succession au trône, à condition que toute sa famille conserverait après sa mort les biens et les honneurs dont elle jouissait pendant sa vie. Il avait de fortes raisons pour craindre que l'on ne vengeât sur les siens, après lui, les procédés injustes qu'il avait eus avec la famille de Vamba. Égiza promit tout; mais dès qu'il fut roi par la mort de son beau-père, n'ayant point oublié les outrages dont le défunt avait accablé ses parens, il assembla un concile pour se faire relever du serment qu'il avait fait à Ervige. Les pères du concile déclarèrent qu'un serment injuste était sans force, et délièrent le roi de toute obligation envers la famille de l'usurpateur. On ôta à celle-ci tout ce qu'elle avait ôté elle-même à celle de Vamba. On assure qu'Égiza divorça avec sa femme pour n'avoir plus aucun rapport avec les persécuteurs de son frère.

Égiza sur le trône ne posséda ni la valeur ni la justice de Vamba. Il terminait toutes les affaires par la voie des excommunications qu'il faisait prononcer dans des conciles, composés en grande partie de ses créatures. Les juifs expulsés d'Espagne tramèrent une conspiration. Il fut décidé par un nouveau concile que les Israélites convaincus d'y avoir pris part seraient dépouillés de leurs biens, vendus comme esclaves, et que leurs enfans, qui n'auraient pas atteint l'âge de sept ans, leur seraient ôtés pour être élevés par des chrétiens sages et pieux.

De pareilles lois, en se renouvelant

dans des siècles bien rapprochés de nos jours, prouvèrent que l'on s'égare en voulant prendre les intérêts de la Divinité plus qu'elle ne l'exige, et même contre sa volonté, puisque l'Être éternel qui donne des enfans aux hommes de toutes les religions, de toutes les croyances, n'a sûrement pas entendu qu'une partie de ces mêmes hommes fussent privés de leur postérité. Mais ce n'est pas ici la place de me livrer à une pareille discussion; voyons seulement combien les grandeurs humaines ont peu de solidité.

Vitiza, associé par son père à l'empire, ne se fit remarquer, suivant beaucoup d'auteurs, que par ses cruautés et sa jalousie. Au bout de cinq ans, il resta seul maître en Espagne. Il paraît que, donnant dans un excès opposé à ceux de ses prédécesseurs, il n'eut aucun respect pour la puissance ecclésiastique; qu'il projetait d'aller à Rome soumettre le pape à sa volonté; que, pour se livrer sans contrainte à ses déréglemens, il força le clergé de l'imiter ; qu'il contraignit les prêtres à avoir plusieurs femmes, et ne mit aucunes bornes au nombre de celles qui reçurent ses faveurs. Il fit, ajoute-t-on, crever les yeux à Théodofrède, fils d'un duc de Cordoue et enleva la fille de Rodrigue. Ce fut, à ce que l'on assure, ce qui porta celui-ci à le priver de la royauté et même aussi de la vue. D'autres au contraire le peignent comme un prince pieux et brave qui repoussa une seconde fois les Sarrazins. Il est difficile de connaître la vérité ; mais ce qu'il y a de certain, c'est que ce moment avait été marqué par celui qui gouverne toutes choses pour l'abaissement des princes Goths en Espagne. Les Sarrasins furent appelés par le comte Julien pour venger ou sa propre injure, ou celle qui avait été faite à la famille de Vamba ; ces nouveaux événemens vont être retracés dans le chapitre suivant.

CHAPITRE QUATRIÈME.

Invasion des Sarrazins.

Le comte Julien était beau-frère de Vitiza : il n'avait pu voir sans douleur que les fils de ce roi eussent été envoyés en exil et fussent surveillés comme des prisonniers. Son sort à lui-même eût peut-être été semblable, si Rodrigue, roi des Goths, n'eût pas redouté son influence parmi la noblesse et dans l'armée. Julien était chargé de garder les côtes méridionales, et avait le gouvernement de Ceuta en Afrique, qui lui donnait le moyen d'échapper aux persécutions, et de faire tourner contre le monarque les tentatives qu'il aurait faites pour s'emparer de lui. Cependant rien encore ne faisait craindre une prochaine révolution, et, dans l'impossibilité de connaître la cause réelle qui la détermina, plusieurs écrivains s'en rapportent à ce que raconte une vieille tradition assez vraisemblable. D'après Ibn Cauthir, auteur arabe, Rodrigue se croyant assuré de la fidélité du comte, le regardait comme dévoué à sa cause et s'en rapportait à lui dans plusieurs occasions. Il le chargea de lui acheter des chevaux et des oiseaux de proie pour la chasse au vol, qui était alors très en usage; le comte s'en excusa, disant que sa femme venait de mourir et lui avait laissé une fille qu'il était obligé de surveiller, n'ayant plus sa mère pour prendre ce soin. Rodrigue lui dit d'amener la jeune comtesse dans le palais, où elle resterait avec les demoiselles de la reine. Julien ne pouvant se refuser à l'offre du roi sans lui manquer, consentit à ce que sa fille, nommée Cava, vînt à la cour et se plaçât sous la protection de la reine. A peine la belle et vertueuse Cava fut dans le palais, que Rodrigue en devint éperdûment amoureux et employa tout ce que l'art de la séduction peut inspirer pour lui plaire ; mais Cava lui résista avec la plus grande constance, et par-là ne rendit Rodrigue que plus passionné. Enfin, désespérant de vaincre une telle résistance, il eut recours à la force. La fille de Julien, réduite au plus affreux désespoir, profita du retour du comte à Tolède pour lui apprendre son outrage. Ce père indigné promit à sa fille de la venger ; mais, dissimulant sa fureur, il ne laissa paraître aucun ressentiment et partit peu de jours après avec sa fille pour Ceuta, laissant en Espagne des agens de sa vengeance, qui soulevèrent contre le roi la noblesse et le clergé. Le comte Julien, de plus en plus animé par la colère, s'allia aux Sarrazins, peuples sortis de l'Orient, qui s'étaient établis dans la Mauritanie, d'où leur est venu le nom de Maures. Ils avaient conquis toutes les côtes de l'Afrique, depuis l'Égypte jusqu'au détroit de Gibraltar. Julien s'en servit pour qu'ils l'aidassent à chasser l'infâme Rodrigue du trône.

Il ne fut écouté que trop favorablement par Muza, lieutenant du calif Valid, qui commandait en Afrique. Muza promit des troupes, bornant ses prétentions au butin que ses gens pourraient faire. C'était, selon toute apparence, ce que voulait Julien, qui sûrement avait le désir non-seulement de se venger, mais aussi de s'emparer de l'autorité, et de payer ce service par les richesses qu'il enlèverait à à Rodrigue.

Muza cependant ne voulut d'abord risquer que cinq cents hommes qui abordèrent dans une île vis-à-vis de Ceuta, dont la vue alors offrait l'aspect le plus gracieux: on eût dit un jardin cultivé avec le plus grand soin ; le comte Julien y avait son château qui existe encore. Tarik, affranchi de Muza, ayant conduit les Arabes en ce lieu, Julien leur livra la Ceuta et des îles où se trouvait un port très-commode, que la mer a depuis presque entièrement détruit. On n'y voit plus qu'un vieux château-fort et quelques masures ; les Espagnols croient encore que les souterrains de ce château renferment les trésors du comte.

Muza, persuadé de la sincérité de Julien, envoya l'année suivante douze mille hommes, qui entrèrent en Espagne. On dit qu'ils y firent le siége de Carthagène ; mais il paraît qu'au contraire ce ne fut que quelques mois après qu'ils s'en emparèrent. Ils battirent le général des Goths, qui venait pour s'opposer à leurs conquêtes ; s'avancèrent vers le midi de l'Espagne ; mirent le siége devant Séville et prirent cette ville.

Rodrigue vit avec effroi la position où il avait mis le royaume en se donnant un ennemi aussi implacable que le comte Julien. Il chercha inutilement un appui parmi les nobles qu'il avait outragés en s'emparant de leurs femmes et de leurs filles. Il osa rappeler les fils de Vitiza ;

mais ceux-ci ne voulant ni se fier à sa parole, ni combattre sous l'étendard du croissant, joignirent les Goths qui défendaient la frontière.

Rodrigue tenta un dernier effort : il rassembla une armée de 70,000 hommes; mais, indisciplinés, sans courage, et manquant d'armes, ce n'étaient plus ces Goths qui avaient conquis l'Espagne. Le luxe et la mollesse des derniers règnes leur avaient ôté toute énergie. Le roi, qui ne manquait pas de talens militaires, pensa que lorsque ses soldats seraient restés plusieurs jours en présence de l'ennemi, ils s'aguerriraient et consentiraient à le seconder. Il faisait attaquer les postes avancés, se bornant à des escarmouches : elles suffirent pour dissiper la première terreur que les Barbares avaient inspirée à ses troupes; celles-ci finirent par presser elles-mêmes leur chef de livrer la bataille. Ce moment allait décider du sort de l'Espagne. Rodrigue se présenta en tête des

combattans avec la pompe d'un triomphateur : il était revêtu d'un manteau de soie brodé d'or, la tête ceinte d'une couronne de même métal, enrichie de perles. Il était placé sur un char d'ivoire attelé de deux mules blanches; un dais en forme de dôme, revêtu d'une étoffe richement brodée avec des franges de perles et d'émeraudes, s'élevait au-dessus de sa tête. Il était suivi d'un grand nombre de chariots qui portaient ses trésors. Tarick, voyant les Goths se disposer au combat, s'avança au milieu de ses troupes et leur dit entre autres choses : « Musulmans !
» les vaisseaux qui vous ont portés dans
» cette île sont repartis : semblables à des
» orphelins délaissés par un tuteur impi-
» toyable, vous êtes dans une terre étran-
» gère, privés de tout secours et de tous
» les moyens de fuir. Derrière vous est la
» mer, devant vous l'ennemi. Vous le voyez
» s'avancer avec son armée, ses bagages
» et ses provisions. Quant à vous, vous

» n'avez pour bagages que vos épées ; vos
» seules provisions sont celles que vous
» arracherez aux Goths ; mais auparavant,
» il faut les vaincre. »

Cette bataille, connue sous le nom de bataille de Xérès, fut terrible : la terre se couvrit de morts et de blessés. Les Arabes étaient au moment de plier, quand l'évêque Oppas, qui combattait avec les Goths, rassembla ceux qui étaient immédiatement sous ses ordres et passa du côté des Musulmans. Les fils de Vitiza en firent autant. Cette trahison ôta à Rodrigue tout espoir de se défendre : ses rangs furent enfoncés, et il n'y eut plus qu'une horrible boucherie. Rodrigue, voyant que la bataille était perdue sans ressource, descendit de son char, s'élança sur un cheval dont le cavalier avait péri, et disparut : on n'a jamais su ce qu'il devint. Son manteau, sa couronne et ses brodequins, trouvés quelque temps après au bord d'une rivière, ont fait croire à quelques auteurs qu'il s'y était précipité. D'autres, et cette opinion paraît mieux fondée, disent qu'il ne s'était dépouillé de ses ornemens que pour ne pas être reconnu, et qu'il se cacha dans une retraite inaccessible à ses ennemis. On assure que l'on a trouvé dans une église de Viséo en Portugal, ces mots gravés sur une pierre sépulcrale : *Ici repose Rodrigue, dernier roi des Goths.*

Cette bataille, dont l'époque n'est pas précisément fixée, se donna à deux lieues de Cadix, vers 715. La victoire que les Sarrazins remportèrent les rendit maîtres de presque tout le pays en-deçà de l'Èbre. Il ne restait plus que Tolède dans la partie méridionale. Un grand nombre d'habitans qui l'avaient abandonné, conduits par Pélage, suivirent leur évêque et les principaux membres de la noblesse, et se réfugièrent dans les montagnes, où ils emportèrent leurs richesses. Les laïcs s'étaient chargés des effets d'or et d'argent, et les ecclésiastiques des reliques, des vases sacrés et des livres. C'est là l'origine de ce noyau de vieux chrétiens qui résistèrent sans cesse aux Musulmans, et finirent par les chasser de la péninsule : le reste des habitans de Tolède, pressés par Tarick, consentirent à capituler, à condition qu'ils se gouverneraient suivant leurs anciennes lois et qu'ils garderaient leur religion. Tarick accepta ces conditions et les tint fidèlement tant qu'il eut le commandement ; mais Muza, jaloux de ses succès, le rappela. Il envoya son fils Abdalasis pour recueillir le fruit de ses victoires. Ce jeune guerrier poursuivit les conquêtes des Sarrazins, et trouva toutefois dans Théodomir, prince goth, un généreux défenseur de sa patrie; Abdalasis, pour abréger la reddition des places de l'Andalousie, signa la paix. Les conditions furent que Théodomir et les siens conserveraient leur religion, et paieraient un tribut au prince maure. Les Musulmans n'eurent plus à combattre que les montagnards.

Théodomir accompagna Muza à la cour du soudan de Syrie, qui le combla d'honneurs; Muza, au contraire, fut reçu très-froidement du monarque qui lui devait une si belle conquête, et peu de temps après il fut exilé en Arabie. Tarick fut aussi disgracié. Le comte Julien, de son côté, fut en proie aux remords les plus aigus, en songeant que c'était lui qui avait livré son pays aux étrangers. Il traîna une vieillesse douloureuse, également méprisé de ses compatriotes qu'il avait trahis, et des Musulmans qui n'ignoraient pas qu'en leur confiant le soin de sa vengeance il avait eu l'ambition de régner sur son pays. Quelques auteurs prétendent qu'il fut dépouillé de ses biens, et périt d'une mort sanglante.

CHAPITRE CINQUIÈME.

Suite de l'Invasion des Sarrazins.—
Pélage.

Les fils de Vitiza ayant passé dans le camp des Musulmans après la bataille de Xérès, demandèrent pour prix de leur trahison de rentrer, comme il leur avait été promis, dans leurs possessions: ce qui leur fut accordé, mais comme à des princes tributaires du calife. Un manuscrit arabe donne le nom de ces princes : le premier, Almund, eut Séville et son territoire en apanage, où il fixa sa demeure; le second, Arthabaze, eut Cordoue et ses dépendances; Romulach eut la ville de Tolède et tout ce qui en relevait. Les trois frères vécurent en bonne intelligence; mais Almund en mourant laissa deux fils et une fille en bas âge, et leurs oncles s'emparèrent de leurs biens. Le premier des deux fils d'Almund étant mort jeune, et l'autre n'ayant pas réclamé contre l'usurpation de ses oncles, Sura, leur sœur, alla porter ses plaintes à la cour du calife Hechane, qui demeurait à Damas. Le calife la reçut avec distinction, la maria à Aïca, l'un des grands de sa cour, et remit à celui-ci les ordres les plus positifs pour que l'on rendît à sa jeune épouse les domaines qui lui appartenaient. Ce ne fut pas la seule princesse du sang qui s'allia avec les sectateurs de Mahomet. On se souvient que lorsque Muza quitta l'Espagne, il en laissa le commandement à Abdalasis, et ce fut à lui que l'on remit les prisonniers les plus distingués. Parmi eux se trouvait la reine Égilone, princesse qui, peu sensible à la perte de son époux, ne s'occupa que du projet de conserver un rang qu'elle n'avait pu perdre sans chagrin : elle employa tout l'art de la coquetterie pour subjuguer le vainqueur de Rodrigue, et elle y réussit. Bientôt Abdalasis lui offrit sa main, qu'elle accepta sans scrupule, en conservant toutefois la liberté de suivre sa religion.

Sa vanité fut cause de la perte de son nouvel époux. Quoique Muza ne fût que commandant en Espagne, elle voulut qu'il portât la couronne et le manteau royal. Ses ennemis, irrités de cet orgueil, l'assassinèrent, et sa mort laissa les Arabes sans chef pendant deux ans. Un chef de Bérébères (1), nommé Agoul, gouverna quelque temps la péninsule ; mais l'Arabe Alaïor fut nommé par le calife, et se montra grand et généreux envers la nation subjuguée, faisant restituer par ses compatriotes ce qu'ils avaient pris aux Goths et aux Espagnols. Tous ne profitèrent pas de ses dispositions, et ne voulurent pas rester sous la puissance des infidèles. J'ai dit qu'il s'était formé une association en-

(1) Habitans de la Mauritanie, près du mont Atlas. Ils réunissaient l'agilité de la cavalerie numide à l'audace des Bédouins, et au fanatisme des Musulmans.

tre les plus considérables des Espagnols et des Goths, et qu'ils s'étaient retirés dans les montagnes, conduits par un évêque et par Pélage.

Pélage, que quelques écrivains disent fils de Gothofrède, et que d'autres prétendent n'être qu'un plébéien, n'eut pas besoin d'aïeux pour être un homme célèbre. Ses rares qualités le rendirent le chef de la partie la plus intéressante des habitans de l'Espagne. Il fonda cette monarchie qui fut portée sous Charles-Quint à une puissance telle, que ce vaste génie en fut fatigué, et qu'il abdiqua. Elle ne consistait encore qu'en quelques familles vertueuses qui renoncèrent à tout, plutôt que de se soumettre au joug des ennemis de la foi de leurs pères, tandis que d'autres abjuraient leur croyance pour conserver leurs possessions. Quelques auteurs croient que Pélage est le même que Théodomir, et veulent, dans cette supposition, qu'il ait été d'abord roi tributaire avant d'avoir pensé à se soustraire au joug des vainqueurs. Ce qui motive cette opinion, ce sont ses rapports avec le gouverneur que les Sarrazins avaient donné à la ville de Gison. On dit que ce gouverneur, étant devenu amoureux de la sœur de Pélage, et ne sachant comment se rapprocher d'elle tant que son frère surveillerait ses actions, envoya Pélage en ambassade auprès de Tarick pour négocier un rapprochement entre les mahométans et les chrétiens, et que voyant le frère éloigné des Asturies, il enleva la sœur et l'épousa. La haine que Pélage avait déjà pour la domination des musulmans, fut augmentée encore par cette violence; il commença à faire des courses sur les pays qui s'étaient soumis aux Sarrazins; il les forçait, par la crainte que ces petites troupes aguerries et cruelles inspiraient, de quitter le parti du croissant. Dans les villes plus importantes, et qu'il ne pouvait conquérir, il entretenait des correspondances secrètes pour les engager à entrer dans la ligue contre les infidèles. Peu à peu il forma un parti assez puissant que les Sarrazins ne cherchaient point à détruire, parce qu'ils étaient trop occupés à soumettre les provinces méridionales : mais lorsqu'ils n'eurent plus rien à craindre de ce côté, ils pensèrent à anéantir ce reste de rebelles, et entrèrent dans les Asturies avec une grande armée. Pélage en fut instruit, et ne voulant pas commettre le sort de tant d'hommes recommandables par le rang qu'ils avaient possédé et plus encore par leurs vertus, il chercha à les mettre à l'abri des Sarrazins. Il se souvint que, poursuivant un jour un voleur, il le vit entrer dans une caverne dans laquelle il voulait le suivre, mais qu'un ermite parut aussitôt et le pria de ne pas aller plus loin. *Cette caverne,* lui dit l'anachorète, *est consacrée à la Vierge; c'est un asile sacré; je ne souffrirai pas que vous y fassiez violence à l'infortuné qui est venu s'y réfugier, et s'est mis sous la protection de No-*

tre-Dame. Pélage, en se retirant, conserva le souvenir de cette retraite. Lorsqu'il se vit près d'être enveloppé lui et les siens par l'armée des musulmans, il engagea ses compagnons d'infortune à gagner avec lui le mont Ansême ; ils se retirèrent dans cette caverne, qu'à cause de sa vaste étendue, on nommait en vieil espagnol *Coba-Dunga* (grand souterrain). Les chrétiens y ayant suivi leur chef, Pélage posa des sentinelles sur le haut du rocher pour l'avertir en cas de danger. Il avait emporté des provisions et des armes ; tout fut déposé au fond du souterrain, et ces infortunés y vécurent comme des prisonniers, se croyant destinés à périr soit par la faim, soit par la main de leurs ennemis. Mais Pélage les soutenait, les exhortait ; secondé par les évêques et les prêtres, il leur montrait la palme du martyre s'ils persistaient dans la louable résolution qu'ils avaient prise d'être fidèles à leur religion. « Tout n'est pas désespéré, leur disait-il; et le maître des destinées humaines peut, s'il le veut, vous tirer de la position fâcheuse dans laquelle vous place votre zèle. » Cette confiance de Pélage en la Providence ne fut pas trompée ; au moment qu'il devait se croire perdu, son noble courage le sauva lui et ses compagnons.

Leur retraite avait été découverte. Alcaman, général des musulmans, conduisant plus de soixante mille hommes, s'empara de la montagne où se trouvait la caverne. Oppas, qui n'avait pas quitté les Arabes depuis que ceux-ci avaient gagné la bataille de Xérès, était dans le camp sarrazin. Les remords que sa conduite lui donnait, lui firent envisager avec peine que le reste des Goths dût périr ; il demanda à Alcaman qu'il lui permît d'aller trouver Pélage pour l'engager à se soumettre ; le général y consentit. Oppas eut beaucoup de peine à parcourir les sinuosités et les routes escarpées qui conduisaient à la caverne. Il arriva enfin près de l'entrée, et fit demander à Pélage de venir le trouver. Oppas était seul et sans armes ; Pélage répondit à sa confiance en se présentant sans être accompagné. L'évêque voulut justifier sa conduite présente par la loi de la nécessité, et engagea Pélage à suivre son exemple ; mais le généreux défenseur de la liberté castillane lui parla avec une extrême hauteur, disant qu'il ne convenait pas à celui qui était cause du malheur de la nation espagnole de venir lui insulter.

L'évêque, furieux de se voir traiter ainsi par le chef d'une poignée de fugitifs, retourna au camp et cessa d'arrêter la vengeance que le Sarrazin voulait tirer des chrétiens ; peu après celui-ci fit voler une grande quantité de flèches contre l'entrée de la caverne ; mais les réfugiés répondirent à cette attaque avec une telle vigueur, que leurs ennemis, accablés par les dards, les pierres, et même des morceaux de rochers qui étaient lancés contre eux, furent contraints de prendre la fuite. Pélage alors sortit à la tête des siens, tomba sur les infidèles, les défit et en passa le plus grand nombre au fil de l'épée. Alcaman périt dans la mêlée; Oppas fut fait prisonnier et mourut sur l'échafaud, digne prix de son apostasie et de sa trahison.

Cette victoire donna à Pélage une grande célébrité. Presque toutes les villes des Asturies lui ouvrirent leurs portes; il avait fait un grand nombre de prisonniers et un riche butin : il s'établit à Léon, et eut sous sa puissance Gison, Oviédo et les deux Cangas. Le calife Yécid ayant appris cette défaite, fit dire à ses lieutenans en Espagne de ne pas chercher à inquiéter les chrétiens réfugiés dans les montagnes; car il y avait à craindre qu'ils ne défissent successivement les armées musulmanes que l'on enverrait contre eux. Ainsi un seul homme, à la tête d'un petit nombre de braves retirés dans des montagnes, arrêta ces redoutables Sarrazins et les força de se tenir sur la défensive. La caverne fut consacrée à la vierge ; on y construisit une église que des moines desservirent. On y montait par plus de quatre-vingts marches taillées dans le roc. Pélage, entouré de ceux qui lui devaient la liberté et la vie, régna tranquillement et donna des récompenses plus honorifiques que riches à ceux qui l'avaient secondé. Ces marques d'honneur remplirent l'Asturie d'une foule de nobles qui prirent différentes dénominations, telles que celles de *hidalgos*, *ricoshomes*, *nefaucones* et *escuderos de arma*, qui, transmises à leurs descendans, ont été conservées jusqu'à nos jours : telle est la vanité des Asturiens en fait d'origine, que les paysans de cette province prennent le titre d'illustres montagnards. Pélage mourut dans une heureuse vieillesse, et laissa un fils héritier de son trône et non de ses brillantes qualités ; sa passion pour la chasse causa sa mort : il fut déchiré par un ours qu'il avait imprudemment attaqué. Pélage avait marié sa fille à Alphonse, surnommé par la suite le Catholique, qui succéda à son beau-frère, celui-ci n'ayant pas laissé d'héritier mâle ; c'est à cette époque que remonte la coutume qui donne la couronne aux filles des rois d'Espagne et à leur postérité, au préjudice de leurs cousins-germains.

Si j'avais eu le projet de faire un abrégé complet de l'histoire d'Espagne, j'aurais à rendre compte des différens rois de la seconde race des Goths qui régnèrent en Asturie, et s'emparèrent de tout le nord de la péninsule; mais je ne puis m'occuper que des grandes expéditions militaires, et seulement indiquer les événemens les plus marquans survenus dans les différens états qui, à cette époque, partageaient l'Espagne. Tandis qu'Alphonse le Catholique étendait ses conquêtes, le gouvernement des Sarrazins passa, par la mort d'Aïza, à Abdelraman, qui avait été son rival lors de son mariage avec Sura, petite-fille de Vitiza. La trouvant à son arrivée en Espagne encore belle, il espéra remplacer son premier époux. Il eut pour elle des procédés pleins de galanterie, et ne voulut pas qu'elle quittât le palais du gouvernement. Elle y resta avec toute sa famille; mais voyant qu'il ne pouvait attendre d'elle qu'un sentiment de bienveillance, il la maria avec un Arabe d'une haute naissance, nommé Amaër. De cette union naquit un fils célèbre dans l'histoire des Sarrazins.

CHAPITRE SIXIÈME.

Abdelraman. — Alphonse II, dit le Chaste. — Charlemagne.

Abdelraman, plein d'une ardeur guerrière, ne se contenta pas de son commandément en Espagne; il passa les Pyrénées, conquit le Languedoc, la Gascogne, et se dirigea vers Tours pour piller les trésors que les fidèles avaient amoncelés sur le tombeau de saint Martin. Eudes, duc d'Aquitaine, implora le secours de Charles, maire du palais, qui accourut avec une nombreuse armée, attaqua Abdelraman près de Poitiers, et remporta sur lui une victoire signalée, qui lui fit donner le surnom de Charles-Martel. Cet évènement arriva en 734.

La nécessité où je serai bientôt de faire mention de la défaite des Français en Espagne, m'a engagé à parler de cette action mémorable, quoiqu'elle ne tienne pas à mon sujet; j'ai voulu prouver que si les Français furent battus à Roncevaux, la position de cette vallée, entourée des montagnes les plus élevées des Pyrénées, en fut cause, et qu'en rase campagne ils eussent été vainqueurs. Les Sarrasins l'éprouvèrent encore lorsqu'ils tentèrent de nouveaux efforts pour pénétrer en France. Eudes leur prit quelques places en Navarre, où se forma une principauté qui devint un royaume sur lequel, plus de six cents ans après, régna une branche de la maison de France, dont est issu l'un des plus grands de nos rois. Abdelraman ne pouvant suivre ses projets contre la France, s'efforça d'accroître ses possessions espagnoles. Il traversa la Galice, entra dans le Portugal et fit la guerre à Froïla, successeur d'Alphonse, qui arrêta ses progrès. Froïla fut un prince belliqueux, mais cruel ; cependant des établissemens importans se formèrent sous son règne.

Les habitans de la péninsule, qui fuyaient la domination des musulmans, s'étaient retirés dans les montagnes du nord. Ces infortunés qui, depuis la bataille de Xérès, vivaient sans asile, n'ayant d'autres habitations que les cavernes dont les bêtes féroces leur disputaient la propriété, trouvèrent dans le pays que

Froïla leur assigna, près la source du Minho, le moyen d'y subsister en le cultivant. Un nombre considérable de moines s'y retirèrent aussi et bâtirent des couvens, autour desquels il se forma des villages qui par la suite devinrent des villes.

La rigueur du gouvernement de Froïla lui fit des ennemis secrets qui songèrent à terminer sa vie, comme il avait tranché celle de son frère Bernarama, qui était fort aimé du peuple. Il avait cru réparer ce crime en nommant pour lui succéder Bermude, fils de celui qu'il avait fait assassiner. Mais ce prince ne parvint pas au trône ; Aurèle, cousin-germain de Froïla, qui avait ourdi la conspiration, s'empara du sceptre après l'assassinat du roi. Il ne jouit pas paisiblement de son attentat. Les musulmans entrèrent dans ses états, s'en emparèrent, et ne les lui rendirent qu'à condition qu'il leur donnerait tous les ans un tribut de cent filles nobles. Ce fait, qui paraît étrange dans nos mœurs, ne l'était pas dans celles des Arabes, et Aurèle eut l'âme assez vile pour signer cet infâme traité, préférant l'infamie au malheur d'être détrôné. La succession à la couronne fut encore troublée par un nommé Mauregat, qui s'allia avec les musulmans pour déposséder son neveu Bermude à qui Aurèle avait légué sa puissance. Le nom de Mauregat, qui n'est ni arabe, ni espagnol, fait douter de l'authenticité de ce que l'on rapporte de ce prince (1).

C'est Alphonse-le-Chaste qui fut le successeur d'Aurèle; il se montra digne du choix des grands de la cour. Il porta les armes contre les infidèles pour se délivrer, à ce que l'on assure, de l'infâme tribut auquel Aurèle avait consenti. S'il ne parvint pas à annuler cette affreuse

(1) Il est à présumer que c'est un composé de deux mots du vieux langage: *mau*, que l'on employait pour mauvais, et *rega*, abréviation de renégat, ce qui ferait alors *mauvais renégat*, injure terrible dans ce temps.

convention, il paraît au moins qu'elle ne fut pas suivie sous son règne. Il voulait plus : il désirait chasser les Sarrazins de l'Espagne. Il envoya une ambassade à Charlemagne, à qui il promettait de le nommer héritier de son royaume, n'ayant point d'enfant, s'il délivrait les Espagnols de ces cruels vainqueurs.

C'était quelque temps avant que le roi de France, avide de conquêtes, avait été appelé en Espagne par un gouverneur maure pour le soutenir dans la souveraineté de Saragosse ; Charles vint avec une armée considérable, et non-seulement rendit le Sarrazin roi de Saragosse, mais prit pour son compte Barcelone, dans laquelle il mit un gouverneur français. Ayant suivi son chemin par la Navarre, il s'empara de Pampelune et la fit démanteler ; mais ses habitans, presque indomptables, firent repentir le monarque français d'avoir abusé de la victoire ; ils l'attendirent dans les défilés des Pyrénées, et s'étant jetés sur son arrière-garde, ils la mirent en fuite et s'emparèrent de tout le butin de l'armée.

Charlemagne, dont le vaste génie saisissait avec ardeur tout ce qui pouvait ajouter à sa gloire et à sa domination, malgré la fin malheureuse de sa dernière expédition au-delà des Pyrénées, accepta avec un extrême plaisir la proposition d'Alphonse, et revint en Espagne avec une armée formidable. Les Maures et les chrétiens furent effrayés de cette invasion : on assure même qu'Alphonse se reprocha d'avoir appelé les étrangers dans ses états. Une conspiration générale s'organisa dans le plus profond secret contre l'armée française, et on chargea les Navarrais d'en être les instrumens.

Ces peuples n'avaient point oublié que Charles les avait privés de leurs plus fortes places, qu'il avait fait démanteler, et ils saisirent avec empressement l'occasion de se venger. On laissa entrer l'armée sans la moindre résistance. Charlemagne, qui regardait cette bienveillance comme la suite des propositions d'Alphonse, pénétra jusque dans la vallée de Roncevaux, et tout le monde sait que ce fut dans cette vallée que nos malheureux compatriotes trouvèrent la mort. Une foule de Navarrais s'assembla au milieu des montagnes; ils se placèrent sur le mont Alabiscar, le plus élevé des Pyrénées, en passant par des routes qu'eux seuls connaissaient, et, au moment où les Français traversaient la vallée de Roncevaux, ils fondirent sur eux en les enveloppant de tous côtés. A peine l'empereur put-il sauver quelque reste de cette belle armée; il y perdit son neveu Roland, dont la valeur extraordinaire a été chantée par les romanciers arabes, et dont les hauts faits sont célébrés par tous les auteurs de ce temps.

Malgré cette défaite, Charlemagne conservait dans la Catalogne plusieurs places qu'il faisait garder par des officiers de son armée, auxquels il avait cédé des terres qu'ils tenaient comme vassaux de la couronne, prenant le titre de *comites* et de *marchiones*, dont on a fait comtes et marquis.

Les Maures, enhardis par la victoire remportée contre les Français, vinrent mettre le siége devant Girone, qui était tombée au pouvoir de Charlemagne; ils la prirent, et, poussant en avant, traversèrent les Pyrénées en ravageant tous les pays environnans. Alors les Goths, qui avaient envahi les provinces limitrophes de la France, sollicitèrent encore une fois le secours des Français; et Charlemagne, qui faisait en ce moment la guerre aux Saxons, envoya son fils avec des forces imposantes. Louis passa en Catalogne, s'empara de toutes les places fortes, et vint mettre le siége devant Barcelone, qui, n'ayant pas voulu se rendre, fut prise d'assaut. Le fils de Charlemagne y fit une entrée triomphante. Il est à remarquer que le clergé vint le recevoir aux portes de la ville, le conduisit à la cathédrale où il chanta des hymnes d'action de grâces en l'honneur des Français; le reste de la population en était-elle aussi satisfaite?

Louis retourna en Aquitaine, et revint l'année d'ensuite en Espagne. Il fut reçu dans Tarragone : son dessein étant d'assiéger Tortose, il fit les plus grands préparatifs et ne put néanmoins s'emparer de cette ville qu'après un siége de quarante jours, pendant lequel ses soldats avaient cruellement souffert; il fut obligé de rentrer en France pour leur donner quelque repos. A peine était-il éloigné que les Maures reprirent Tortose, et s'avancèrent jusqu'aux Pyrénées. Il y eut des rencontres très-vives entre eux et les Français, qui, de part et d'autre, firent périr beaucoup de monde sans rien décider sur cette grande querelle. Les Maures, fatigués de cette guerre, envoyèrent une ambassade à Charlemagne pour lui demander la paix. Le traité fut signé à Aix-la-Chapelle; Charlemagne conserva tout le pays qu'il avait conquis depuis les Pyrénées jusqu'à l'Èbre : peut-être ne s'en serait-il pas tenu là par la suite, mais sa mort, arrivée en 804, arrêta le cours de ses vastes projets, et changea peu après la face de l'Europe.

A cette époque, quatre états puissans se partageaient l'Espagne : le royaume des Maures, qui était alors le plus redoutable et le plus étendu de tous; celui des Goths, qui avait ses principales forces en Asturie, et qui se trouvait sans cesse dévoré par les guerres intestines; les Français possédaient le Nord; et enfin la Navarre restée indépendante avait son gouvernement particulier. A peine, parmi tant de nations différentes, apercevait-on les naturels du pays, qui, forcés de se soumettre aux étrangers, maîtres de leur territoire, l'étaient aussi de les défendre continuellement les uns contre les autres.

Pendant les deux siècles qui suivirent la mort de Charlemagne, le sceptre de l'Asturie ne sortit point des mains des princes goths, parmi lesquels on en distingue quelques-uns qui brillèrent par leurs armes. Ramire fut de ces derniers; il succédait à Alphonse le Chaste, dont le règne avait duré près de 80 ans, et presque toujours avait été troublé par des guerres avec les Maures.

A peine Ramire fut-il sur le trône, qu'Abdelraman l'envoya sommer de lui livrer les cent filles promises par le traité signé avec Aurèle. Mais Ramire ne lui fit point de réponse, et prit les armes. Les deux armées se rencontrèrent près de Logrono en Castille, sur l'Èbre. On se battit tout le jour, sans que l'un des combattans pût faire abandonner le champ de bataille à l'autre; toutefois la faim, la soif, l'épuisement de toutes les forces physiques et morales, forcèrent à prendre quelque repos. La perte du côté des chrétiens avait été énorme, et il paraissait difficile qu'ils pussent recommencer le combat. Cependant Ramire qui connaissait bien l'esprit de son armée, l'assembla peu avant le lever du soleil, et dit que saint Jacques lui avait apparu en songe, l'assurant que s'il donnait une seconde bataille il serait vainqueur: ses soldats le crurent, et prirent saint Jacques pour cri de guerre (1). Il attaqua les Maures dès l'aube du jour, les défit, et reprit plusieurs de leurs forteresses. On assure que depuis ce temps il ne fut plus question du tribut déshonorant qu'Aurèle avait accepté.

D'autres ennemis non moins redoutables cherchèrent à s'emparer de l'Espagne, ou au moins à mettre ses habitans à contribution, comme ils en agissaient envers ceux de la France et de l'Italie : ces nouveaux ennemis sont les Normands,

(1) C'était encore, avant les derniers événemens, le cri de guerre des Espagnols.

qui long-temps désolèrent l'Europe. Ils abordèrent au nombre de cent mille en Galice. Ramire courut au secours de ses sujets, et fit garder les frontières de ses états avec une telle vigilance, que ces barbares perdant tout espoir de piller, seul motif qui leur fît faire la guerre, s'éloignèrent des états de ce prince et se portèrent dans ceux des Maures. Ayant gagné les côtes occidentales, depuis Lisbonne jusqu'à Grenade, ils ruinèrent tout ce pays. Les musulmans voulurent les repousser, mais obtinrent moins de succès que les Goths: les Normands leur gagnèrent trois batailles rangées, firent des prisonniers et un riche butin; mais effrayés par les fatigues et les dangers qui attendent en Espagne tous ceux qui entreprennent d'y combattre, ils regagnèrent leurs vaisseaux, et ne formèrent jamais d'établissement solide dans ce pays. L'expédition de Ramire contre les Normands est la dernière de celles de ce prince, qui mourut dans la sixième année de son règne. Son fils Ordogno lui succéda. Il se ligua avec un Grec nommé Musa contre le roi de Cordoue; mais celui-ci les assiégea l'un et l'autre dans Tolède, prit cette ville, et fit périr sans distinction les Goths et les Maures qui la défendaient. Ces derniers étaient au nombre de douze mille. Le mauvais succès de cette entreprise ôta à Ordogno tout moyen de rien entreprendre de glorieux pendant son règne qui dura près de douze ans.

Alphonse, l'ainé des trois fils qu'Ordogno laissa en mourant, succéda à son père et mérita le nom de Grand.

CHAPITRE SEPTIÈME.

Suite de la seconde race des Goths. — Alphonse le Grand.

Alphonse n'avait que dix-huit ans quand il monta sur le trône, et quoiqu'il possédât toutes les qualités qui promettaient aux Asturies un prince magnanime, un nommé Lincombe, aidé de quelques factieux, se fit proclamer roi, et porta l'audace jusqu'à venir dans la capitale se faire reconnaître en cette qualité. Il entra dans le sénat qu'il avait fait assembler; mais les sénateurs, indignés de tant d'insolence, terminèrent son usurpation par un assassinat : moyen toujours réprouvé par les hommes vertueux, et qui dans ces temps n'était que trop souvent employé pour punir le crime, comme pour le faire triompher.

Alphonse, au moment de l'insurrection, n'ayant pu rien prévoir pour s'y opposer, s'était retiré dans les montagnes avec quelques serviteurs dévoués. Aussitôt après la mort de l'usurpateur, il revint à Léon, dont il fit sa capitale.

Ce prince étendit ses états, et devint redoutable aux Maures, qui lui suscitèrent des ennemis dans ses propres sujets. Il fut en butte à des conspirations qu'il sut assoupir, et dont il punit les chefs par la perte de leur liberté. Mahomet, qui alors était roi de Cordoue, ne pouvant réussir à troubler secrètement ses états, y entra avec une armée aguerrie; mais celle d'Alphonse ne l'était pas moins, et elle battit complétement les infidèles, qui perdirent dix mille hommes. Alphonse poursuivit le reste de l'armée, chassa les musulmans de l'Asturie, entra sur les terres de Mahomet, les ravagea, et prit plusieurs places importantes jusque sur les bords du Duero. Un soin plus doux lui fit suspendre un moment ses triomphes. Il s'occupa de former une alliance qui pouvait augmenter encore sa sécurité; il épousa Doña Ximène, fille du souverain de la Navarre, de la maison de Bigore, l'une des plus illustres de la France. Je parlerai plus tard des tristes suites de cette union, de laquelle Alphonse devait attendre d'heureux jours, et qui au contraire troubla la tranquillité de son règne.

Lorsqu'il eut donné quelques instans aux fêtes qui suivirent son mariage, il reprit le cours de ses victoires, s'empara du Portugal, et eut de si grands succès, que Mahomet lui demanda un armistice. Alphonse y consentit, et employa ce temps de calme à relever les fortifications des places tombées en son pouvoir, et qui avaient été démantelées, soit par lui, soit par les Sarrazins. Bientôt on reprit les armes de part et d'autre, et Alphonse, toujours aussi heureux qu'habile, ne cessa d'être victorieux. Plusieurs affaires importantes coûtèrent aux Sarrazins l'élite de leurs troupes. Les succès des chrétiens mirent Mahomet dans la plus triste situation, d'autant plus qu'il avait à se défendre à la fois contre Alphonse et contre Abenlop, chef d'un parti musulman qui s'était emparé de Saragosse, dont il avait fait égorger le gouverneur. Ainsi toute l'Espagne était en armes, et les peuples devaient souhaiter enfin que l'un de ces rivaux fût assez puissant pour forcer les autres à demander la paix. C'est ce qu'obtint Alphonse, en contraignant les Maures à le laisser tranquille possesseur de ses états. Il n'avait plus qu'à s'occuper du bonheur de son peuple, lorsqu'un misérable, nommé Bernigilde, et sa femme Thérie, conspirèrent contre lui. Un parti qu'ils suscitèrent, composé d'hommes qui ne respiraient que la vengeance, le meurtre et l'incendie, aurait causé les plus grands dommages dans l'Asturie, si Alphonse n'eût pas levé une armée. Il poursuivit ces perturbateurs, s'empara de leurs chefs qui furent livrés à la justice; leur mort éteignit cette révolte, presque aussitôt qu'elle avait été organisée.

Le roi de Cordoue mourut à cette époque. Abdala lui succéda, et pendant six ans les Maures eurent entre eux une guerre intestine qui ne leur permit pas d'attaquer Alphonse : celui-ci n'en était pas plus tranquille sur le trône, où le poursuivaient sans cesse de nouvelles conspirations. Je me bornerai à parler de celle de Froïla. Secondé par deux de ses frères, dont le plus célèbre fut Vermond, Froïla voulait détrôner Alphonse et lui ôter la vie; ils furent arrêtés tous trois et enfermés dans une tour où on leur creva les yeux. Vermond trouva cependant le moyen de s'échapper et d'aller à Astorga, dont il souleva les habitans en sa faveur. Voulant s'assurer l'impunité, il fit demander des secours à Abdala, qui consentit à lui en donner; Alphonse vint mettre le siége devant la ville; ayant appris que Vermond en était sorti pour joindre les troupes qu'Abdala lui envoyait, il laissa un faible corps devant Astorga, et se mit à la poursuite des Sarrazins. Il les eut bientôt atteints et les tailla en pièces. Vermond, ainsi privé de tout espoir, se retira auprès du roi de Cordoue, et l'on ignore ce qu'il devint. Le roi de Cordoue ne pouvant vaincre Alphonse, lui proposa enfin une trève que celui-ci accepta.

Pendant ce repos, Alphonse, rapportant à Dieu le succès de ses armes, s'occupa de lui faire rendre un culte digne de sa reconnaissance; il bâtit des églises, convoqua des conciles, joignit enfin au titre de guerrier intrépide celui de prince religieux. Il lui restait à se couvrir d'une autre gloire : modeste dans la prospérité, il devait se montrer grand dans l'infortune.

J'ai dit que son mariage avec Ximène fit son malheur. Jamais il n'avait pu, par les soins les plus empressés, vaincre la répugnance que lui témoignait cette princesse. Elle conçut enfin pour lui une haine qu'elle fit passer dans le cœur de ses quatre fils, et fomenta par ses conseils une conjuration dans laquelle trempèrent les propres enfans du monarque. Alphonse, en découvrant ce complot, se contenta de faire enfermer son fils aîné, nommé don Garcie. Sa modération, loin d'apaiser la révolte, la rendit au contraire plus active : les rebelles, à la tête desquels étaient Ordogno et Froïla, deux frères de Garcie, ameutaient les mécontens. Le roi cependant ne rendait pas la liberté à don Garcie, et les révoltés se fortifiant de plus en plus, et excités par la reine et par sa fille, exigeaient la délivrance du prisonnier. Tout fit craindre une guerre civile. Alphonse la termina en un instant. Il abdiqua, donna le royaume de Léon à don Garcie, qu'il fit sortir de prison, et nomma Ordogno roi de Galice : Froïla ne gagna rien à ce partage, mais il était trop faible pour s'y opposer. Quant au plus jeune des fils du roi, don Gonzalès, il prit l'état ecclésiastique et mourut jeune.

Alphonse s'étant dépouillé volontairement des grandeurs qu'il n'aurait pu conserver qu'au prix du sang de ses sujets, alla visiter le tombeau de saint Jacques, patron de l'Espagne. Pendant son voyage, le nouveau roi attaqua les Maures et les défit. Son père, à son retour, vint le féliciter sur ses succès. Cette entrevue fut touchante. Alphonse assura son fils qu'il ne conservait aucun ressentiment de sa conduite, et le fils de son côté témoigna qu'il avait un mortel regret de ses torts envers le meilleur et le plus généreux des pères.

Alphonse, dont le grand âge n'avait pas éteint l'ardeur guerrière, sachant que son fils se disposait à entrer en campagne, voulut servir sous ses ordres comme son lieutenant. Le jeune roi, plein de respect pour celui qu'il ne se pardonnait pas d'avoir affligé, ne pouvait se résoudre à garder le commandement; mais Alphonse l'exigea. Les deux rois portèrent leurs armes contre Avila et Ségovie, et Alphonse retrouva en présence de l'ennemi la force de son jeune âge; il tua plusieurs Maures de sa main, et après avoir eu la satisfaction de voir fuir encore une fois ces infidèles devant lui, il reprit, comblé de gloire, la route de Zamora. A peine arrivé dans cette ville, il se sentit atteint mortellement, et ce fut avec le même courage qu'il avait eu dans tous les instans de sa vie qu'il en vit approcher la fin. Ses derniers momens se passèrent dans les pieux épanchemens de l'amitié avec Génadius, évêque d'Astorga.

Alphonse fut un des meilleurs rois qui régnèrent dans l'Espagne. Il aimait les lettres; on lui attribue une chronique des rois goths, qui fut imprimée par les soins de l'évêque Sandoval; il fut enterré à Astorga, où son tombeau fut arrosé des larmes de tous ceux qu'il avait comblés de ses dons.

Don Garcie mourut trois ans après; il avait soutenu la gloire de son père; don Ordogno lui succéda. Froïla crut cet instant propice pour faire valoir ses prétentions, mais l'on parvint à étouffer ce commencement de guerre civile, et depuis, les deux princes furent sincèrement unis.

Si je voulais parler de toutes les bataillès que les chrétiens livrèrent aux Maures, de tous les siéges que soutinrent ceux-ci pendant ces siècles où il semblait qu'il n'y eût d'autre art que celui de la guerre, je n'arriverais jamais aux grands événemens qui se succédèrent depuis le quinzième siècle jusqu'à nos jours. Je ne puis cependant passer sous silence les succès des rois de Léon et de Navarre sur les Sarrazins, pendant l'année 915. Abdérame, qui était alors roi de Cordoue, effrayé des succès des chrétiens, demanda du secours aux Africains. Le roi de Léon et don Sanche de Navarre réunirent leurs forces. Ordogno ayant appris que le général des Sarrazins était sur les bords du Duéro, alla l'y attaquer, et mit son armée dans une si grande déroute que l'on dit que les chrétiens chassèrent les fuyards jusqu'à Cordoue. Cette victoire força Abdérame à conclure une trève de trois ans.

Cette trève fut à peine expirée, que le

sang coula de nouveau ; rien, dans ces temps de désolation, ne repose l'imagination fatiguée de combats. Les chrétiens avaient presque toujours la victoire; mais en 921, époque où les armées musulmanes se trouvaient campées à Valdejanguera, les chrétiens, après avoir combattu pendant plusieurs heures, furent vaincus par des troupes fraîches qui se joignirent à celles du général sarrazin. Don Ordogno se retira en désordre, et don Garcie gagna précipitamment Pampelune, qu'heureusement les Maures n'eurent pas l'idée d'attaquer, aimant mieux passer les Pyrénées pour ravager les provinces méridionales de la France.

Le roi de Léon, qui avait rallié ses troupes et leur en avait joint de nouvelles, profitant de l'absence du roi de Cordoue, entra dans ses états et y mit tout à feu et à sang ; pendant ce temps les Maures rentrèrent en Espagne chargés de butin ; don Sanche, roi de Navarre, et don Garcie son fils, vinrent les attendre sur le chemin qu'ils devaient suivre pour prendre leurs quartiers d'hiver ; et en effet ils aperçurent, des hauteurs où ils s'étaient placés, cette armée se divisant sur deux routes, et dont une moitié passait par la vallée de Roncal, ayant le général à sa tête. Le roi de Navarre, suivi des habitans de la vallée qui s'étaient joints à une partie de ses troupes, tomba sur cette armée avant qu'elle eût eu le temps de se mettre en bataille, et la défit entièrement. Le général s'enfuit et chercha à se cacher dans les montagnes ; mais il fut reconnu par une femme qui le tua d'un coup de poignard. Le roi de Navarre ne voulut pas que l'autre corps de Sarrasins lui échappât ; il se mit à sa poursuite, l'attaqua sur les bords de l'Èbre, le tailla en pièces, et força ce qui ne fut pas tué de se retirer au-delà du fleuve ; non-seulement il recouvra ainsi les places qu'on lui avait prises, mais il agrandit ses états, et resserra ceux des Maures.

Au retour de cette expédition, Ordogno trouva qu'Argunte, qu'il avait épousée en secondes noces, s'était écartée du sentier de l'honneur; il la répudia, et la renvoya à ses parens. Les comtes avaient aussi voulu profiter de l'absence du roi, pour se rendre indépendans. Il les manda pour qu'ils répondissent de leur conduite. Les forces du roi les intimidèrent. Quatre dés plus mutins s'étaient rendus à un château près de Tejores : c'étaient Nario Fernandès, Abolmoredar Blanco, son fils Diego, et Ferdinand Osurez. A leur arrivée, ils furent arrêtés et conduits secrètement à Léon, où le roi les fit étrangler. Cette action, blâmée des uns, fut louée par les évêques : elle eut l'avantage de pacifier le royaume. Ordogno en profita pour porter la guerre, en s'unissant aux Navarrais, contre les places de Viguera et de Nagera. Les assiégeans eurent ex-

trêmement à souffrir pendant le siége de
ces deux places, qui se rendirent enfin.
Le roi de Navarre, que cette conquête intéressait beaucoup, offrit au roi de Léon
de la partager; mais celui-ci ne voulut
que la main de dona Sancha, fille de don
Sanche. La mort d'Ordogno suivit de près
ses noces; il laissa deux enfans de sa première femme dona Elvire, don Alphonse
et don Ramire.

Froïla parvint enfin à la couronne:
mais le désir de régner ne prouve pas
toujours que l'on en soit digne; il fut un
des plus mauvais rois de cette dynastie;
il n'est connu que par ses cruautés. Alphonse IV, dit le Moine, lui succéda : *il
prit, quitta, reprit la couronne et la haire.*
Au bout de deux ans et demi de règne, il
se démit du sceptre en faveur de Ramire II,
et voulut ensuite remonter sur le trône.

Ramire s'apprêtait à porter les armes
contre les Maures; ayant appris qu'Alphonse était à Léon, où il voulait se faire

reconnaître pour roi, il vint mettre le siége devant cette place. Il fut deux ans à la réduire; pendant ce temps, les fils d'Ordogno et d'Elvire se soulevèrent; ce qui fit que Ramire poussa le siége avec une telle activité, que les habitans lui remirent la place, et Alphonse, que Ramire fit garder à Léon. Il entra ensuite avec son armée dans les Asturies : les habitans craignant les suites de son ressentiment, lui livrèrent ses neveux. Il retourna à Léon, maître de ceux qui l'avaient troublé par leur rébellion; se livrant à la vengeance, il fit crever les yeux à ces trois princes, qui moururent dans la prison à laquelle ce barbare les avait condamnés.

CHAPITRE HUITIÈME.

Fin de la branche mâle des princes goths. — Ferdinand Ier, issu de la race des princes français en Espagne.

Abdérame avait reçu, en 938, des renforts d'Afrique, avec lesquels il pénétra dans la Vieille-Castille, et s'empara de plusieurs villes; mais, au mois d'août de cette même année, Ramire l'attaqua entre les rivières de Duero et de Pinserva, et remporta sur lui une telle victoire, que tous les historiens s'accordent à dire qu'il périt quatre-vingt mille mahométans dans cette fameuse journée. Abdérame rallia néanmoins les restes de son armée, et la conduisit, quoique grièvement blessé, sur les bords de la rivière de Tornes ; là, il en remit le commandement à Accifa, son lieutenant-général. Ramire ayant su que ce dernier désolait les campagnes, alla à sa rencontre, et le força de fuir. Ces deux grands capitaines firent enfin une trève de dix ans; elle ne servit qu'à donner quelque repos aux troupes des deux partis, et ne changea rien à leur position réciproque. Ramire, à l'expiration de cette trève, eut encore de grands succès contre les mahométans. Il mourut en 951, après un règne glorieux, laissant deux fils, Ordogno et Sanche.

Ordogno III lui succéda. Sanche, surnommé le Gros, disputa la couronne à son frère, et s'allia contre lui au roi de Navarre et au comte de Castille (1). Ordogno se retira dans une forteresse, où il se défendit contre les princes, qui, forcés eux-mêmes de voler au secours de leurs états menacés par les infidèles, levèrent le siége. Gonsalve, comte de Cas-

(1) Vers ce temps, les comtes devinrent indépendans, et furent seulement vassaux des rois.

tille, rassemblant à la hâte une faible armée, sans espoir de vaincre, trouva sur sa route une chapelle, où il entra pour implorer la protection du ciel. Il y reçut de l'ermite qui la desservait l'assurance de la victoire, de la part de Dieu. Fort de cette pensée, il attaqua Almanzor, qui était à la tête d'une armée considérable de Maures, et le défit. Persuadé qu'il ne devait le succès de ses armes qu'à l'ermite, il bâtit un magnifique monastère qu'il lui donna avec la moitié des dépouilles de l'ennemi. Il se réconcilia ensuite avec le roi de Léon, en tira un secours considérable, et se remit à la poursuite des Maures, qu'il attaqua près d'Estevan en Castille, et dont il tua un nombre considérable. Ordogno allait mettre à profit ces grands avantages, lorsqu'il mourut, et laissa pour son successeur Vermond son fils, en bas âge; mais Sanche-le-Gros s'empara du trône, qu'un fils d'Alphonse *le Moine*, lui disputa.

On vit alors, au grand étonnement des Espagnols, un roi descendant de Pélage s'allier avec les infidèles, pour soutenir ses droits, et sacrifier à son propre intérêt ceux du comte de Castille; car dès que Sanche fut rétabli sur le trône, et l'usurpateur en fuite, le roi de Cordoue entra en Castille. Gonsalve, que ce roi de Léon délaissa, ne put rassembler que quinze mille hommes, ce qui n'était pas la sixième partie de l'armée ennemie. Mais cette circonstance prouva encore ce que l'on a vu tant de fois, que l'intrépidité des Espagnols ne les abandonne pas dans l'adversité. Gonsalve attaqua les Maures : on se battit trois jours de suite, et presque toute l'armée des Sarrasins fut détruite. Cette bataille, qui fut donnée en 958, est l'une des plus mémorables de cette époque, trop fameuse par les querelles des princes chrétiens, dont les divisions donnèrent aux Maures le moyen d'entrer dans leurs états, de s'emparer de toutes leurs capitales, et de ravager les campagnes. Il ne resta aux chrétiens que leurs montagnes et leur rochers, dans lesquels se réfugiaient les haines de famille ; de sorte que, privés de tout secours pour se défendre contre leurs ennemis communs, ils se déchiraient encore entre eux.

L'Espagne allait passer tout entière au pouvoir des Sarrazins, quand ceux-ci furent attaqués d'une dyssenterie, bien plus terrible pour eux que le fer de leurs adversaires. Ce fléau détruisit entièrement leurs armées, sans que les chrétiens en fussent atteints. Ceux-ci voyant que le ciel les avait délivrés, firent la paix entre eux, et s'occupèrent à réparer le mal que leurs divisions avaient fait. Ils cimentèrent leur réconciliation par des mariages que précédèrent de grandes victoires sur les Maures. L'une des plus importantes est celle de Calmancanazor, sur les frontières de Léon et de Castille ; elle rendit aux chrétiens toutes les places qui leur avaient été enlevées. Vermond qui, pendant la guerre civile, avait succédé au trône de Castille, mourut en 999.

Alphonse-le-Noble succéda à son père. Sa grande jeunesse l'empêcha de prendre part à la guerre que le roi de Navarre, Sanche-le-Grand, Garcie, comte de Castille, et Raimond, comte de Barcelone, soutinrent contre les Maures, avec un tel éclat, qu'ils les forcèrent d'évacuer leurs états, et portèrent même chez les infidèles le ravage et la mort.

Ces pertes multipliées jetèrent parmi les musulmans des semences de discorde; les plus puissans s'armèrent contre le roi de Cordoue, et formèrent des principautés indépendantes. Du nombre de ces états fut le royaume de Tolède. Lorsque Alphonse fut parvenu à l'âge de régner par lui-même, il s'allia avec le nouveau roi de Tolède, en lui donnant sa sœur en mariage; son but était que celui-ci ne l'inquiétât point pendant qu'il combattrait le roi de Cordoue, et en effet il l'attaqua librement, et obtint sur lui de grands avantages; mais la mort le surprit au milieu de ses conquêtes, qu'il voulait pousser au-delà du Tage ; il fut blessé au siége de Viseo d'un coup de flèche, dont il mourut. Vermond II, son fils unique, lui succéda. Sanche, roi de Navarre, avait épousé dona Nugna de Castille. Ces époux avaient eu trois fils légitimes, Garcie, Ferdinand et Gonzalès, et Alphonse, un fils naturel, nommé don Ramire. Il maria Ferdinand à Sancha, sœur de Vermond (1), roi de Léon, et partagea à sa mort ses états entre tous ses fils. Il donna à Garcie la Navarre ; à Ferdinand, la Castille ; à Gonzalès, le royaume de Sobrarbe, et à Ramire, le royaume d'Arragon. Mais Ramire, qui n'était pas satisfait de son héritage, fit la guerre au roi de Navarre; son expédition eut une mauvaise issue, il

(1) Quelques auteurs l'appellent Bermude III.

perdit ses états, et fut obligé de se retirer chez Gonzalès, roi de Sobrarbe. Vermond, aussi ambitieux que Ramire, eut une fin encore plus triste. Il s'empara des terres qui avaient été cédées au roi de Castille, lors de son mariage avec Sancha, et obligea ainsi son beau-frère à prendre les armes contre lui, pour soutenir les droits de sa femme. Une bataille devait terminer cette querelle. Les deux armées se rencontrèrent dans la vallée de Tancera; elles combattirent avec acharnement, et Vermond, qui commandait en personne, perdit dans ce jour, non-seulement la couronne, mais la vie. Il laissa le royaume de Léon à sa sœur dona Sancha, dernière princesse issue de la seconde race des rois goths, qui remontaient à Pélage, et qui, depuis trois cent vingt ans, n'avaient cessé de s'opposer à l'envahissement entier de la Péninsule par les infidèles.

La race mâle des rois goths se trouvant

éteinte par la mort de Vermond, Ferdinand, roi de Castille, se rendit aussitôt à Léon, dont il se fit reconnaître roi, du chef de sa femme. Ce fut un prince vraiment digne de ses hautes destinées. Il gouverna avec sagesse, et fit la guerre avec intrépidité. Il repoussa avec une vigueur héroïque les efforts que firent les Maures pour s'emparer de la Galice. Ceux-ci n'osèrent l'attaquer en bataille rangée; mais il ne les défit pas moins, ne leur laissant aucun repos, s'emparant des subsistances, et les forçant à rentrer dans leurs états, dans lesquels il les poursuivait même encore : il leur prit leurs meilleures forteresses; la défense opiniâtre de Coimbre ne servit qu'à relever sa gloire, et à faire connaître la valeur d'un jeune guerrier devenu si fameux par la suite, Rodrigue Dias de Briva, surnommé *le Cid*. Ce guerrier était issu d'une maison illustre de Castille; mais il fut plus grand par lui-même que par ses aïeux.

Alphonse avait mis le Tage entre lui et les Maures, et comptait les repousser encore, quand des discussions de famille, que la jalousie de ses frères lui suscita, arrêtèrent quelque temps ses progrès. Le roi de Navarre étant entré dans ses états avec une armée, l'abbé d'un monastère peu éloigné de son camp se rendit près de lui pour lui faire sentir les dangers de son entreprise, et l'assura de la clémence de son frère, qui ne désirait que la paix. Don Garcie ne voulut rien entendre, et porta ses troupes jusqu'aux tentes du roi de Navarre; mais comme il allait y pénétrer, un seigneur du royaume de Castille, dont il avait déshonoré la fille, le perça d'un coup de lance, et l'étendit à ses pieds. L'armée se trouvant sans chef, se débanda aussitôt. Ferdinand donna des larmes à la mort de son frère, et devint le tuteur de son neveu, sur la tête duquel il plaça la couronne de Navarre, exemple rare dans ces temps, où l'ambition portait si souvent au crime.

Les Maures crurent que ces querelles leur offraient une occasion favorable pour tomber sur les chrétiens, et en effet, Ferdinand, las de la guerre, ne paraissait pas disposé à entrer en campagne. La reine dona Sancha, descendante des princes goths, et héritière de leur haine contre les Maures, vendit ses joyaux et ses pierreries, engagea ses terres, et sans augmenter les impôts de ses peuples, leva ainsi une brillante armée, qu'elle offrit à son mari. Ferdinand se mit à la tête de ces troupes, et les conduisit avec tant de prudence et de courage, qu'il reprit aux ennemis les forteresses dont ils s'étaient emparés en ouvrant la campagne, et porta ses frontières entre le Tage et la Guadiana. Ferdinand se sentant près de sa fin, partagea ses états entre ses trois fils Sanche, Alphonse et Garcie, partage qui, au premier coup d'œil, paraît de toute justice, et qui eut de graves inconvéniens; il amena des guerres cruelles entre ces souverains. Ferdinand mourut comme il avait vécu ; sa mort fut celle d'un sage, aimé des hommes et des cieux. On l'honore en Espagne comme un saint. Des discussions s'élevèrent bientôt entre les trois princes. Sanche prétendit conquérir la portion de ses frères. Pour y parvenir, il comptait sur la bravoure du Cid ; il se mit à la tête de son armée, dont il plaça une partie sous les ordres de Rodrigue ; mais il fut contrarié dans ses projets par les rois d'Arragon et de Navarre, qui redemandaient les terres que Ferdinand avait détachées de leurs états. Les exploits du Cid forcèrent ces rois à la paix, et loin qu'on redemandât à Sanche la partie des états démembrés par son père, il en obtint la souveraineté. Se voyant en paix, il reprit son premier projet, et entra dans le royaume de Léon, s'en empara, et força son frère de se réfugier chez les Maures; le souverain de la Galice ne lui opposa pas plus de résistance.

Il lui restait à enlever le faible héritage de ses deux sœurs, qui consistait en deux villes. Il mit le siége devant Zamora qui se défendit vivement. Sa fierté castillane fut violemment outragée quand il vit qu'une femme lui résistait, et il donna facilement dans le piége que lui tendit un transfuge qui vint lui offrir de lui faire connaître le faible de la place, s'il voulait venir avec lui pour la reconnaître. Emporté par la passion, il se livra sans précaution, et il suivit ce misérable qui, dès qu'il le vit écarté de ses gardes, lui enfonça son poignard dans le cœur. La princesse ne parut pas assez surprise de ce tragique événement pour qu'il ne fût pas possible de croire qu'elle y avait participé. Elle en fit avertir Alphonse qui, par cette mort, devint héritier de la Castille.

Ce roi, d'une humeur guerrière, eut des succès et des revers : la prise de Tolède fut l'exploit le plus important de son règne; mais, peu de temps après, cette même ville fut reprise et ruinée par une invasion des Maures d'Afrique, sous la conduite de Hali. Alphonse, vieux et infirme, envoya son fils unique contre les musulmans; ce jeune et brave prince périt sur le champ de bataille. Les victoires qu'Alphonse remporta depuis sur les Maures ne purent le consoler de cette perte, et il mourut deux ans après, ne laissant point d'enfans. Sa sœur, la princesse Utraque, hérita des états que son père avait possédés. Elle avait épousé en secondes noces Alphonse Ier, roi d'Aragon et de Navarre. Ce prince était brave; il fut souvent en guerre avec les Maures et leur enleva le royaume de Saragosse.

CHAPITRE NEUVIÈME.

Suite des rois français. — Établissement d'ordres de chevalerie et de l'Inquisition.

Je ne pourrai suivre l'ordre chronologique des rois de la maison de Bigore. Il n'y eût que peu d'invasions en Espagne pendant les 400 ans qu'ils se partagèrent les provinces que les rois goths avaient défendues de la domination des infidèles, et on ne voit plus que de loin en loin ces grandes batailles mémorables que nous ont offertes les premiers siècles de l'histoire de l'Espagne. Je ne nommerai donc que ceux de ces rois qui ont signalé leur règne par des actions éclatantes ou de grandes infortunes. Presque toujours en opposition les uns contre les autres, c'était plutôt entre eux qu'avec les infidèles qu'ils faisaient la guerre, et quoique le métier des armes fût toujours leur plus importante occupation, ils s'y livraient pour des intérêts personnels, plutôt que pour l'amour de la patrie. Ils se disputaient sans cesse des terrains à demi déserts, fumans de carnage et couverts de débris. Sanche, roi de Navarre, ravagea la Castille, tandis que le Castillan portait le fer et la flamme dans ses états. Depuis long-temps l'Arragonais laissait des garnisons dans des places de la Castille, qu'il ne voulait point retirer et qui étaient un sujet de guerres toujours renaissantes entre ces deux états : on parvint enfin à un arrangement. Le roi d'Arragon retira ses troupes de la Castille, et on lui céda la Biscaye. Le mariage du jeune Alphonse, roi de Castille, avec Bérangère, fille du comte de Barcelone, fut le sceau de cet accommodement ; c'était la plus belle et la plus vertueuse princesse de son temps.

Lorsque les princes chrétiens se réconciliaient, ils portaient aussitôt leurs armes contre les Sarrazins. Le roi de Navarre remporta sur eux des victoires signalées ; ayant pénétré jusqu'en Andalousie, il attaqua et vainquit onze rois maures (1), qui avaient réuni leurs forces contre lui, et il prit un si grand nombre de places, que, ne pouvant y laisser des garnisons suffisantes, il les démantelait et les rendait tributaires. Il retourna dans ses états avec un grand nombre d'esclaves et un butin immense.

Alphonse, roi de Castille, parcourut avec la même rapidité et autant de bonheur le pays entre le Tage et la Guadiana. Il poussa ses conquêtes jusqu'à la Sierra-Morena, et, après un siége des plus meurtriers, il s'empara de la forteresse de Calatrava. Ce fut au milieu de ces triomphes que l'on apprit la mort funeste du roi

(1) A cette époque, chaque ville considérable formait avec son territoire un royaume chez les Maures d'Espagne.

d'Arragon, qui, après avoir fait dans cette campagne des actions brillantes, tomba dans une embuscade, n'ayant avec lui que trois cents hommes. Il se défendit comme un lion ; ses gens le secondèrent, mais ils furent accablés par le nombre, et le roi perdit la vie entouré d'ennemis à qui il avait fait mordre la poussière, et n'ayant jamais voulu se rendre. Sa mort fut une nouvelle source de guerres en Espagne. Alphonse-de-Léon, comme descendant de Sanche, devait hériter des états d'Alphonse, roi de Navarre et d'Arragon ; mais les peuples de ces deux états voulurent avoir chacun un roi. La Navarre choisit don Garcie, et l'Arragon Ramire, qui était moine de Saint-Pont en France, abbé de Sahagun, évêque de Pampelune, de Burgos et de Balbastro. Ramire n'avait d'autre titre à la couronne, que d'être frère des deux derniers rois. Il paraît néanmoins qu'il se laissa enivrer par les honneurs, et, oubliant ses vœux, il se maria, dit-on, avec la permission du pape. Il ne se contenta pas de son partage; il voulut avoir la Navarre. Le souverain de ce royaume, qui n'avait pas envie de le lui céder, prit les armes. Le roi de Léon vint les mettre d'accord en leur enlevant à tous deux à peu près ce qu'ils possédaient; cependant il agit avec modération, se bornant à prendre au roi de Navarre tout ce qui était en-deçà de l'Èbre, et à celui d'Arragon, seulement Saragosse et ses dépendances; il laissa le reste aux deux rois qui firent la paix entre eux.

Ramire avait été un assez bon moine, un évêque médiocre; se sentant encore moins capable d'être roi, il fit choix de Bérenger, comte de Barcelone, à qui il fit épouser Pétronille, le seul enfant qu'il eût eu de son mariage. Il nomma son gendre régent du royaume, jusqu'à ce que Pétronille eût un fils en état de gouvrner, et, quittant la couronne dont le poids l'accablait, il se retira dans un couvent où il finit ses jours.

Le comte Bérenger eut un fils qui prit le nom de Bérenger V^e. Il unit le comté de Barcelone à la Navarre. L'empereur Alphonse-de-Léon rendit Saragosse à Bérenger, qui chassa les Sarrazins de tout le pays entre l'Èbre et les Pyrénées.

De nouveaux sujets de troubles s'étant élevés entre les rois chrétiens, les Maures en profitèrent et entrèrent en campagne; mais une grande armée de croisés, venue de France, s'unit aux Espagnols et aux Portugais qui, avant d'entrer en campagne, nommèrent roi le comte Alphonse, et depuis les souverains du Portugal ont toujours porté ce titre. Les croisés, par leur grand nombre, ajoutaient aux calamités de la péninsule, et cette multitude d'étrangers fomentait la guerre civile sous prétexte de l'apaiser. Cependant, au milieu de toutes les horreurs de la guerre, on vit briller des traits sublimes de grandeur d'âme, de dévouement et de générosité, et on ne peut disconvenir que, si les hommes pouvaient parvenir à un tel degré de civilisation qu'ils ne fissent plus la guerre, il y aurait quelques vertus qui resteraient sans exercice. Parmi tous les princes qui à cette époque poursuivaient avec la plus extrême cruauté leurs farouches ennemis, encore plus cruels qu'eux-mêmes, on ne peut s'empêcher de rendre hommage à Alphonse VIII, roi de Castille. Il avait succédé à son père à l'âge de quatre ans, et sa régence, pendant sept ans, fut la cause d'une lutte continuelle entre ses parens. Enfin les seigneurs de Castille le déclarèrent majeur, quoiqu'il n'eût que onze ans. Dans un âge aussi tendre, il sut mettre sa confiance dans les plus honnêtes personnages de sa cour, et, aidé de leurs conseils, il parvint à pacifier la Castille. Doux, affable, grand, généreux, il se faisait adorer de tout ce qui l'approchait. Quand il fut en état de commander ses armées, il les tourna contre les Maures, et eut sur eux de grands avantages.

Deux moines de Citeaux, Raimond, abbé de Fitéro, et Vellasquez, offrirent, si on voulait leur céder Calatrava, de le défendre contre les Maures; on accepta leurs offres: alors une grande partie de la noblesse se réunit à eux. Ils fondèrent un ordre de chevaliers, moitié moines, moitié militaires. C'est ainsi que l'on vit depuis les ordres de Malte et de Saint-Lazare prendre naissance. Ces institutions étaient d'accord avec l'esprit du siècle; on croyait alors pouvoir tout à la fois combattre et prêcher, être d'humbles moines et des guerriers intrépides. Il se forma plusieurs autres chapitres militaires; mais l'un des plus nombreux et des plus riches fut celui de Saint-Jacques de Compostelle. Ces ordres devinrent très-puissans par la suite; la raison en est bien aisée à sentir : ces corporations sont toujours une, et ne peuvent ni ne veulent changer de système ; dès qu'une d'elles possède la moindre somme au-dessus de sa dépense, elle ajoute à sa première propriété ; n'étant pas, comme les familles, soumise à des événemens qui dérangent l'ordre de ses revenus, son accroissement est immanquable et prodigieux. De là sont venues ces propriétés immenses qui appartenaient aux chapitres et aux couvens de France, d'Allemagne, d'Italie et surtout d'Espagne, dont le nombre se multiplia successivement jusqu'aux premières années de ce siècle.

A cette époque, ces ordres rendirent de grands services à l'Espagne : celui de Calatrava soutint, dans le douzième siècle, presque seul la guerre contre les Maures. L'on vit alors trois Alphonses briller sur le théâtre de la péninsule. Alphonse, roi d'Arragon et de Navarre, célèbre par ses victoires de Saragosse et d'Aroca ; Alphonse, roi de Castille et de Léon, et Alphonse, roi de Portugal.

Le roi de Castille avait non-seulement eu des succès militaires, mais il avait, par une sage administration, ramené l'abondance et la paix dans ses états. Sa prospérité excita la jalousie des rois chrétiens ; au lieu de s'unir à lui pour chasser les Maures, ils firent une ligue contre le Castillan. Alphonse, qui se croyait assez fort pour se passer d'eux, ayant su que les infidèles étaient près d'Alorcos, s'y rendit et les attaqua ; mais le général sarrazin, plus expérimenté que le jeune roi, tailla en pièces l'armée chrétienne, et, entrant dans le royaume de Tolède, ils le ravagèrent avec une cruauté qui ne peut être égalée que par celle des rois de Léon et de Navarre; ceux-ci profitèrent du malheur de leur parent pour pénétrer dans la Castille, où ils exercèrent plus de barbaries que les barbares même. Ce n'était pas le seul des maux qui avaient accablé les états d'Alphonse ; ils furent en proie à la famine et à la peste. Ce malheureux pays était voué à toutes les calamités ; elles ne satisfirent pas encore la haine de ses ennemis. Les Maures y pénétrèrent et renouvelèrent en Castille les scènes cruelles du royaume de Tolède; heureux encore si ceux qui devaient venir au secours d'Alphonse eussent conservé quelque sentiment d'humanité ; mais les princes qui se glorifiaient du nom de chrétien furent plus féroces encore que les mahométans : ils détruisirent jusques aux ruines, pour que l'on cherchât en vain la place où des villes florissantes avaient existé. Leur colère, semblable aux flots de la mer, s'apaisa cependant enfin à la voix de celui qui tient dans sa main le cœur des princes. Les rois de Navarre et de Léon furent touchés du malheur de leur parent et de ceux de son peuple ; ils lui laissèrent quelque repos pour qu'Alphonse pût profiter de la trève que les Maures lui avaient accordée. Alphonse, qui se montra plus grand dans l'adversité qu'au faîte de la gloire, employa ce temps à rassembler une armée, sous les bannières de laquelle se trouva un grand nombre de croisés français. Le commandement lui en fut décerné : son âge, son expérience dans l'art de la guerre, ses vertus, éprouvées par de longues infortunes, lui méritèrent cet honneur. Les historiens s'accordent à dire qu'on avait rarement vu une plus belle armée en Espagne, et commandée avec plus de sagesse et d'habileté. Aussi la victoire ne fut-elle pas long-temps en balance ; dès le premier choc l'armée des infidèles fut ébranlée. Bientôt leurs rangs ayant été enfoncés, l'ordre de bataille fut rompu ; l'infanterie, abandonnée par la cavalerie qui prit la fuite, fut presque entièrement massacrée. On conte qu'il resta cent mille Maures sur le champ de bataille, et que l'on fit soixante mille prisonniers, tandis que le nombre des morts, du côté des chrétiens, fut, selon les historiens, si peu considérable, que l'on est tenté de croire que c'est par erreur qu'il se borne à 50 hommes. Le butin fut immense et réparti avec ordre; tous les soldats y participèrent et lui durent de l'aisance. Cette brillante action, qui rendit à Alphonse les pays entre la Guadiana et le Guadalquivir, fut la dernière de son règne qui fut de cinquante-six ans. Tantôt heureux, tantôt frappé des coups du sort, il n'abusa jamais de la fortune et ne s'en laissa jamais abattre. Il avait épousé Éléonore, fille de Henri II, roi d'Angleterre; de douze enfans qu'elle lui avait donnés, il ne lui resta que Henri, qui lui succéda, et deux filles, Bérengère, mariée au roi de Léon, et Blanche, au roi de France Louis VIII, qui fut mère de saint Louis. Ces deux princesses furent regardées comme l'honneur et la gloire de leur sexe. Toutes deux furent mères d'un grand roi, en qui les vertus, qui font l'honnête homme, se trouvèrent unies à celles des héros.

Henri succéda à son père dans sa onzième année, et mourut au bout de trois ans. C'est sous son règne que les Albigeois embrasèrent le midi de la France d'une guerre civile et religieuse, la plus cruelle que l'on eût encore vue. Le roi d'Arragon, ainsi que le comte de Toulouse, se montrèrent les protecteurs de cette secte. Le comte de Monfort se mit à la tête des catholiques et attaqua l'armée des Albigeois dont le roi d'Arragon commandait une aile, et qui fut mise en déroute par le comte. Le roi fut tué et anathématisé après sa mort. Saint Dominique, dont le nom se rattache à l'établissement de l'inquisition, était avec le comte de Montfort et prêchait les Albigeois, qu'il ne convertit pas. Le tribunal, dont on lui attribue l'institution, ne put s'établir en France; mais il passa les Pyrénées, où il exerça, jusqu'à nos jours, la plus terrible juridiction. A Dieu ne plaise que j'accuse le fondateur de l'ordre des dominicains, d'avoir prévu les suites funestes de l'établissement de ce tribunal sanguinaire, et même d'y avoir participé, car plusieurs auteurs ne font pas même mention qu'il en ait donné le plan; mais ce qu'il y a de certain, comme je le dirai plus tard, et, d'après l'opinion d'écrivains qui ne peuvent être soupçonnés de mépris pour la religion, ce tribunal a toujours été regardé, par toutes les âmes honnêtes, comme la plus monstrueuse institution qu'ait enfantée le despotisme sacerdotal.

La mort de Henri appela à la succession de son royaume Bérangère, femme du roi de Léon, dont le mariage avait été déclaré nul, à cause d'un degré de parenté; mais Bérangère était mère, et l'ambition ne pouvait lui faire oublier les intérêts de Ferdinand son fils, que son époux avait gardé près de lui. Elle le fit enlever, et lui céda tous ses droits sur la Castille, se réservant seulement la régence. Le roi de Léon voulut s'y opposer; mais cette femme, illustre par ses éminentes qualités, força Alphonse à rentrer dans ses états; elle humilia ceux des grands qui cherchaient à troubler sa tutelle, et mit une telle prudence dans son gouvernement, qu'elle rendit à son fils, lorsqu'il fut majeur, ses états dans une grande prospérité. Ferdinand commença aussitôt la guerre contre les Maures, et la poursuivit avec tant de succès, que, sans l'arrivée d'un roi maure, venu d'Afrique avec des troupes fraîches, c'en était fait de la domination mahométane en Espagne, où tout, depuis l'Èbre jusqu'au royaume de Grenade, s'était rendu à Ferdinand et à Jacques, roi d'Arragon. Il fallut alors employer d'autres mesures contre ce nouvel ennemi, et les deux rois suspendirent leurs attaques, pour ne pas compromettre leurs troupes. D'ailleurs Ferdinand, après la mort d'Alphonse X, son père, eut à faire valoir ses droits à la couronne de Léon, ce qui n'était pas sans difficulté. La nullité qui avait été prononcée contre le mariage d'Alphonse X et de Bérangère, donnait la couronne aux filles qu'Alphonse avait eues d'une autre union; mais Bérangère, douée d'une adresse étonnante, parvint à les faire renoncer à cette belle succession, sans qu'elles devinssent ennemies de son fils. Ainsi Ferdinand II réunit les royaumes de Castille et de Léon, et y joignit des conquêtes importantes sur les Maures. Cet accroissement de puissance lui inspira un nouveau zèle contre les infidèles; il leur prit différentes places dans le royaume de Cordoue, et se disposait à assiéger la capitale, lorsque des transfuges la lui livrèrent, en lui faisant connaître un endroit faible, par lequel il pénétra dans la place; les habitans voyant l'ennemi sur leurs remparts, se retranchèrent de rue en rue, de sorte qu'ils obtinrent une capitulation, qui les autorisait à sortir de la place, et à se retirer dans le pays soumis aux Maures. Ferdinand repeupla la ville, et ajouta à ses titres celui de roi de Cordoue. Le roi de Murcie lui offrit son royaume, ne se réservant que le titre de roi et la moitié de ses revenus, pour se mettre à l'abri du roi de Grenade, dont la puissance tyrannisait les autres rois maures. Ferdinand porta ses forces contre le second roi, et vint mettre le siége devant Grenade. Une armée nombreuse de Maures accourut au secours de la place, mais Ferdinand les battit, et prit Jaën, dont la perte détermina Grenade à se rendre aux chrétiens. Il ne restait plus que Séville dans cette partie de l'Espagne, et elle résista. Sa conquête offrait de grandes difficultés. Les rois de Maroc y entretenaient un roi tributaire; leur flotte la protégeait du côté de la mer; ses fortifications se trouvaient dans le meilleur état, et il y avait une forte garnison. Ferdinand voulut ôter aux assiégés tout espoir d'être secourus par le roi de Maroc; sa flotte attaqua celle de ce prince et la mit en fuite. S'emparant alors à son tour, avec son escadre victorieuse, de l'embouchure du Guadalquivir, il assiégea librement la ville par terre. Ce siége, fameux par sa longueur et les actions brillantes qui le signalèrent, dura seize mois. Les deux princes, qui se trouvaient à sa reddition, accordèrent aux habitans la permission de sortir de la place avec leurs effets, à condition que toutes les villes du royaume ouvriraient leurs portes. Aucune d'elles ne se crut liée par cette capitulation; mais les deux rois, Ferdinand et Jacques, en firent successivement le siége, et toute cette belle partie de l'Espagne fut, par un traité particulier entre les rois d'Arragon et de Castille, unie au royaume de ce dernier. Cette époque, mémorable par la triste folie des croisades, vit Louis IX quitter ses états et passer en Afrique, pour y planter l'étendard de la foi. Le roi Ferdinand, son cousin-germain, qu'une grande conformité de vertus et d'opinions liait avec lui plus étroitement encore que le sang, fit le projet de rejoindre Louis sur les rives africaines, pour l'aider à en chasser les Barbares, et leur ôter par-là tous moyens de relever leur puissance en Espagne : il se préparait à cette expédition, lorsqu'il mourut en 1252, après un règne de 35 ans, dont 22 depuis qu'il avait réuni le royaume de Léon à la Castille, laissant un nom célèbre dans les annales de l'histoire d'Espagne, comme ayant été l'un des princes les plus heureux de la dynastie des rois de la maison de Bigorre.

CHAPITRE DIXIÈME.

Pierre le Cruel. — Duguesclin.

Un grand roi, aussi juste que vaillant, est un présent dont le ciel est avare; et, si les monstres couronnés sont encore plus rares, il en est fort peu qui réunissent, comme Ferdinand, les vertus guerrières à celles de souverain pacifique. De là, si peu de règnes que l'on puisse citer comme des points lumineux dans l'horizon politique. Ceux des successeurs d'Alphonse et de Jacques, rois d'Arragon, n'offrent que des dissensions civiles qui rendaient les peuples malheureux, sans que leurs rois en devinssent plus célèbres. Jusqu'au commencement du quatorzième siècle il ne se passa aucun événement mémorable. La régence d'Alphonse XI renouvela les scènes de désolation qui avaient toujours lieu en Espagne, dans les mêmes circonstances. Cependant, au milieu de quatre factions qui voulaient la régence, ses deux oncles, don Pèdre et don Juan, l'emportèrent, et, après avoir pacifié l'état, ils réunirent leurs armes contre le royaume de Grenade, qui était rentré sous le joug des infidèles. Ils attaquèrent ceux-ci avec des forces assez considérables; mais ces deux princes éprouvèrent dans cette douloureuse journée, que souvent sous le ciel brûlant de la péninsule, le climat, plus que le fer, détruit les armées. La chaleur était excessive; l'armée chrétienne fut accablée par la soif : les deux régens perdirent la bataille, et furent trouvés morts sans avoir reçu aucune blessure; beaucoup de leurs soldats éprouvèrent le même sort. La régence, en se trouvant vacante, renouvela les sujets de discorde: Abomélic, fils du roi de Maroc, qui avait abordé en Espagne avec une nombreuse armée, ravageait l'Andalousie. Alphonse, devenu majeur, les attaqua près d'Arcos avec une armée inférieure à celle des infidèles, surprit le jeune prince maure dans son camp, et lui tua dix mille hommes. Abomélic fut trouvé mort sur le champ de bataille.

A peine cette nouvelle parvint à Maroc, que le roi, pénétré de douleur de la perte de son fils, résolut de s'en venger en mettant toute l'Espagne à feu et à sang. Il rassembla quatre cent mille hommes d'infanterie, et soixante-dix mille de cavalerie. Avant d'aborder dans la péninsule, il défit la flotte castillane, et vint mettre le siége devant Tariffe, dont la vigoureuse résistance donna le temps aux chrétiens de se réunir. Les rois de Castille et de Portugal armèrent; les grands-maîtres des ordres militaires, avec tout ce qu'ils purent rassembler de cette noblesse, dont le rare courage l'emportait toujours sur le nombre, se joignirent aux deux rois. Cinq mille hommes entrèrent dans la ville et y ramenèrent l'espérance. Il était con-

venu qu'ils feraient une sortie dès que
l'ennemi se trouverait attaqué par les deux
princes. La petite rivière de Salado séparait
les deux camps ; elle était profonde et
rapide, et les musulmans furent extrêmement surpris quand ils virent les troupes
castillanes la traverser pour venir les attaquer. Les Maures, revenus de leur premier étonnement, se défendaient avec
courage, quand ils se sentirent pris en
flanc par la garnison de Tariffe : alors l'épouvante se saisit d'eux ; ils cherchèrent
leur salut dans la fuite, mais ils ne purent
même le trouver dans ce moyen honteux.
Ils furent cernés et forcés, ou de mettre
bas les armes, ou de mourir. Ils préférèrent le dernier, et l'on dit qu'il en périt
200,000, nombre peut-être fort exagéré :
quoi qu'il en soit, cette journée mémorable a été long-temps célèbre en Espagne, et tous les ans on en rappelait la
mémoire dans l'église de Tolède par des
actions de grâce.

Rien ne résista plus aux armées d'Alphonse ; la seule ville de Gibraltar tenait pour les Maures et servait de communication, par le royaume de Grenade, aux infidèles d'Afrique et d'Espagne. Alphonse résolut de l'assiéger ; mais là devait se montrer le terme de ses exploits guerriers. La peste, ce fléau qui frappe indifféremment le monarque et ses sujets, se répandit dans le camp d'Alphonse. On le pressa inutilement de se retirer ; il répondit qu'un roi ne devait pas se séparer de ses sujets, et que son devoir était de partager tous leurs dangers : sentimens héroïques, mais qui lui coûtèrent la vie et qui privèrent la Castille d'un prince doué des qualités les plus éminentes, pour la livrer à un monstre que la postérité compare à Néron.

Alphonse avait un faible qui ne se rencontre que trop souvent dans les héros ; il s'était laissé subjuguer par Léonore de Gusman, qui n'eut jamais le rang de reine, et dont il avait eu plusieurs enfans, entre autres le fameux Henri, connu depuis sous le nom de Transtamare.

Le premier usage que Pierre, surnommé le Cruel à si juste titre, fit de sa puissance, fut de livrer au bourreau celle que son père avait aimée, et deux des enfans de cette infortunée. Transtamare n'échappa qu'avec peine au même sort. Ces meurtres ne pouvaient être colorés du prétexte de respect pour les mœurs; ce qui ne les aurait pas rendus plus légitimes, car il respecta si peu lui-même la morale, qu'après avoir épousé Blanche de Bourbon, sœur de la femme de Charles V, il s'en sépara presque aussitôt pour vivre publiquement avec Marie de Padille. Sa mère ayant voulu le reprendre de ses désordres, n'évita son ressentiment qu'en se retirant en Portugal, ainsi que son gouverneur Albuquerque. Depuis cette époque, rien ne mit des bornes à ses cruautés.

Le roi de Grenade étant venu réclamer sa protection contre un de ses sujets qui voulait le détrôner, Pierre le fit décapiter avec ceux de sa suite pour s'attacher l'usurpateur. Il se donnait chaque jour l'odieux divertissement de faire couper des têtes. Celle de Blanche de Bourbon, qui avait eu le malheur de l'avoir pour époux, ne fut pas plus respectée. Cette vertueuse et aimable princesse ne put fléchir ce monstre, qui, après l'avoir fait traîner de prison en prison, lui fit donner la mort. Ce crime attira sur lui la punition qu'il méritait. Charles V jura de purger l'Espagne de ce monstre; il donna ordre à Bertrand Duguesclin, si fameux par ses exploits, de suivre en Espagne Transtamare, qui était venu implorer des secours contre Pierre-le-Cruel. Le brave Breton reçut cette mission avec plaisir, et fit franchir les Pyrénées à ces phalanges fameuses qui avaient cueilli des lauriers sous ses ordres dans la guerre contre les Anglais; elles eussent été dangereuses à leur patrie, la paix ayant forcé de les licencier, et elles servirent pour rendre à l'Espagne le repos dont Pierre-le-Cruel avait privé cette contrée.

Cependant on ne peut disconvenir que ce roi, d'odieuse mémoire, n'ait eu des qualités brillantes : comme guerrier, il sut s'opposer aux progrès rapides de son rival, qui s'était fait proclamer roi à sa place. Des actions mémorables eurent lieu entre les deux frères. Don Pèdre, forcé de fuir ses états où il ne se croyait plus en sûreté, passa en Guienne pour obtenir du prince de Galles, qui commandait dans cette province, alors sous la domination anglaise, des secours que le Portugal lui avait refusés. Henri, reconnu dans toute la Castille, se croyait assuré sur son trône; il venait de licencier son armée, et Dugueselin avait repassé les Pyrénées; mais Pierre revint bientôt en Espagne avec le prince de Galles, qu'il avait engagé dans son parti, en mettant à profit la haine naturelle des Anglais contre la France ; il avait insinué au prince, qu'un roi de Castille que les Français auraient placé sur le trône, serait toujours prêt à les seconder dans leurs entreprises ; il joignit à cette considération des promesses magnifiques de sommes considérables, et la cession de la Biscaye. Séduit par ce traité, que Pierre n'avait pas dessein de tenir, le prince anglais amena en Espagne 30,000 hommes d'infanterie et 4000 chevaux. Henri n'apprit pas sans inquiétude cette invasion, et sa surprise fut extrême lorsqu'il sut qu'un prince chrétien avait donné des secours à Pierre-le-Cruel. Les Anglais prouvèrent en cette occasion, comme en beaucoup d'autres, qu'ils ne connaissent d'autre loi que leur propre intérêt. Henri assembla à la hâte une armée, et alla au-devant des confédérés. Le frère de ce prince obtint un avantage important, qui donna à Henri, malgré tout ce qu'on lui put dire, le désir de régler par une bataille le sort de l'Espagne. Il s'y prépara, quoique la prudence eût voulu qu'on laissât plutôt les armées anglaises s'affaiblir par les causes qui détruisent presque toujours celles qui pénètrent dans une terre étrangère, et surtout en Espagne.

On assure que le prince de Galles voulut servir de médiateur entre les deux frères; mais Henri ne pouvait se fier à la foi de Pierre, le plus faux des hommes. Il attaqua son frère, et trouva une grande résistance dans les troupes anglaises: la valeur et l'habileté du prince de Galles lui laissèrent peu d'espérance de le vaincre; Duguesclin, rentré en Espagne, se trouvait à cette bataille, et ne put en empêcher la perte; mais il s'opposa à la résolution désespérée qu'Henri voulait prendre de terminer ses jours, qu'il prévoyait ne pouvoir plus être heureux, puisqu'il perdait, avec cette bataille, la couronne de Castille. Le connétable l'engagea au contraire à rassembler quelques amis et à s'éloigner avec eux. Henri suivit son avis et quitta le champ de bataille, laissant Duguesclin commander la retraite. Elle fut très-malheureuse : le connétable fut forcé de se rendre prisonnier au prince de Galles.

Cette funeste journée remit Pierre sur le trône; mais incapable d'être converti par le danger dans lequel il s'était trouvé, il ne donna pas de moindres sujets de plaintes à ses sujets qu'auparavant, et ses alliés éprouvèrent son manque de foi. Le prince de Galles ne put se faire payer les sommes convenues, ni se mettre en possession de la Biscaye. Alors, se reprochant la protection qu'il avait accordée, il se retira en Guienne, abandonnant don Pèdre à ses penchans criminels qui ne pouvaient tarder de causer sa perte. Henri avait repassé les Pyrénées, et trouva en France des secours qui le mirent en état de rentrer en Espagne avec dix mille hommes; faible armée, mais qu'il était bien sûr de grossir d'une foule de mécontens. Il parvint en Castille. Calahora lui ouvrit ses portes ainsi que Burgos. Pierre épouvanté se retira à Tolède, son rival l'y suivit et en forma le siége. Duguesclin, que le roi de France avait racheté cent mille francs, rejoignit Henri; Pierre, se voyant pressé de toutes parts, et craignant que les habitans de Tolède ne le livrassent, en sortit pour aller au-devant des Maures qu'il avait appelés à son secours. Mais Henri le suivit, et vint l'attaquer brusquement à quelques milles de Montiel. Don Pèdre se battit en désespéré; Henri conserva dans l'action le plus grand sang-froid. Après trois heures de résistance, les Maures plièrent, et, quoique ralliés à trois fois avec une rare intrépidité par le roi, ils succombèrent et ne laissèrent à celui-ci aucune espérance de vaincre. Il se retira dans le château de Montiel que Henri vint investir.

Pierre n'avait pas compté rester dans une place qui ne pouvait tenir plus de deux à trois jours. Voyant qu'il lui était impossible d'en sortir, et qu'il y serait pris, il demanda à Duguesclin une entrevue, que celui-ci lui accorda. Le roi étant parti du château, proposa au connétable cent mille doublons d'or, s'il voulait lui donner le moyen de fuir. Duguesclin, sans rien statuer sur sa demande, fit secrètement avertir Henri, qui envoya des soldats comme pour faciliter la fuite de don Pèdre, et l'amenèrent dans la tente du connétable, comme si c'eût été le chemin qu'il devait prendre pour échapper à ses ennemis : Henri s'y rendit. Les deux frères, aussi animés l'un que l'autre par la colère, se parlèrent avec la plus grande hauteur, et Henri, insulté par Pierre sur sa naissance, et ne pouvant se contenir, tira son poignard dont il blessa don Pèdre au visage. Celui-ci saisit Henri au corps, et le terrassa : les deux frères se roulèrent par terre, et tout devait faire craindre que Pierre ne fût le plus fort; mais Henri se releva, enfonça sa dague dans la gorge de don Pèdre, et termina par une action peu honorable cette guerre, dont l'issue aurait pu devenir douteuse. Henri alors remonta sur le trône, où les vœux de toute la nation l'appelaient, et mérita par ses grandes qualités, que l'on oubliât sa naissance et le meurtre de son frère.

Ce prince ne fut cependant pas d'abord tranquille possesseur du trône de Castille. Le duc de Lancastre, qui avait épousé une fille de don Pèdre, lui disputait la couronne. On assure que les Anglais, dont la politique machiavélique fut toujours la même, firent offrir à Henri la renonciation du duc de Lancastre, s'il voulait s'unir à eux contre les Français. Henri, qui avait dû deux fois la couronne à la France, refusa cette proposition avec indignation. Le roi de Portugal, petit-fils par sa mère de Sanche IV, voulut aussi faire valoir ce droit; mais Henri sut se tirer de tous ses embarras avec une grande habileté. Il allait porter ses armes contre le roi de Grenade, quand ce prince, qui se voyait hors d'état de résister, employa, dit-on, l'arme des lâches, et fit empoisonner Henri avec une paire de superbes brodequins : il les lui fit présenter par un Maure, qui, feignant d'être mécontent, s'était retiré à Tolède.

CHAPITRE ONZIÈME.

L'Espagne réunie sous la domination de Ferdinand et Isabelle.

Les successeurs de Henri II livrèrent leurs états à des divisions intestines, qui, tout en fatigant leurs sujets, donnèrent de temps en temps aux Maures la facilité de reprendre des places importantes. Je ne parlerai que de Henri IV, roi de Castille, quatrième successeur de Henri de Transtamare. Ce prince a offert à la postérité un de ces mystères historiques que l'on ne pourra jamais pénétrer. Époux de Jeanne, sœur du roi de Portugal, et guidé par une faiblesse impardonnable, il donna et enleva tour-à-tour à Jeanne, sa fille, des droits à la couronne. Deux mois après que la reine fut accouchée de cette enfant, il fit assembler les états, et fit apporter la petite princesse dans son berceau, pour qu'elle fût reconnue héritière des états de son père. Henri IV avait un frère, nommé Alphonse, et une sœur, Isabelle, qui lui prêtèrent serment de fidélité; Jeanne depuis ce jour s'appela princesse des Asturies, titre de l'héritier présomptif du royaume de Castille.

Cependant, il paraissait certain que cette enfant n'était point fille du roi, et ce doute si extraordinaire fut cause d'une division continuelle entre le roi et ceux qui soutenaient que c'était Alphonse qui devait être proclamé prince des Asturies. Il se forma une conjuration; un manifeste apprit au peuple les raisons qui pouvaient faire croire que Jeanne devait être exclue de la succession au trône. Le roi soutint que Jeanne était sa fille, et voulut punir les chefs de la conjuration, qui devint une rébellion ouverte. On proposa, pour empêcher la guerre civile, qu'Alphonse, que l'on avait proclamé prince des Asturies, épousât Jeanne quand elle serait en âge de se marier. Le roi y consentit, et les confédérés posèrent les armes. Le roi alors nomma Alphonse grand-maître de Saint-Jacques, comme il l'avait promis, et remit ce prince, qu'il avait gardé près de lui comme otage, entre les mains de l'Amirante, chef des conjurés. Ceux-ci, charmés du jeune prince, ne se contentèrent pas de ce que le roi leur avait promis; reprenant les armes, ils s'assurèrent de Tolède, Séville, Cordoue et d'Avilla, et proclamèrent Alphonse roi.

Henri, frappé comme d'un coup de foudre, et se voyant abandonné de tous, se retira promptement, avec la reine et la princesse des Asturies, à Salamanque. La guerre recommença dans tout le royaume; le roi réunit une armée de cent mille hommes, et marcha contre les rebelles; mais trompé par les fausses démonstrations de respect des fédérés qui se crurent perdus, il consentit encore à traiter avec eux. Ils n'en furent pas moins acharnés à ôter à la reine Jeanne ses états, et à Henri IV sa couronne. Mais Alphonse, sur lequel les révoltés fondaient de si grandes espérances, après avoir remporté sur les troupes de son frère un avantage signalé, et montré dans cette occasion un courage au-dessus de son âge, fut attaqué d'une maladie épidémique, dont il mourut en quatre jours, à l'âge de seize ans.

Les révoltés nommèrent Isabelle seule

héritière de don Alphonse. L'archevêque de Tolède vint offrir le trône à cette princesse. Isabelle avait alors dix-huit ans, et elle annonçait tout ce qu'elle devait être un jour. Elle remercia ceux qui la croyaient digne de les gouverner, mais les assura en même temps que jamais elle ne consentirait à manquer à ce qu'elle devait d'obéissance au roi son frère, son légitime souverain. Tant de grandeur d'âme ajouta encore à l'admiration que sa grande beauté et ses rares qualités inspiraient. Elle ne voulut consentir à rien autre, sinon que l'on engageât le roi à la reconnaître princesse des Asturies. Le marquis de Villena, qui aspirait à la place de grand-maître de Saint-Jacques, vacante par la mort d'Alphonse, proposa de porter à Henri le vœu des fédérés, qui promettaient de mettre bas les armes dès qu'Isabelle serait déclarée héritière de Henri. Le marquis obtint une audience du roi. Ce prince, fatigué de la guerre civile qui depuis six ans désolait l'Espagne, et forcé par ceux de sa cour de signer l'opprobre de sa fille, promit de faire reconnaître Isabelle princesse des Asturies et légitime héritière de ses états. Il fut convenu que cette princesse ne se marierait que du consentement du roi, qui promit que dans quatre mois il renverrait la reine et sa fille en Portugal. Il y eut une entrevue entre Henri et sa sœur : ce prince la salua princesse des Asturies. Il ne resta dans le parti de la reine que les maisons de Vélasco, Mendozza et Fransca; le marquis de Santillana et l'évêque de Siguença conduisirent la reine et sa fille à Guadalajara, et s'y enfermèrent avec elle. Le roi ne fut pas plutôt en paix, qu'il se souvint à quel prix il l'avait achetée, et l'horreur d'avoir désavoué sa fille le mit au désespoir.

Pendant qu'Isabelle se prêtait à des négociations entre ses partisans et le roi d'Arragon, qui fit déclarer son fils Ferdinand roi de Sicile, pour le rendre digne de prétendre à la main d'Isabelle, le roi s'occupait à réparer le tort qu'il avait fait à l'infante Jeanne, lorsqu'il apprit qu'Isabelle était au moment d'épouser Ferdinand; il en conçut un dépit qui ajouta à ses bonnes dispositions pour Jeanne. Jamais couple ne pouvait être mieux assorti que Ferdinand et Isabelle. La nature avait tout fait pour eux. Ferdinand était beau, spirituel, aimait la gloire et les grandes entreprises: Isabelle était une princesse d'un génie élevé, qui ne nuisait point chez elle aux vertus de son sexe; elle était pieuse, modeste, douce, affable; sa beauté était parfaite, et l'éducation la plus soignée avait déployé en elle l'amour des arts et des lettres, qui commençaient à se naturaliser en France et dans le nord de l'Espagne.

On négligea pour cette union toutes les formalités d'étiquette; les articles furent signés à Valladolid, et, le 18 octobre 1469, le mariage fut fait sans aucune cérémonie. Le lendemain il fut publié, et la princesse envoya les articles à signer au roi qui s'y refusa, parce qu'Isabelle y avait pris le titre de princesse des Asturies; il s'écria qu'elle était perfide, qu'elle avait violé le dernier traité, et qu'il ne la reconnaissait plus pour sa sœur. Dieu, disait-il, n'avait permis ce procédé pour qu'un injuste accord fût annulé, et désormais il ne devait plus reconnaître pour sa seule et unique héritière que sa fille dona Jeanne.

Depuis ce moment, ce prince n'eut plus qu'une seule volonté; il soutint même à l'article de la mort que Jeanne était sa fille, et il fit une nouvelle assemblée des états, où il rétracta tout ce qu'il avait signé de contraire. Le roi et la reine de Sicile s'y étaient attendus, et n'en furent point troublés; ils se reposèrent sur la bonté de leur droit. Cependant Henri eut de nouveaux chagrins domestiques, et, quoiqu'il conservât à Jeanne une grande tendresse, la reine perdit sa confiance et son estime. Isabelle, qui était instruite de tout ce qui se passait chez le roi, profita de ses mécontentemens pour lui demander la permission de lui présenter ses hommages : le roi y consentit. Leur entrevue fut amicale ; il promit d'approuver son mariage. Ferdinand vint aussi à Ségovie, où le roi s'était rendu, et se présenta devant son beau-frère. Les deux rois parurent en public, dînèrent avec la reine de Sicile chez André de Cabrera, majordome ; mais le repas à peine fini, le roi éprouva les symptômes les plus effrayans ; un feu, qui dévorait ses entrailles, était accompagné de vomissemens et mirent ce prince dans le plus grand danger. On ne manqua pas de dire qu'il avait été empoisonné. On ignore lequel des deux partis s'était rendu coupable de ce crime. Il se fit transporter à Madrid, où il languit un mois, persistant toujours à déclarer que Jeanne était sa fille ; il le répétait même à son confesseur, quoique celui-ci lui représentât qu'il avait tout à craindre de la justice céleste, s'il soutenait une imposture qui pouvait coûter bien du sang, dont il serait responsable. Ce prince mourut dans le plus grand calme, âgé de 51 ans. La reine de Sicile fut proclamée reine de Léon, de Castille, des Asturies, de la Biscaye, de l'Andalousie, de Cordoue, etc. etc. etc.

Jeanne avait été fiancée, du vivant du roi, avec le duc de Guienne ; mais ce prince mourut au moment où il allait venir l'épouser. Le sort de cette princesse fut toujours malheureux. Son parti voulant soutenir ses droits, à la mort de Henri, fit offrir sa main au roi de Portugal, qui vint avec une armée de 25,000 hommes à Plaisance, où Jeanne s'était retirée avec sa mère. Elle fut fiancée avec le roi ; mais comme il était son oncle, il fallait des dispenses, que le pape, qui protégeait Isabelle, refusa. Cependant Jeanne prit le titre de reine de Léon et de Castille. Les deux prétendans à ce royaume, Ferdinand et Alphonse, en vinrent aux mains près de Burgos. Le combat fut long et opiniâtre; il y eut beaucoup de sang répandu de part et d'autre; les Castillans furent vainqueurs, et Alphonse, forcé de fuir dans ses états, emmena avec lui sa nièce et sa fiancée, qu'un grand courage et beaucoup de résignation lui rendaient encore plus chère. A cette époque la reine douairière mourut; Jeanne resta sans autre appui que le roi de Portugal, qu'elle aimait, dont elle était aimée, et que l'obstination du pape l'empêchait d'épouser.

Enfin les peuples, las de ces guerres intestines, désiraient un accommodement entre les deux princesses; la duchesse Béatrix de Portugal, tante du roi Alphonse, de Jeanne et d'Isabelle, s'offrit à être médiatrice entre des personnes qui lui étaient également chères. On stipula que Jeanne, qui avait alors vingt ans, épouserait le fils d'Isabelle et de Ferdinand, âgé d'un an, lorsqu'il serait en âge de se marier, ou qu'elle se ferait religieuse dans le couvent des dames de Sainte-Claire, à Coimbre, et que, dans l'une ou l'autre hypothèse, Isabelle resterait en possession du royaume de Léon et de Castille sa vie durant.

L'infortunée Jeanne sentit ce qu'un tel traité entraînait pour elle de malheurs, si elle épousait un jour un prince dont elle pourrait être la mère ; lasse d'être sans cesse trompée dans ses espérances, elle abandonna un monde peu digne d'elle et se fit religieuse, comme le traité l'exigeait si elle refusait le mari qui lui était offert. Le roi de Portugal, qui s'était très-tendrement attaché à elle, en mourut de douleur.

Ferdinand et Isabelle, maîtres de presque toute l'Espagne, la gouvernèrent avec la plus grande sagesse, et ajoutèrent à leur empire le royaume de Naples et la Navarre ; mais de tous leurs exploits, celui qui fut le plus avantageux à l'Espagne, fut la prise de Grenade. La place fut investie le 23 avril 1491. Isabelle s'y trouva en personne avec le cardinal Ximenès et Gonsalve de Cordoue, qui tous deux méritaient la confiance qu'elle leur accordait. N'espérant pas forcer cette place importante, dont la garnison égalait le nombre des assiégeans, la reine changea le siége en blocus, et, le 25 novembre de la même année, la place capitula ; les rois, c'est ainsi que l'on nommait Ferdinand et Isabelle, y firent leur entrée. Grenade était la seule ville qui reconnût encore la puissance mahométane. Il y avait 776 ans que les Sarrazins avaient été appelés en Espagne par le comte Julien ; pendant près de huit siècles, ils n'avaient pu parvenir à s'en emparer entièrement, et ils finirent par en être chassés. Ce fut à cette même époque que Christophe Colomb découvrit l'Amérique et enrichit l'Espagne de tous les trésors du nouveau monde. On sait toute la part qu'Isabelle particulièrement prit à cette importante conquête; mais ce grand événement n'entre pas dans mon sujet.

Le prince Jean, seul fils qu'Isabelle avait de Ferdinand, avait épousé Marguerite d'Autriche, et mourut à vingt ans sans laisser de postérité, ainsi qu'Isabelle sa sœur aînée, mariée au roi de Portugal. Il ne restait donc à Ferdinand et à Isabelle que Jeanne, mariée à l'archiduc Philippe d'Autriche. La reine ne survécut que six mois à son fils, et mourut en 1504. C'est de sa mort que l'on peut compter la domination de la maison d'Autriche en Espagne, dont je ne ferai qu'indiquer les principaux traits.

CHAPITRE DOUZIÈME.

Mœurs et coutumes sous les rois goths.

Les Goths changèrent la face de l'Espagne, et y transportèrent leurs mœurs. Ils y établirent leur constitution, qui leur donnait un chef électif, espèce de gouvernement la plus fâcheuse de toutes, car elle expose toujours, lors de la mort du roi, à des dissensions qui se terminent rarement sans effusion de sang. Les Goths en sentirent les inconvéniens; leur couronne devint héréditaire, sans appartenir exclusivement aux mâles; ce ne furent pas même toujours les fils aînés qui régnèrent; et lorsque ces princes étaient mineurs, ceux qui auraient dû protéger leur faiblesse, en abusaient souvent pour régner à leur place. De trente-deux rois qui se sont succédé pendant les trois premiers siècles, après les invasions des Goths, près de moitié ont péri par le fer. Grégoire de Tours dit en propres termes : *Les Goths ont l'affreuse habitude de massacrer le roi qui ne leur plaît pas, pour en élire un autre.* Après Léovigilde, on porta des lois qui concoururent à faire respecter la majesté royale. Une seule insulte faite à la personne du roi entraînait la perte de la moitié des biens; quiconque le diffamait après sa mort, recevait cinquante coups de fouet. D'un autre côté, le monarque ne pouvait prononcer seul une sentence de mort; il fallait qu'elle fût confirmée par les juges. On lui donnait le titre de Votre Gloire. Comme il est de la nature du pouvoir de chercher sans cesse à reculer ses limites, celui des rois goths fût devenu absolu, si le clergé et la noblesse n'eussent pas servi de contre-poids; le prince ne statuait rien sans l'assemblée des états. On peut donc avancer, sans témérité, que le gouvernement de ces peuples était une monarchie tempérée.

La cour des rois goths se composait de dignitaires de différentes classes. J'ai parlé des comtes et des marquis; ils avaient aussi des ducs, dont le rang était supérieur à celui des précédens; mais souvent un comte devenait duc, titre qui indique celui qui conduit au combat, et qui revient dans notre langue au grade de général. Comme chez tous les peuples éminemment guerriers, les charges civiles, chez les Goths, étaient inférieures aux charges militaires, et je citerai celles des tinphades, qui présidaient les tribunaux. Les villes avaient leurs défenseurs ou avocats; les *assessores pacis*, juges de paix, étaient chargés des affaires ayant un rapport direct avec le pouvoir royal; les *munerarii et villici* étaient les receveurs et fermiers des impôts. Les lois écrites furent recueillies sous un roi goth, dont on ignore le nom.

Ces lois sont si éloignées de nos mœurs, que leur seule lecture nous révolte ; mais elles convenaient apparemment aux mœurs de cette nation, qui s'y soumettait sans murmure. Elles portaient presque toutes des peines corporelles et infamantes, et semblent avoir eu pour but principal de conserver dans sa pureté la race des conquérans ; elles établissent une ligne de démarcation difficile à franchir entre le serf (1) et l'homme libre. En voici quelques unes : — « Si un affranchi ose aspirer à contracter mariage avec une personne de la famille à qui il doit la liberté, il redeviendra esclave ; s'il enlève une femme libre pour l'épouser, il encourra la peine de mort. — Une femme libre surprise en adultère avec un serf, est punie du fouet, et brûlée avec

(1) Le peuple vaincu appartenait au vainqueur, ainsi que la terre sur laquelle il était né, et que l'on nommait glèbe.

le serf. — Une femme non mariée qui manquera publiquement à la retenue de son sexe, sera condamnée à recevoir 300 coups de fouet; la récidive sera punie du même nombre de coups, et la coupable sera en outre donnée comme esclave à un homme pauvre, qui la tiendra enfermée chez lui, et la fera travailler à son compte. »

Le sort des serfs, tout cruel qu'il paraît, n'était rien en comparaison de celui des esclaves (1). Ceux-ci dépendaient entièrement de leurs maîtres, et ne possédaient rien; la loi leur refusait tout, excepté le triste droit de se quereller dans l'absence de leurs patrons.

On se rachetait avec de l'argent des peines corporelles, et le tarif était d'une singulière exactitude. « Pour un homme libre, y est-il dit, qui aura frappé un autre homme à la tête, s'il y a contusion,

(1) Les prisonniers de guerre étaient esclaves.

cinq sous; si la peau est déchirée, dix sous, etc.» Lorsqu'on ne pouvait payer on recevait des coups de fouet, en proportion du montant de la dette.

Les mariages des Goths se faisaient avec solennité et jamais ne se contractaient sans dot, mais c'était le mari qui la payait; le père la gardait pour la rendre à sa fille, s'il arrivait qu'elle fût abandonnée : le divorce n'existait qu'en cas d'adultère, et la femme divorcée ne pouvait former de nouveaux liens.

La justice ne se rendait pas le dimanche. Les juges recevaient le vingtième de la somme portée dans leurs arrêts, et les saïones ou huissiers touchaient deux pour cent. On fournissait en outre aux juges les chevaux dont ils avaient besoin pour se transporter d'un pays à un autre.

Partout dans ces lois on voit l'empreinte de la féodalité, qui long-temps partagea l'Europe en deux clases. Ces institutions barbares ont peu à peu disparu, mais elles ont laissé des principes de haine et de division, dont la saine philosophie ne peut que gémir, en ne cessant de répéter aux hommes que l'union et la paix font le bonheur de tous.

Les Goths étaient une nation si essentiellement guerrière, que chez eux homme et soldat, dit un auteur, étaient synonymes. Les fils de rois n'étaient pas exempts du service militaire, et n'acquéraient le droit de se placer à la table de leur père que lorsqu'ils avaient porté les armes.

Lorsque les Goths se livrèrent à l'agriculture, que long-temps ils avaient abandonnée à ce qui restait d'indigènes, leurs mœurs s'adoucirent; mais de quelque condition qu'ils fussent, ducs, comtes, marquis, évêques, prêtres ou diacres, ils n'en furent pas moins tenus, par une ordonnance de Vamba, de répondre à l'appel qui se faisait lors d'une invasion, et de se rendre à leurs postes. Les conciles, par la suite, dispensèrent les ecclésiastiques de cette loi. Les hommes libres, lors des levées régulières, étaient obligés d'amener avec eux dix esclaves. Les tinphadies répondaient à nos régimens. Après les ducs et les comtes, qui commandaient en chef, et les tinphades ou colonels, venaient les *millenarii*, commandant mille hommes ; les *quingentenarii*, 500 ; les *centeniers*, 100, et les *decarii*, 10. Les rois ordinairement marchaient à la tête de leurs armées, qui n'étaient point permanentes. Quand on devait entrer en campagne, des hommes, appelés *anabda*, allaient de ville en ville avertir que les citoyens de vingt ans à cinquante eussent à se réunir en corps d'armée. Il ne paraît pas que ces troupes reçussent de solde : elles se payaient elles-mêmes par le pillage, et en faisant des prisonniers, qui devenaient leurs esclaves.

Les armes des Goths étaient le glaive, la pique, l'arc, des coutelas, des dards, des frondes, des haches; ils portaient de larges boucliers, des cuirasses et des casques de fer. Leur habillement consistait en robes courtes et grossières, qu'accompagnaient de hautes chaussures. Leur chevelure, séparée sur le milieu du front, tombait sur leurs épaules, et couvrait leurs oreilles; ce qui les distinguait des Romains, dont les cheveux étaient courts et les oreilles découvertes.

Les prêtres de cette nation jouissaient chez elle d'une grande influence, et étaient très-nombreux. Ils avaient des évêques métropolitains, des évêques, et par la suite ils eurent des abbés. Tous les membres de ce clergé étaient fort unis entre eux, et suivaient strictement les lois de la hiérarchie. Ce sont les ecclésiastiques qui recueillirent les débris de la littérature romaine. Les rois leur avaient accordé deux grands priviléges: celui d'asile, qui sauva quelquefois l'innocence persécutée, comme le prouve l'exemple des enfans d'Ataulphe, qui n'échappèrent au cruel Sigeric, qu'en se mettant sous la protection de l'évêque de Barcelone; mais ce privilége assura souvent aussi l'impunité aux criminels. Le second était le pouvoir de redresser les torts des tribunaux séculiers. Lorsqu'un pauvre ne pouvait obtenir justice d'un juge, il s'adressait à l'évêque, qui examinait sa cause, et était autorisé à faire réformer le jugement, s'il était injuste. On sent ce qu'un pareil droit avait de dangereux et quels abus en pouvaient résulter.

Le clergé payait les impositions, et n'était point exempt des charges publiques. Dans les premiers siècles de l'Église, le peuple nommait les évêques. Peu à peu les rois s'attribuèrent ce privilége, afin de se faire des créatures dans le clergé, et de disposer à leur gré des conciles. Cette seconde partie de l'histoire d'Espagne a souvent montré les rois convoquant ces assemblées, dont l'autorité était alors immense. Comme elles s'occupaient plus souvent d'intérêts temporels que de théologie, le roi et les grands-dignitaires de l'état y assistaient, et en signaient les actes, qui furent recueillis par Isidore. Malheureusement le grand nombre de copies falsifiées qu'on a faites de ce recueil, empêche de tirer de cette collection l'avantage qu'elle aurait procuré pour éclaircir plusieurs points d'histoire. On croit cependant qu'il existe, dans les bibliothèques d'Espagne, des manuscrits plus fidèles que ceux sur lesquels on a imprimé les œuvres de cet auteur.

Les couvens se multiplièrent extrêmement depuis le sixième siècle. Nous avons vu, sous Pélage, que les moines furent les premiers qui formèrent des établissemens permanens dans les montagnes, et qu'ils y fondèrent des villages. Le goût de la vie contemplative devint si fréquent, qu'on fut obligé de défendre aux religieux de faire des vœux avant 40 ans; mais un autre canon, comme pour éluder l'effet du premier, ne permettait pas aux enfans que leurs parens avaient fait tonsurer de rentrer dans le monde: loi parricide, car, comme l'a dit Bourdaloue, forcer les enfans à s'ensevelir dans un cloître, ou les immoler sur un autel des faux dieux, l'un est aussi criminel que l'autre. Mais alors le fanatisme était à son comble, et le despotisme paternel excessif.

La superstition était telle, qu'il fallut qu'un concile défendît aux prêtres de dire la messe pour obtenir la mort d'un ennemi, et un autre canon défendit aussi aux femmes d'aller la nuit dans les cimetières avec des cierges allumés, pour ne pas, est-il dit, troubler les esprits. Le célibat des prêtres éprouva de grandes difficultés; lorsqu'on l'eut exigé sous peine d'excommunication, les mœurs n'en furent pas plus respectées, et les conciles ne trouvèrent, pour empêcher les prêtres de se livrer à la douceur de se voir renaître dans leurs enfans, d'autre moyen que de condamner ces mêmes enfans à l'esclavage; loi inique et barbare, mais qui eut l'effet que l'on s'était proposé.

L'instruction s'était anéantie avec la puissance romaine. Il n'y avait plus d'écoles publiques; les clercs seuls savaient lire et écrire, et dans ce pays, qui avait vu naître Sénèque et Lucien, un évêque écrivait au pape, qu'il ne pourrait trouver un prêtre en Espagne, s'il fallait qu'il sût autre chose, que Jésus-Christ avait été crucifié. Paul Orose, au moment de l'invasion des Sarrasins, était cependant un savant théologien; jaloux de répondre à ceux qui disaient, à cette époque, que le christianisme était la cause de tous les maux de la terre, il composa un ouvrage où il rapporte tous les événemens et accidens tragiques des temps passés, tels qu'assassinats, famines, guerres, tremblemens de terre, etc., etc., par ordre chronologique; desquels il conclut que l'espèce humaine ayant jusqu'alors été malheureuse, on peut ajouter qu'elle le sera toujours.

Isidore fonda une école attachée à la cathédrale de Séville, institution qui fut imitée par plusieurs autres villes. Il est remarquable que ce même Isidore, qui donna des règles sévères dans lesquelles il défend aux moines de lire les auteurs païens, ne prenait pas ce conseil pour lui-même, car il savait non-seulement le latin, mais le grec et l'hébreu. Son livre *Des Origines* est une encyclopédie, et prouve que cet homme infatigable avait recueilli tout ce qu'il avait pu des connaissances de ce temps; mais ces connaissances étaient si bornées, que l'on doit regarder comme miraculeux qu'un siècle aussi couvert de ténèbres ait cependant contribué à dissiper les nôtres par quelques traits de lumière qui lui sont échappés, et que nous avons su saisir. Les bibliothèques avaient péri. Les clercs firent quelques copies des classiques et des livres de théologie. Le disciple d'Isidore, Braule, évêque de Saragosse, continua le livre Des Origines, et donna une biographie. Les autres ouvrages de ce temps ont peu d'intérêt, étant presque tous de controverse.

Les sciences eurent encore moins de succès alors que la littérature ; on ne cultivait que la médecine, et la loi rigide portée contre les médecins qui ne guérissaient pas leurs malades, dut rendre cette profession peu attrayante, d'autant plus aussi qu'on les payait fort mal. Quant aux arts, les Goths les avaient en haine, comme ayant servi à l'idolâtrie. Ils détruisirent ou abandonnèrent les monumens des Romains ; les constructions élégantes de ce siècle ne leur appartiennent pas quoiqu'elles portent leur nom ; elles sont l'ouvrage des Sarrazins, qui en avaient rapporté le goût de la Grèce et de l'Italie. C'est à ceux-ci qu'il faut attribuer les mœurs asiatiques qui s'introduisirent en Espagne, et le costume élégant des femmes, dont la plupart épousaient des Maures, qu'elle trouvaient plus aimables que leurs compatriotes.

La poésie n'avait fait que peu de progrès; on prétend cependant que c'est en Espagne que l'on trouve la première trace de la rime, attribuée faussement aux troubadours français : plusieurs inscriptions du temps des Goths sont faites en mauvais vers latins rimés. Le langage des Goths se fondit entièrement dans les langues grecque et latine, qui, ayant eu la même origine, sont parvenues, à la même époque, à briller dans le monde littéraire; mais il fallut bien des siècles pour amener ces différens idiomes à la perfection où les ont portés Racine, le Camoens, le Tasse et Michel Cervantes. Un auteur de nos jours prétend que tous les langages, même l'anglais et l'allemand, tendent à se réunir pour ne former qu'une seule langue européenne ; si cette assertion est fondée et se réalise, les chefs-d'œuvre des deux derniers siècles prendront un jour leur place avec ceux du règne d'Auguste.

FIN DE LA SECONDE PARTIE.

TROISIÈME PARTIE.

CHAPITRE PREMIER.

Gouvernement des rois de la maison d'Autriche. — Philippe Ier. — Charles-Quint.

L'archiduc Philippe, époux de Jeanne, était venu en Espagne, suivant l'usage, avant la mort de sa belle-mère, pour se faire reconnaître prince des Asturies et héritier, du chef de sa femme, du royaume de Léon et de Castille. C'était un fort bel homme, d'une humeur gaie jusqu'à l'enjouement, brave et instruit : Isabelle, qui aimait ses enfans à l'adoration, le vit avec un extrême plaisir, et ne douta pas que ce prince ne rendît les Espagnols heureux. Cependant, comme il n'est pas de félicité sans nuages, si son gendre méritait son estime et son attachement, elle ne pouvait sans douleur remarquer dans Jeanne une grande faiblesse d'esprit, qui ressemblait presque à de l'aliénation, et elle concevait de vives inquiétudes sur le sort à venir de cette princesse, en songeant qu'il viendrait peut-être un temps où le pouvoir souverain tomberait dans des mains si peu capables de le faire respecter. Elle en ressentit plus vivement encore la perte de son fils, et depuis ce moment sa santé dépérit. Elle n'avait que cinquante-quatre ans lorsqu'elle termina une vie illustrée par le rare assemblage de toutes les vertus de son sexe unies aux qualités éminentes d'un grand roi.

Isabelle avait fait un testament qui laissait à son mari de gros revenus, entre autres, ceux des trois grandes-maîtrises des ordres militaires qui avaient été réunies à la couronne; mais il n'en fallait pas moins qu'après la mort de la reine, Ferdinand se retirât en Arragon. Il s'y rendit, et s'y trouvant comme dans un triste exil, il tenta de s'opposer par les armes à la prise de possession de sa fille et de son gendre; mais il fut forcé de céder à la volonté prononcée du peuple, qui courut en foule au-devant de l'archiduc et de Jeanne, et les salua rois de Castille et de Léon. Ferdinand, dont le caractère grave et singulièrement réfléchi ne s'accommodait guère avec celui de Philippe, rentra en Arragon, aussi peu accompagné, dit-on, que lorsqu'il en était sorti pour épouser Isabelle, tant les courtisans sont ingrats et légers.

Philippe Ier régna trop peu de temps pour le bonheur de l'Espagne. A la suite d'un grand repas qu'il donnait aux gens de sa cour, il se mit à jouer à la paume, s'échauffa beaucoup, s'exposa ensuite à l'air froid, et gagna une fluxion de poitrine, dont il mourut le 25 septembre 1506.

Les regrets des Espagnols ne purent être égalés que par ceux des habitans des

Pays-Bas; la peine qu'ils avaient éprouvée en voyant Philippe s'éloigner d'eux, avait été si vive qu'elle aurait pu être regardée comme un pressentiment des malheurs qui devaient les priver, ainsi que l'Espagne, d'un monarque doué des plus brillantes qualités. Il laissa deux fils, Charles et Ferdinand. Les Espagnols se trouvèrent fort embarrassés pour le choix d'un régent. La situation morale de Jeanne ne permettait pas de lui confier les rênes de l'état; ses fils étaient trop jeunes pour régner, et d'ailleurs les lois de l'Espagne s'y opposaient, parce que c'était la reine et non Charles qui héritait. Deux autres princes pouvaient se disputer la régence: Ferdinand, aïeul maternel de Charles; et Maximilien, empereur d'Allemagne, père du feu roi. On objectait contre ce dernier son humeur prodigue, qui eût dissipé toutes les richesses du royaume. Quant à Ferdinand, on pouvait craindre qu'il ne se vengeât de la manière dont les Castillans l'avaient abandonné pour se donner à Philippe. Cependant il l'emporta sur son concurrent, et on lui envoya une députation à Naples, où il se trouvait alors. Sa joie fut vive, et il ne perdit pas un instant pour se rendre aux vœux du peuple : on alla au-devant de lui au port; il fut reçu avec des acclamations, parut ne pas se souvenir des torts que l'on avait eus envers lui, et ne s'occupa que de prévenir tout ce qui pouvait troubler l'ordre du royaume.

Jeanne, dont la raison était si faible, et qui avait été frappée d'une manière terrible de la mort de son mari, qu'elle idolâtrait, refusa long-temps toute espèce d'alimens; elle ne voulait pas quitter l'appartement où Philippe était mort, et le tenait continuellement embrassé. Forcée de consentir à l'embaumement du corps, elle le fit mettre, aussitôt ces tristes soins remplis, sur un char couvert d'un drap noir, et le conduisit ainsi de ville en ville, d'un bout du royaume à l'autre ; assise près du cercueil, elle ne cessait de pleurer, et ne prenait de nourriture que ce qui pouvait l'empêcher de mourir. Ce spectacle fit une forte impression sur le peuple, et ranimait son ancien amour pour les descendans de Pélage.

On commençait à dire qu'il ne fallait pas souffrir que la douleur dont la reine était accablée par la perte de son mari, fût accrue par le chagrin de se voir arracher la couronne. Pourquoi, ajoutait-on, un régent, puisque Jeanne est majeure et que son fils ne doit régner qu'après sa mort ? Ce fils d'ailleurs manquait d'un grand titre auprès du peuple ; il n'était pas Espagnol : il était né, il avait été élevé dans les Pays-Bas. Agé de treize ans quand son père mourut, Charles était resté à Bruxelles, et les Espagnols lui auraient préféré Ferdinand son frère, dont Jeanne était accouchée en Espagne. Le régent, instruit de ce qui se passait, fit enlever à la reine le corps de son mari, qui fut placé dans le tombeau de ses pères, et Jeanne fut conduite à Tordesillas, sous la garde de don Vincent Ferrier. Cette princesse se voyant privée de l'objet de ses regrets et en outre de sa liberté, tomba dans des accès qui ne laissèrent aucun doute de sa démence. Elle croyait toujours être reine et voulait jouir du pouvoir dû à son rang. Ferdinand, craignant une révolution, et surtout que Charles, atteignant sa majorité, ne vînt lui enlever sa puissance, forma un projet si extraordinaire que, bien qu'il s'écarte de mon sujet, je ne puis résister à en parler.

Ferdinand n'avait que quarante-huit ans lorsque Isabelle mourut. Il forma le dessein d'épouser Jeanne de Portugal, à laquelle il avait si long-temps contesté sa légitimité. Son espoir était d'en avoir un fils qui hériterait du royaume de Castille et de Léon, au préjudice de son petit-fils Charles. Jeanne, retirée alors dans un couvent où elle avait prononcé ses vœux, crut ne devoir pas accepter une couronne offerte par Ferdinand, qui l'avait si longtemps persécutée. Elle était alors âgée de quarante-cinq ans, et s'était fait une douce habitude de la solitude et de l'éloignement des intrigues de cour. Quand elle eût d'ailleurs consenti à cette alliance, Ferdinand son cousin, roi de Portugal, s'y serait opposé, comme ayant aussi des droits au royaume de Léon par sa mère, fille cadette d'Isabelle. Ferdinand ayant échoué de ce côté épousa Germaine de Foix, nièce de Louis XII; il en eut en effet un fils, mais qui mourut huit jours après sa naissance. N'ayant pas d'autre enfant de Germaine, et sa santé s'affaiblissant chaque jour, il projeta de déshériter l'archiduc Charles en faveur de Ferdinand son frère, qui, ainsi que je l'ai dit, était Espagnol; mais on lui représenta si vivement qu'il entraînerait l'Espagne dans une guerre civile, qu'il abandonna ce dessein, et laissa Charles unique héritier de la plus belle succession que l'on ait encore vue se réunir sur une seule tête. Ferdinand mourut en 1516, laissant la régence au cardinal Ximenès, archevêque de Tolède.

Cette nouvelle régence était nécessitée par l'absence de l'archiduc, qui était en Allemagne pour prendre possession du trône impérial, auquel il était appelé par la mort de l'empereur Maximilien.

Un parti assez redoutable tenait pour la reine; Ximénès n'en ordonna pas moins au corrégidor de Madrid de proclamer Charles Ier, que l'on a depuis nommé Charles-Quint, roi de Léon et de Castille, conjointement avec Jeanne sa mère. Le jeune roi s'étant rendu en Espagne reçut le serment des états d'Arragon ; mais les partisans de la reine soulevèrent le peuple mécontent de voir des étrangers aux places principales du gouvernement ; ils levèrent des troupes, s'emparèrent de Séville, de Tolède, de Burgos, etc., etc.

enlevant la reine Jeanne, ils assemblèrent les états et lui prêtèrent serment. Cette princesse, quoique toujours privée de ses facultés morales, parut en public et reçut avec tant de dignité les députés des insurgés, que tous furent persuadés, ainsi que le peuple qui assistait à cette cérémonie, qu'elle était dans son bon sens et que son fils la tenait prisonnière pour régner à sa place.

Les chefs de l'insurrection continuèrent le jeu qu'ils avaient commencé : ils faisaient signer à la reine tout ce qu'ils voulaient ; de sorte que l'anarchie la plus grande suivit les mesures vexatoires qu'ils avaient prises.

Pendant ces troubles, les Français entrèrent en Navarre et ne furent arrêtés dans leurs conquêtes que par le château de Pampelune, défendu par Ignace de Loyola ; mais celui-ci ayant reçu une blessure très-grave, qui l'obligea de quitter le commandement, on ouvrit les portes aux vainqueurs. Avec un peu moins de présomption, et en se bornant à se fortifier dans la Navarre, les Français auraient pu donner beaucoup d'embarras à la régence ; mais ils s'avancèrent en Castille, où ils furent battus et forcés de repasser les Pyrénées. Charles, après cette victoire, employa la voix de la persuasion pour contenir les rebelles, qui résistèrent et voulurent employer les armes. La bataille fut donnée le 24 avril 1522 ; le parti du roi fut victorieux. Ayant détruit cette rébellion, Charles, qui régnait sur la plus grande partie de l'Europe, resta paisible possesseur de l'Espagne. Mais son génie ambitieux ne pouvait jouir du repos ; pour le malheur des peuples soumis à sa domination, il fut en guerre pendant presque toute sa vie, et les Espagnols, conduits par lui en Italie, y scellèrent de leur sang sa puissance colossale. La France paya chèrement le désir qu'eut François Ier de reprendre le Milanais, et les sacrifices qui seuls mirent un terme à la captivité de ce prince, préparèrent tous les maux dont notre patrie ne cessa d'être accablée jusqu'à l'instant où Henri IV monta sur le trône. Le tableau de ces guerres échappe à mon sujet : je me borne à dire que c'est au mariage de Charles-Quint avec Isabelle, fille de Sébastien, roi de Portugal, que l'on dut la réunion de ce royaume à l'Espagne. Charles-Quint, rassasié de puissance et fatigué des rébellions inséparables d'un gouvernement trop étendu, abdiqua enfin, s'en repentit, et mourut deux ans après, en 1557.

Philippe, son fils, ne fut pas empereur, mais conserva encore un assez beau partage ; cependant il chercha, comme son père, à l'augmenter aux dépens de la France. Jamais ce beau pays n'eut d'ennemi plus dangereux que Philippe II. Nous perdîmes la bataille de Saint-Quentin et celle de Gravelines ; rien alors ne résistait à l'infanterie espagnole. Philippe avait épousé en premières noces la reine d'Angleterre Marie, dont il n'eut point d'enfant : devenu veuf, la main de la princesse Élisabeth de France fit conclure la paix. Les Pays-Bas et la Hollande commençaient à s'agiter, fatigués du joug des Espagnols et surtout de l'établissement de l'inquisition, dont les bûchers étaient en permanence contre ceux qui avaient adopté les opinions de Luther et de Calvin. On ne se rappelle qu'avec effroi le nom du duc d'Albe, dont la mémoire est à jamais exécrable pour les cruautés qu'il exerça dans ces malheureuses contrées ; mais il ne fit que hâter pour elles le moment de la liberté. Elles trouvèrent un appui dans les Français, dont la destinée a été de fonder par leurs armes deux des plus florissantes républiques de nos temps modernes.

Philippe, pour se venger, suscita et forma la ligue et ses hideux soldats dont le burin nous a conservé la ridicule image.

Henri IV, parvenu au trône malgré les intrigues des souverains de Madrid et de Rome, fit sentir au premier sa puissance, et le contraignit à faire la paix. Philippe, vanté par quelques écrivains, sera toujours regardé par les personnes étrangères à l'esprit de parti, comme un méchant homme. Sa conduite envers don Carlos son fils aîné, qu'il laissa mourir en prison, sans que l'on sache les motifs de cette barbarie, le fait apprécier comme père; la puissance dont jouissait l'inquisition sous son règne rend à jamais odieuse sa mémoire. Il mourut en 1598, après avoir régné plus de quarante ans.

Son fils Philippe III, surnommé le Pacifique, n'eut en effet aucune guerre étrangère, ce qui me laisserait peu de chose à dire de lui, si je n'avais à parler de la mesure désastreuse qu'un faux zèle pour la religion chrétienne lui inspira. Il bannit près d'un million de ses sujets maures.

Comme c'étaient eux principalement qui cultivaient les terres, la plus grande partie du sol resta inculte. Ce bannissement porta un coup plus terrible encore à l'industrie : les Maures emportèrent avec eux les métiers et les arts, que l'indolence et l'orgueil castillans avaient entièrement négligés, et rendirent l'Espagnol tributaire des fabriques et des manufactures de ses voisins. Cette plaie, semblable à celle que la révocation de l'édit de Nantes a faite en France, n'a jamais été guérie, et la population de l'Espagne est restée bien au-dessous de ce qu'elle devrait être.

Mais à cette époque déplorable de fanatisme et de persécution, le simple bannissement semblait un acte de modération; tout ce qui ne voulait pas se convertir devait être livré aux flammes. Ainsi, ce roi, surnommé le Pacifique, n'en troubla pas moins la paix et le repos de ses sujets, et de nombreuses familles furent réduites à chercher un asile dans les déserts brûlans de l'Afrique, ou à se joindre aux corsaires qui désolaient les côtes d'un pays que, depuis près de dix siècles, on avait regardé comme leur patrie. Ce prince mourut en 1621, après 22 ans de règne. Il avait marié sa fille, l'archiduchesse Anne, à Louis XIII, mère de Louis XIV, que nous verrons bientôt, d'après cette alliance, donner un de ses petits-fils pour roi à l'Espagne.

Philippe IV, en donnant du secours aux ennemis de la France, renouvela des sujets de querelles entre cette puissance et l'Espagne. Louis XIII usa de représailles, de manière que, sous les bannières de leurs alliés, ces deux rois conduisirent leurs soldats les uns contre les autres. Ils se firent enfin ouvertement la guerre; elle fut déclarée par la France à l'Espagne, en 1635, pour obtenir la liberté de l'électeur de Trèves, que Philippe avait fait arrêter et conduire en prison à Bruxelles. Cette guerre dura près de 25 ans, et coûta beaucoup d'or et de sang. Comme les précédentes, elle se livra hors du territoire des deux combattans : cependant nous pénétrâmes en Catalogne, et nous en fîmes la conquête fort peu de temps avant l'année 1640, pendant laquelle le cardinal de Richelieu, qui régnait sous le nom de Louis XIII, trouva le moyen de soulever les Portugais, et de leur donner pour roi Jean IV, de la maison de Bragance : ces deux pertes affaiblirent considérablement l'Espagne. La paix de Munster lui fit perdre en outre les provinces-unies des Pays-Bas, dont l'indépendance, sous le titre de république de Hollande, fut reconnue par la France, l'Empire, la Suède et les autres princes alliés; de sorte que Philippe se trouva seul contre tous ceux qui avaient signé ce traité; il refusa de le reconnaître, et continua la guerre avec la France. Louis XIII était mort, mais la France n'avait pas changé de maître : Richelieu continuait à gouverner; il aimait la guerre, préférant la cuirasse à la mozette (1), et le casque à la barette (2). On prit et reprit des deux côtés un nombre de places considérable, et les peuples seuls souffrirent de ces longs différends, qui n'ajoutèrent pas un pouce de terrain à l'un ou à l'autre royaume. Les Espagnols pénétrèrent jusqu'à Reims, ravagèrent la Picardie, et s'emparèrent de presque toutes les places de l'Artois. Les Français prirent Barcelone et plusieurs villes d'Espagne, gagnèrent les batailles de Lens, Rethel, Arras, des Dunes, de la Roquette, de 1648 à 1653. Philippe se vit pressé enfin par ses peuples de leur donner la paix, et le cardinal de Richelieu, par la crainte de la mort, de terminer l'action la plus glorieuse de son ministère, ou de poser les armes; et en 1659 fut conclu le fameux traité des Py-

(1) Espèce de camail rouge que portent les cardinaux.

(2) Calotte rouge.

rénées, dont la main de Marie-Thérèse, fille de Philippe IV, donnée à Louis XIV, fut le garant. Ce mariage devait unir à jamais ces deux pays ; mais les rois n'ont point de parens, et la guerre ne s'en renouvela pas moins entre les deux royaumes, sous le successeur de Philippe IV. Philippe en mourant laissa la couronne à son fils Charles II, qui n'avait que sept ans.

CHAPITRE DEUXIÈME.

Régence d'Anne d'Autriche. — Charles II.

Ce fut sous la régence de la reine Anne d'Autriche, sa mère, secondée par la junte (1), que Charles II passa ses premières années. Tout ce que l'intrigue a

(1) Ce conseil suprême et l'assemblée des cortès remontent au temps où les Goths s'établirent en Espagne, et y fondèrent une monarchie tempérée, qui a toujours subsisté dans la péninsule avec plus ou moins de puissance.

de plus tortueux fut employé par deux hommes qui avaient intérêt à troubler l'état, pour se rendre utiles. Don Juan, frère naturel du roi, et Nitard, confesseur de la reine, avaient chacun un parti prêt à s'armer. Don Juan enfin supplanta le moine, et peu content de ce triomphe, il écarta même la reine-mère, qui se retira à Tolède. Alors don Juan développa ses grandes qualités, qui balancèrent l'ascendant que l'étoile de Louis XIV semblait déjà prendre sur l'Europe. Le mariage de ce prince avec la fille de Philippe IV n'avait pas éteint entre la France et l'Espagne tout sujet de division, et la guerre aurait repris avec le même acharnement, sans la modération du roi de France, qui se détermina à mettre un terme à ses succès, en signant la paix avec l'Espagne, et à donner en mariage au roi Marie-Louise d'Orléans, fille de Philippe de France, frère de Louis XIII.

Charles n'eut point d'enfant de cette

princesse, qui mourut fort jeune; son second mariage avec la princesse de Neubourg ne remplit pas mieux les espérances de la nation. Don Juan était mort; la reine-mère avait repris son autorité auprès du roi, et elle n'était occupée qu'à faire nommer dans sa maison un successeur à Charles II, dont la santé s'affaiblissait chaque jour. Mais rien n'était aussi difficile que de concilier tous les intérêts, dans une affaire de cette importance. La guerre ayant encore recommencé, les armes du roi de France remportèrent de grands avantages. Louis attaquait Charles II, tout à la fois en Flandre et en Espagne. Mons tomba en son pouvoir, et il pénétra en Espagne jusqu'à Barcelone. Il semblait que la fortune voulût lui assurer la péninsule, sans qu'il fût besoin des ressorts de la politique pour faire nommer roi d'Espagne un de ses petits-fils. Cependant il crut ne devoir pas commettre au hasard des armes un avantage bien plus grand pour sa maison que pour la France; on sait combien peu les liens du sang ont de puissance sur les rois. L'empereur d'Allemagne, qui descendait, comme Charles II, son parent, de Philippe Ier, ne concevait pas que l'on pût mettre en doute ses droits à la couronne d'Espagne. L'Angleterre avait aussi des prétentions, mais personne ne paraissait en avoir de plus fondées que Louis XIV, fils d'Anne d'Autriche, et on ne pouvait lui opposer que la renonciation qui avait été exigée de l'archiduchesse lors de son mariage; mais on répondait qu'alors elle était mineure, et que l'on ne renonçait point à une succession qui n'était pas ouverte.

Cependant, il n'était pas certain que la nation espagnole, qui haïssait les Français, consentît à recevoir un de nos princes pour roi. D'ailleurs, les puissances d'Europe, toujours envieuses de la France, et que les succès rapides de Louis XIV avaient encore exaspérées, devaient s'opposer à tout ce qui pouvait ajouter à l'éclat qui environnait le roi de France. Ces considérations portèrent Louis à écouter les propositions de l'Angleterre, pour partager la succession d'un prince qui n'était point mort; et ce qui aurait paru un acte de folie dans un particulier, fut regardé, de la part du roi, par les diplomates, comme un trait de sagesse; ils virent bien que l'intention du monarque n'était pas de se contenter d'une partie de la succession, mais de se faire craindre aux Espagnols, qui ne redoutaient rien tant que de voir leur pays partagé. Je n'entrerai point dans le détail de tous les ressorts politiques que l'on fit jouer pour amener Charles II à signer un testament qui appelait le duc d'Anjou, petit-fils de Louis XIV, à succéder à la couronne d'Espagne, à celle de Naples, et à toutes les possessions espagnoles en Italie, dans les deux Indes et en Afrique. Cet acte important fut ratifié le 16 octobre 1700. Le roi le cacheta lui-même, et le fit signer en dehors par les cardinaux Borgia et Portocarero, par don Manuel Darias qui avait principalement agi dans toute cette affaire, les ducs de Médina, d'Infantado, etc., etc. Manuel Darias engagea le roi à garder le secret, surtout à l'égard de l'ambassadeur de l'empire, et par conséquent avec la reine-mère, qui préférait l'empereur au roi de France. Le roi vécut peu, après avoir disposé d'un si grand nombre de couronnes qu'il était impossible que leur souverain connût tous les peuples de sa domination. Charles II mourut avec l'espérance d'avoir pacifié l'Europe, et assuré à l'Espagne un allié puissant dans la personne de Louis XIV; mais cet astre, qui avait rempli l'Europe des rayons de sa gloire, allait bientôt ressentir l'inconstance de la fortune. L'accroissement de grandeur que le testament de Charles II donnait à la maison de Bourbon, au préjudice de la sienne, pensa être bien funeste à la France, qui se trouva en butte à la jalousie de presque toute l'Europe.

J'ai déjà remarqué que l'Espagnol s'oppose rarement à des choses qui bientôt lui deviennent insupportables ; soit lenteur, soit patience, nous l'avons vu presque toujours aller au-devant des fers qu'on lui présente ; mais dès qu'ils pèsent trop, il les rejette avec fureur, et se venge d'une manière cruelle de ceux qui, sous l'apparence de l'amitié, s'introduisent chez lui pour l'asservir : ils haïssaient les Français, et cependant ils parurent en excepter le duc d'Anjou, qui leur plut beaucoup, dans l'idée surtout qu'étant jeune, il deviendrait aisément Espagnol; ils le reçurent donc avec les démonstrations de la joie et du respect.

Arrivé le 22 janvier sur les bords de la Bidassoa, le duc d'Anjou, qui prit le nom de Philippe V, se sépara de ses frères. Ces princes l'avaient accompagné jusque sur les bords de cette rivière. Le seul duc d'Harcourt la traversa, et, selon un auteur de ce temps, le voyage du roi jusqu'à Madrid fut une marche triomphale. Cette route est-elle donc enchantée comme les avenues du palais des mauvais génies, car Philippe n'est pas le seul qui l'ait traversée sans obstacles, comme je le montrerai plus tard. Le roi arriva au palais de Buen-Retiro, avec une suite de voitures remplies des grands de la cour, et une foule innombrable de gens, tant à pied qu'à cheval. Le cardinal Porto-Carero fut le premier qui se jeta à ses genoux ; il lui baisa la main, cérémonie qui fut répétée par toute la cour, et qui n'ayant jamais existé en France, donne la mesure qu'on peut établir entre le Français et l'Espagnol. Nous sommes fiers, les Espagnols sont orgueilleux ; l'orgueil plie quelquefois, jamais la fierté. Ce qui charma surtout les nouveaux sujets du duc d'Anjou, ce fut de voir Philippe V aussi scrupuleux observateur des cérémonies religieuses que les gens du pays; il descendait de sa voiture pour suivre à pied celle du prêtre qui portait les derniers sacremens aux malades. Philippe mit tous ses soins à entretenir la bonne volonté que ses sujets lui témoignaient; mais la jalousie de Guillaume de Nassau, roi d'Angleterre, et les prétentions de l'empereur à la couronne d'Espagne, soufflèrent encore le feu de la guerre, même dans le cœur des peuples, qui avaient le plus besoin de la paix.

Je regrette de ne pouvoir conduire mon lecteur dans les routes souterraines que le monarque anglais avait creusées pour cacher ses démarches à ceux qu'il voulait tromper. Un auteur le compare à Tibère, se faisant demander à genoux de vouloir bien mettre Rome aux fers; il prétend que Guillaume eut l'adresse de se faire prier par les Anglais d'attaquer la France et l'Espagne, quoique cette lutte fût une guerre de famille, et nullement une guerre nationale. Il eut plus de peine à obtenir que les Hollandais secondassent ses desseins; cette nation, éminemment commerçante, ne voyait la guerre qu'avec effroi, ce fléau détruisant en une campagne ce qui a demandé des années de soins, d'habileté, d'économie, sans qu'il en résulte jamais de bien réel. Cependant, malgré les membres influens du conseil de Hollande, la guerre fut résolue, et le sang européen coula de part et d'autre, avec un acharnement qui rend les hommes à leur férocité naturelle. Ainsi la guerre est toujours fille des premiers barbares qui voulurent assujettir leurs frères, après avoir dompté les bêtes féroces : ce n'est qu'à la suite du combat, qu'il existe quelque modification dans les formes de ce jeu cruel, et il faut en convenir, le sort actuel des prisonniers ne peut se comparer avec celui auquel les condamnaient les anciens vainqueurs. Les Espagnols seuls sont encore dans la victoire ce qu'étaient les compagnons d'armes d'Annibal, de Viriate, de Sertorius et de César. Rarement ils posent les armes avant d'avoir détruit tout ce qui a eu l'imprudence de les combattre.

La Hollande, qui devait sa liberté en grande partie à la France, et qui pouvait craindre la vengeance de l'Autriche, si elle fournissait aux Français le moyen de s'emparer de l'Espagne, fut entraînée par les intrigues du stathouder à entrer dans la ligue contre la France et la péninsule; après avoir reconnu solennellement Philippe V comme roi d'Espagne, elle parut tout-à-coup changer de parti, et s'unir avec l'Angleterre, tandis que l'empereur formait une ligue imposante en Italie: mais Rome et Venise refusèrent d'entrer dans cette coalition. Cependant on s'occupait toujours de négociations; les prétentions de l'Empire étaient si exagérées, que Louis XIV et son petit-fils ne purent les écouter sans surprise. Enfin, l'ambassadeur de l'empereur déclara à la cour de Rome, que son maître avait résolu de faire la guerre au roi de France, à celui d'Espagne et à leurs alliés. Des campagnes en Italie et en Flandre suivirent cette déclaration : le pape et les états de Venise restèrent neutres.

Il y eut en cet instant, à Naples, une conspiration qui pensa coûter la vie au vice-roi ; mais des lettres interceptées donnèrent le moyen de déjouer ce complot, que les chefs payèrent de leurs têtes. L'armée anglaise allait agir hostilement, sous les ordres de Marlborough, lorsque Guillaume mourut sans postérité, d'une chute de cheval en 1702. La princesse Anne, sœur de la reine d'Angleterre, et fille comme elle du roi Jacques II, monta sur le trône, et suivit le même plan que son prédécesseur. En vain voulut-on faire rompre à la Hollande son alliance avec l'Angleterre, on ne put y parvenir. La guerre était bien plus animée en Italie que dans tout autre pays. Il fut décidé que Philippe V partirait pour s'y rendre. Il établit une régence, à la tête de laquelle le roi mit la reine et le cardinal Porto-Carero, en qui il connaissait un mérite éminent et le zèle le plus pur. Le prince Eugène, si célèbre dans ces guerres, et dont Louis XIV avait dédaigné les services, commandait alors les armées impériales. Philippe V soutint, dans ces guerres, la réputation de bravoure attachée à sa famille. Je ne citerai que la bataille de Luzzara, près Mantoue, donnée le 15 août 1702. Le duc de Vendôme commandait l'armée des deux couronnes, sous le roi d'Espagne; il attaqua les Impériaux avec tant de vivacité, qu'il fallut tout le sang-froid et toute l'habileté du prince Eugène pour la faire résister aux Français, dont le premier choc est toujours si redoutable à leurs ennemis.

Les Espagnols se conduisirent aussi en

braves; et le sort de cette bataille, qui dura depuis midi jusqu'à deux heures de la nuit, resta incertain; le feu fut terrible et moissonna, dans les deux armées, des hommes d'un grand mérite. Les Français eurent à pleurer la perte du maréchal de Créqui, et les Impériaux regrettèrent le prince de Commerci. Ces deux généraux avaient immortalisé leurs dernières journées par des actions du plus grand éclat; le roi d'Espagne s'exposa tout le temps de la bataille, et les deux partis s'attribuant l'honneur de la victoire, la firent tous deux célébrer dans les temples. Ce qu'il y a de certain, c'est que ce furent les Impériaux qui se retirèrent les premiers. Philippe V ne put rester plus long-temps en Italie et revint en Espagne, dont les côtes étaient menacées par les flottes combinées d'Angleterre et de Hollande, qui voulaient s'emparer des galions (1). La reine eut

(1) On appelait ainsi les bâtimens qui rapportaient en Espagne la monnaie nommée galions.

beaucoup de peine à soutenir d'aussi grands intérêts, d'autant plus que l'on avait tout à craindre du roi de Portugal, sur la loyauté duquel on ne pouvait compter.

Les galions étaient escortés par dix-sept vaisseaux de guerre commandés par le comte de Château-Renaud. La flotte des alliés sous le commandement du duc d'Ormond, parut à la vue de Cadix le 23 août de la même année : il fit sommer le gouverneur de se rendre ; mais celui-ci répondit, *qu'il avait servi la maison d'Autriche quand elle était sur le trône d'Espagne, et qu'il servait maintenant Philippe V comme successeur de Charles II.* Malgré cette réponse, le duc tenta une descente, avec deux mille hommes, qu'il effectua, mais sans pouvoir s'emparer de la ville qui eût ouvert l'Espagne aux Impériaux. Au contraire, ils furent tellement accablés par le feu des batteries du fort Malagorda, qu'ils furent obligés de remonter sur leurs vaisseaux, ayant appris que M. de Château-Renaud ne pouvait plus entrer dans Cadix à cause du blocus, et qu'il avait pris le parti de mettre sa flotte et les galions en sûreté dans le port de Vigo en Galice. Les alliés ayant échoué dans leurs entreprises sur Cadix, allèrent assiéger Vigo, au moment où l'on déchargeait les galions. On ferma aussitôt le port par une estacade (1) que défendait un fort. Malgré ces obstacles, les alliés prirent terre et s'emparèrent des redoutes. M. de Château-Renaud voyant qu'il lui était impossible de sauver l'escadre, fit échouer quatre vaisseaux et mettre le feu à sept autres. Les Impériaux n'eurent que six bâtimens et cinq galions que l'on avait fait entièrement décharger; leurs trésors furent conduits à Lugo, ville de Galice à

(1) Retranchement formé avec des mâts, des câbles et de gros chênes, auxquels on attache un grand nombre de tonneaux, et qui empêchent les vaisseaux ennemis d'approcher.

vingt-cinq lieues des côtes. MM. d'Aligre, chef d'escadre, et le marquis de La Galissonnière, furent faits prisonniers. L'année 1703 n'offre rien de remarquable en Espagne, la guerre continua en Allemagne et en Italie.

L'année 1704, vit enfin l'empereur donner définitivement à son fils le titre de roi d'Espagne ; il pensa alors que pour sa gloire, il fallait que l'archiduc vînt conquérir le royaume qu'il disputait à Philippe. Le Portugal ayant rompu ouvertement avec la France et l'Espagne, reçut l'archiduc et lui promit toute l'assistance d'un allié, dont les intérêts étaient de ce moment liés aux siens. Des mécontens mettaient tout en usage pour soulever les Catalans et faire des partisans à l'archiduc ; le prince d'Armstadt qui avait été gouverneur de cette province sous Charles II, chercha à se procurer des intelligences dans Barcelone; mais la fidélité de François de Velascos, qui en était vice-roi, déconcerta les projets du prince. La ville soutint un bombardement de plusieurs heures, pendant lesquelles le vice-roi ayant eu connaissance d'une conspiration pour livrer les portes aux Impériaux, fit arrêter et punir les chefs : le prince d'Armstadt, instruit de ce contre-temps, fit rembarquer ses troupes et se retira.

Dans ce même temps le roi d'Espagne, à la tête de quarante mille hommes, entra en Portugal et prit plusieurs places, et celui de Portugal se mit en marche pour pénétrer en Galice avec l'archiduc : mais il apprit les avantages que les armées du roi remportaient chaque jour, et s'arrêta à Santarem, où deux de ses généraux vinrent le trouver avec leurs divisions. Il y eut plutôt des rencontres que des combats entre les deux armées. Philippe prit Castel-David, qui se rendit au bout de cinq jours. Un des articles de la capitulation porte que les Anglais seront renvoyés en Angleterre et qu'ils passeront par la France : il leur fut défendu de servir contre ces deux puissances. Les excessives chaleurs de cette année forcèrent le roi à quitter l'armée et il revint à Madrid.

Nous avons vu les Impériaux échouer dans le projet de s'emparer de Barcelone. Le prince d'Armstadt tenta encore de mettre à profit les intelligences qu'il avait dans la ville, mais le comte de Toulouse (1), grand-amiral de France, arriva devant cette place à temps pour faire entrer des secours en vivres et en munitions, qui relevèrent le courage de ceux qui tenaient pour Philippe V, et qui ôtèrent toute espérance à ceux du parti de l'empereur.

(1) Fils légitime de Louis XIV et de madame de Montespan.

CHAPITRE TROISIÈME.

Paix d'Utrecht et de Rastadt.

Le prince d'Armstadt, ne voyant aucun moyen de se rendre maître de Barcelone, tenta la prise de Gibraltar. Cette place, que la nature a fortifiée, n'avait pas encore reçu de l'art ces défenses qui la mettent à l'abri de toute attaque, et le prince parvint à s'en emparer. La garnison mérita, par sa courageuse défense, une capitulation honorable, que le général de l'empereur ne lui refusa pas. Elle sortit avec tous les honneurs de la guerre, emmenant avec elle trois canons, ses armes, ses bagages, et des munitions pour six jours. Dès que la nouvelle de la prise de cette place importante parvint à Madrid, elle y causa une profonde tristesse, et il fut résolu de tout tenter pour la reprendre. Il fallait auparavant combattre l'armée navale des alliés, qui se montait à cinquante voiles. Le nombre et la force des bâtimens n'arrêtèrent point le comte de Toulouse, qui alors s'était approché de la côte pour faire de l'eau. Les frégates qui étaient en avant lui apprirent, par leurs signaux, que l'ennemi approchait. Il donna ordre aussitôt de se préparer au combat, et dès qu'il se vit à portée du canon, il attaqua avec une telle impétuosité la flotte ennemie, qu'il mit cinq vaisseaux hors de combat. Cette bataille navale fut l'une des plus sanglantes et des plus honorables que livra notre marine : elle dura jusqu'à la nuit. Les alliés perdirent six mille hommes, et nous quinze cents. Le comte de Toulouse les poursuivit ses fanaux allumés ; ils cherchèrent à se dérober dans l'ombre, et gagnèrent les côtes de Barbarie ; et comme on ne les revit point aux portes de Gibraltar, on pensa qu'ils avaient profité de la nuit pour repasser ce détroit. Dans cette idée, le comte de Toulouse se retira, laissant près du détroit une escadre en croisière, sous le commandement du baron de Pontis. Celui-ci ne put empêcher les Anglais d'introduire dans Gibraltar deux mille hommes avec des munitions, et le prince d'Armstadt d'y entrer pour prendre le commandement de la place. Le marquis de Villa-Darias suivit les opérations du siége avec une grande activité ; mais le baron de Pontis ayant été obligé de détacher plusieurs de ses vaisseaux pour escorter les galions que l'on attendait de l'Inde, ne laissa au blocus que cinq frégates. Sur ces entrefaites, une flotte anglaise entre dans la baie ; elle était composée de treize vaisseaux de haut-bord. Nos frégates ne pouvaient éviter d'être prises : on les démonta, on déposa à terre l'équipage et le canon ; les bâtimens furent échoués pour que l'ennemi n'en pût profiter. Le marquis de Villa-Darias n'en poursuivait pas moins le siége avec chaleur, et il prenait ses dispositions pour attaquer le fort, quand il apprit qu'on envoyait M. de Tessé pour partager l'honneur de cette affaire. Dévoré alors d'une jalousie toujours criminelle et bien fâcheuse pour le bien du service, il se hâta de faire cette attaque avec si peu de mesure qu'elle eut l'issue la plus triste que l'on puisse imaginer. On assure que plus de six cents officiers français y perdirent la vie ; le nombre des chefs qui périrent fait juger de celui des soldats. Le maréchal n'arriva au camp que pour déplorer cet affreux désastre, qui devint irréparable et força, peu de temps après, à lever le siége : événement trop mémorable, puisqu'il fit tomber cette place, la plus importante de l'Espagne, au pouvoir des Anglais, et que, depuis ce jour, rien n'a pu la leur faire rendre; en vain le promirent-ils lors de la quadruple alliance : le parlement d'Angleterre s'opposa à cette restitution. Ce port leur est trop utile pour qu'ils veuillent y renoncer; c'est par-là qu'ils communiquent dans la Méditerranée et qu'ils y règnent en maîtres. Tout l'art des fortifications a été employé par eux pour rendre Gibraltar imprenable.

Les armées des deux couronnes éprouvaient, en Allemagne et en Italie, des alternatives de bonne et de mauvaise fortune. Des généraux d'un mérite distingué étaient à la tête des armées de France, d'Espagne, de l'Empire et de l'Angleterre; il suffit de nommer Villars, Eugène, Marlborough, Vendôme, le duc de Savoie, pour rappeler des actions héroïques. Toutes les expéditions militaires de ce temps ne se passèrent pas en Espagne; si j'avais à les retracer, je n'oublierais pas la belle conduite de M. de Laubanie, qui s'immortalisa par le siége de Landau, que le fils de l'empereur élu roi des Romains, assiégait en personne; j'indiquerais la bataille de Lombarda, où Vendôme, quoique blessé, sut forcer à la retraite le prince Eugène, qui lui-même avait été grièvement atteint. Mais ces succès, sur divers points, étaient malheureusement balancés en Espagne par le mauvais état dans lequel se trouvaient les armées du roi, jointes aux conspirations qui mettaient continuellement ce prince dans le plus grand danger. Le maréchal de Tessé tenait la campagne, évitant soigneusement une bataille qui, si elle eût été malheureuse, eût entièrement ruiné le parti de Philippe V. L'archiduc voulut profiter de l'esprit de révolte des Catalans contre les Français; il s'embarqua avec le prince d'Armstadt, et vint mettre le siége devant Barcelone. Le prince, en attaquant le château, reçut à la cuisse une blessure dont il mourut. Le siége ne s'en poursuivit pas avec moins d'ardeur; après une grande résistance, et la capitulation à peine signée, le peuple se jeta sur les maisons des partisans de Philippe V, et y commit les plus grands désordres : ses fidèles serviteurs purent à peine sauver leur vie.

Le maréchal de Tessé fut plus heureux ; il fit lever le siége de Badajoz, quoique l'armée qu'il commandait fût très-faible ; il fit des progrès sur les révoltés, prit Baltréa et le château de Miravez. La manière sévère dont on punissait ceux qui résistaient intimida quelques rebelles, et aigrit les autres. Le chevalier d'Asffeld, qui devait tout à sa haute réputation militaire, s'empara du comté de Ribagorca, et Sant-Estevan se rendit.

Le duc de Noailles entra en même temps en Catalogne par le col de Corteils, un autre détachement par celui de Pertus ; ces deux corps se réunirent près de Jonquéra, dans le Lampourdan, et l'armée française se trouva maîtresse de tout le pays, jusqu'à la Fluvia. Il ne restait plus à réduire que la capitale, et il fut décidé que l'on attaquerait Barcelone par terre, tandis que M. le comte de Toulouse l'assiégerait par mer. La flotte que le grand-amiral commandait était composée de vingt-six vaisseaux, de quatre frégates, quatre brûlots et trois flûtes.

Louis XIV avait cru nécessaire que son petit-fils parût à la tête de son armée en Catalogne. Philippe V vint en conséquence joindre le maréchal de Tessé. On jeta deux ponts sur l'Èbre. Le roi, ayant rassemblé tous les corps qui étaient dispersés dans l'Arragon, fit investir Barcelone le 3 avril 1705, et le 6 la tranchée fut ouverte. Le comte de Toulouse avait fait débarquer dans la rivière de Lobriga, l'artillerie et les munitions destinées au siége. La prise de cette ville était d'une grande importance. L'archiduc, reconnu roi par les rebelles sous le nom de Charles III, était enfermé dans Barcelone : si la ville eût été prise, la renonciation au trône eût été la condition offerte à ce prince pour obtenir sa liberté ; mais il devait en être autrement. Les assiégeans avaient trop peu de troupes pour enfermer la ville, ce qui permit de faire entrer dans la place 4000 hommes : ce renfort, et la certitude que d'autres secours ne manqueraient pas aux assiégés, leur donnèrent tant d'assurance, qu'ils parurent très-éloignés de vouloir se rendre. D'ailleurs, ils comptaient sur leurs miquelets qui harcelaient sans cesse les assiégeans. Ceux-ci se trouvèrent tout à la fois exposés au feu de la place, à une sortie du fort Mont-Joui, et à une foule d'autres miquelets qui descendaient de leurs montagnes ; on se battit sous le canon de la place. Philippe V, dans cette seule action, perdit 1200 hommes. Cependant le fort Mont-Joui se rendit ; alors on battit en brèche, et on croyait être au moment de s'emparer de l'archiduc et de Barcelone, quand les Anglais, qui se trouvent toujours sur nos pas pour s'opposer à nos succès ou à ceux de nos alliés, amenèrent à l'archiduc un renfort qui engagea le maréchal de Tessé à abréger le siége et à faire sentir à Philippe V qu'il n'y avait plus d'apparence de s'emparer de la place, et encore moins, une fois prise, de la conserver au milieu d'un pays entièrement révolté. Ce fut avec une grande douleur que le roi d'Espagne reçut cet aveu; mais on ne put le déterminer à quitter l'Espagne pour se rendre à Versailles, comme on le lui conseillait; il disait qu'il s'ensevelirait plutôt sous les ruines de la monarchie que d'abandonner ceux qui s'étaient dévoués à son service. Il leva le siége après trente-sept jours de tranchée, ayant vu détruire une partie de sa faible armée par la fatigue et le manque de vivres : il prit le chemin de Madrid, non sans de grandes difficultés et des périls renaissans à chaque pas; obligé de passer par des défilés presque impraticables, les miquelets, retranchés sur leurs rochers ou cachés dans des buissons, en sortaient tout-à-coup et tiraient sur la garde du roi, dont l'attachement pour ce prince put seul le garantir des dangers qui l'environnaient. Ces braves lui faisaient sans cesse un rempart de leur corps. Enfin il arriva à Madrid, fort peu accompagné ; il n'en fut pas moins bien reçu. Les Castillans lui donnèrent les marques du plus sincère attachement. Il n'en fallait pas moins pour le consoler du peu de succès qu'il avait eu en Catalogne et des nouvelles fâcheuses qu'il recevait d'Italie ou de Flandre, où ses troupes et celles de Louis XIV avaient éprouvé de grands revers. Dans la campagne suivante, Philippe V ne fut pas plus heureux en Espagne ; il se vit bientôt entouré de nouveaux ennemis. Les Portugais, les Anglais, les Allemands lui enlevèrent plusieurs places, entre autres Salamanque, et ils avançaient vers Madrid. La reine en sortit avec sa cour, et vint à Burgos ; le roi joignit l'armée. L'archiduc n'osa se rendre en personne à Madrid, dont il craignait l'attachement pour son légitime souverain ;

il se contenta de s'y faire proclamer roi.

Philippe, ayant reçu un secours que le marquis Légal lui amenait de France, attaqua l'armée de l'archiduc près Xadraque; mais on ne put la forcer à une action générale. Il n'y eut, en cette rencontre, qu'une canonnade assez vive, et l'archiduc alla se faire reconnaître roi à Saragosse : on s'empara de tout ce qu'ils avaient fait conduire à Madrid, où le roi rentra aussitôt.

Le duc d'Orléans, celui qui fut depuis régent de Louis XV, vint cueillir en Espagne des lauriers, dont le maréchal de Berwick lui enleva une partie. Celui-ci ayant su que S. A. S. était dans l'intention d'attaquer l'archiduc, se hâta de donner la bataille avant que le prince l'eût rejoint. Il se porta à Almanza, et fondit sur les Impériaux et les Portugais avec une telle impétuosité, qu'il les culbuta et remporta sur eux la plus éclatante victoire ; malgré cet avantage signalé, les succès et les revers se balancèrent pendant les campagnes suivantes. En 1710 éclata une grande conspiration, dont le duc de Médina-Céli était le chef; elle fut heureusement découverte. Philippe V, toujours infatigable, était sans cesse à la tête de ses troupes ; mais s'étant trouvé sérieusement malade, il se retira à Saragosse. Ce fut à la vue de cette ville qu'eut lieu la bataille qui porte son nom, et dont la perte faillit entraîner celle de ce prince. L'archiduc marcha droit sur Madrid, pendant que le roi et sa cour se retirèrent à Valladolid. Le duc de Vendôme, qui revenait en Espagne pour rétablir la fortune de la maison de Bourbon, ayant su que l'archiduc, après avoir gagné la bataille de Saragosse, marchait sur Madrid, dit : *Ils échoueront; si je trouve le roi, la reine et le prince des Asturies en parfaite santé, j'espère tout de Dieu.* En effet, à peine arrivé à Valladolid, il réunit tous les détachemens qui étaient épars, et en composa une armée avec laquelle il marcha droit à l'ennemi, qu'il battit à plate couture, et força de se retirer vers Saragosse. Ce succès détruisit toutes les ressources des alliés, qui perdirent leur artillerie, cent vingt-deux drapeaux, et presque tous leurs équipages qui se trouvaient placés sur une hauteur. On fit prisonniers quatorze régimens. De si grands avantages donnèrent à Philippe V l'assurance de conserver le trône d'Espagne.

L'année 1711 ouvrit à l'archiduc une nouvelle carrière. L'empereur d'Allemagne était mort; l'archiduc se servit de ce prétexte pour quitter l'Espagne d'une manière décente, laissant au petit-fils de Louis XIV une couronne, qu'il ne pouvait plus se flatter de lui enlever, et qui fut assurée à Philippe par le traité d'Utrecht, le 22 mai 1713, au grand contentement de presque tous les princes de l'Europe, excepté de l'empereur qui voulut continuer la guerre. Mais le maréchal de Villars, par la prise de Landau, de Volfrein, et enfin celle de Philisbourg, força ce monarque à envoyer le prince Eugène à Rastadt, où le maréchal de Villars se rendit; et ces deux héros, après avoir soutenu si vaillamment les intérêts des princes dont ils défendaient la cause, conclurent la paix entre eux le 3 mars 1714, qui fut ratifiée à Bude la même année.

CHAPITRE QUATRIÈME.

Aperçu de ce qui se passa en Espagne jusqu'à la première invasion des Français, en 1793.

Philippe V, tranquille possesseur de ses états par le traité de Rastadt, se livra à l'étude des institutions espagnoles, et parut avoir oublié qu'il était Français. Son caractère, porté à la mélancolie, donna à sa cour une gravité qui s'est toujours conservée. Les pratiques de dévotion eurent le premier rang dans les occupations de la classe oisive des villes, et cette classe était nombreuse. Le roi, qui ne pouvait dans son cœur approuver l'inquisition, n'osa pas la détruire, il en tempéra seulement les rigueurs : d'ailleurs ce n'étaient point les dominicains qui avaient sa confiance et celle de la reine. Le père Daubenton, jésuite, eut long-temps un grand crédit auprès de ce prince, qui, aussitôt la mort de son aïeul, eut à soutenir la guerre contre la France. Le régent s'allia avec l'Angleterre contre l'oncle de son pupille, et cette agression, qui eut peu d'importance, se termina par un traité que le jésuite Daubenton appuya, dit l'auteur du Siècle de Louis XV, à condition que le régent cesserait de protéger les jansénistes, et ferait enregistrer la bulle *Unigenitus*. Ce traité devait unir plus étroitement encore les deux cours, puisque mademoiselle de Montpensier, fille du régent, fut mariée au prince Louis des Asturies, et qu'on envoya en France l'infante d'Espagne pour être reine. Le sort de ces deux princesses, que ce traité devait rendre heureux, éprouva de grand changemens: l'une revint en France à la mort de son mari, l'autre fut renvoyée en Espagne sans avoir été mariée.

Philippe, dont l'état mélancolique augmentait et le rendait quelquefois incapable de tout travail, se détermina, en 1724, à abdiquer en faveur de don Louis prince des Asturies ; mais celui-ci étant mort fort peu de mois après, Philippe remonta sur le trône et régna encore vingt-deux ans sans être plus touché de la puissance, qu'il était toujours prêt à quitter. Cependant il ne négligea point les intérêts de sa maison ; il affermit don Carlos, son second fils, sur le trône de Naples. Il fit de grands efforts en Italie pour recouvrer les duchés de Parme et de Plaisance, reste de la succession de l'archiduchesse d'Autriche. Les premières années du règne de Philippe V furent troublées, comme on l'a vu, par des guerres continuelles ; mais depuis il n'y eut point de grandes expéditions militaires dans la péninsule : la France et l'Espagne eurent l'avantage, pendant un siècle, de ne pas voir d'armée ennemie dans leurs états. La Flandre, l'Allemagne, l'Italie semblaient être les points que les souverains avaient choisis pour mesurer leurs forces ; mais le temps devait venir où les grandes puisssances, avec des armées qui rendent vraisemblables celles des Perses, passeraient les Alpes, les Pyrénées, et ne laisseraient aucun de ces états sans avoir été arrosé du sang de ses habitans.

Philippe V avait porté ses armes en Afrique en 1732 ; il prit Oran, qui appartenait à ces anciens Maures, qui furent si long-temps les maîtres d'une partie de l'Espagne ; et cependant ce prince n'aimait point la guerre, et il trouvait que

les plus grands avantages étaient trop a‑
chetés au prix du sang des hommes. Il
mourut en 1746, avant d'avoir vu pacifier
l'Italie, et laissa à son fils, qui lui succéda
sous le nom de Ferdinand VI, à soutenir
les droits de son frère sur les duchés de
Parme et de Plaisance. Ce fut pendant
le règne de ce prince que le Portugal,
croyant avoir à se plaindre des Jésuites,
les bannit de ses états. L'Espagne et la
France en firent autant, et obtinrent du
pape Ganganelli, Clément XIV, la sup‑
pression de cet ordre, qui avait eu une si
grande influence dans ces cours.

Il y eut dans tous les temps une sorte
de démence qui fit désirer la guerre. Les
états, après une longue paix, ont une
surabondance de vie qu'ils ne savent à
quoi occuper; mais lorsque plusieurs an‑
nées de succès et de revers ont enlevé
aux puissances belligérantes la fleur de
leur jeunesse, leurs trésors, et qu'elles
ont séché les canaux de la prospérité des

états, en détruisant les relations commerciales, les peuples soupirent après la paix et croient alors qu'elle aura de la stabilité. Tels furent les sentimens de l'Europe lorsque les plénipotentiaires de la France et de l'Espagne, de la Prusse et de l'Allemagne se réunirent à Aix-la-Chapelle pour signer la paix générale, dans laquelle Louis XV ne s'occupa que de ses alliés. Il avait marié une de ses filles avec don Philippe, que l'on reconnut comme prince souverain de Parme, de Plaisance et de Guastalla. Mademoiselle, fille du régent, avait été unie au duc de Modène, à qui on rendit ses états en Italie, et on remit les places que nous avions conquises en Flandre. Ce fut ainsi que Louis XV justifia la parole qu'il avait dite : qu'il voulait faire *la guerre, non en marchand mais en roi.* La maison de Bourbon régnait sur les plus beaux royaumes de l'Europe. L'union de ces rois devait leur assurer une paix profonde. L'Espagne y perdit son énergie, et des lois prohibitives sur la presse retardèrent les lumières de ce beau pays, qui se trouva à deux siècles en arrière du reste de l'Europe. Cependant cette monarchie, que le temps, et non son ancienne constitution, rendit absolue, se trouva, par son alliance avec la France, engagée dans la guerre de l'indépendance de l'Amérique septentrionale, et ainsi ces monarques brisaient le premier anneau de la chaîne des peuples.

Nos armées navales réunies abaissèrent l'orgueil du pavillon anglais; mais nos marins ne se plaisaient pas plus avec ceux d'Espagne, qu'ils trouvaient sans activité et entièrement opposés d'opinions et de goûts. Lorsque nos officiers français montaient les vaisseaux espagnols qui les conduisaient en Amérique, ils voyaient avec étonnement l'aumônier du vaisseau castillan présenter sa main, sale et noire, au capitaine ou au lieutenant, qui la baisaient avec respect, et chacun de ces officiers souffrir que le moine lui arrachât des mains un volume de Raynal, ou de tout autre philosophe, que des Français leur avaient prêté, et qu'il le jetât dans la mer.

Cette puissance monacale a duré dans la péninsule pendant la guerre même de Napoléon; on voyait encore les femmes se promener avec des religieux de différens ordres, tandis qu'elles n'accordaient pas cette faveur à tout autre homme. Le même officier, dont je tiens ces détails, me disait qu'étant allé en Espagne dans le temps de la guerre d'Amérique, il avait été au spectacle, dont l'indécence l'avait moins choqué encore que de voir de gros moines rire, à se tenir les côtes, de traits si forts, que lui-même, jeune et de mœurs assez faciles, se sentait rougir d'entendre les acteurs. Cette licence, dans les moines et même dans le bas clergé, était rachetée en Espagne par la piété éminente des évêques. Il y avait une contrée voisine dans laquelle se trouvait souvent le contraire (1).

Ferdinand VI, Charles III et Charles IV se succédèrent, et tout resta dans la péninsule au même point. On eût dit que l'inamovibilité était le caractère du gouvernement espagnol ; il se reposait entièrement sur les galions : il les changeait contre nos manufactures, et non-seulement contre nos étoffes, mais même il voulait qu'on les envoyât toutes confectionnées. J'ai connu le gendre de madame Duchape, la plus brillante marchande de modes de ce temps, qui gagnait 50,000 livres par an, de simples droits de commission sur les frivolités qu'il envoyait à Madrid, aux dames espagnoles. Elles étaient passionnées pour la toilette et pour

(1) Le fils naturel d'un prince du sang, destiné à l'état ecclésiastique dont il portait l'habit, avait eu une aventure scandaleuse; son père, en l'en reprenant, lui dit : «Attendez donc que vous soyez évêque.»

les modes de Paris, quoiqu'elles n'osassent sortir sans leur mantille et sans être en noir ; mais dans leur *tertulia* (1) elles s'en dédommageaient, s'habillant alors à la française avec la plus grande élégance ; leur ton familier et léger étonnait ceux qui s'imaginaient que tout dût être grave en Espagne. En général les femmes espagnoles sont, de toutes les femmes du globe, les plus heureuses ; elles n'ont pas les embarras du ménage, dont leurs maris se chargent entièrement. Toutes leurs journées se ressemblent, et se passeraient dans une parfaite inutilité, si elles n'étaient pas mères. Elles ont une vive tendresse pour leurs enfans, qu'elles nourrissent, quoique, pour la plupart, elles n'aient pas lu Rousseau. Chez elles ce n'est point un usage, encore moins

(1) Réunions auxquelles les nôtres ressemblent, à l'exception que les Espagnols y fumaient comme dans une tabagie, et y étaient vêtus négligemment.

une mode; c'est tendre sensibilité pour d'innocentes créatures, qu'elles ne veulent pas confier à des étrangères, et, jusque dans la classe du peuple la moins aisée, les mères prennent des servantes qui les aident dans ce soin. La multitude était ignorante, mais calme et heureuse. Il semblait que l'Espagne n'eût en elle-même aucun élément de trouble, et cependant elle ne fut pas à l'abri des grands mouvemens que la révolution française imprima au monde entier.

CHAPITRE CINQUIÈME.

Déclaration de guerre contre l'Espagne. — Louis XVI.

Je me garderai bien de retracer ici les premières années de la douloureuse histoire de notre liberté; que ne peut-elle être ensevelie dans le plus profond oubli! je me contenterai de dire que Louis XVI, *le plus homme de bien, le meilleur Français de son royaume*, comme le dit un auteur estimable (1), se vit forcé de déclarer la guerre à ceux qui s'armaient pour le défendre. Elle s'était allumée contre la Prusse et l'Autriche, le 20 avril 1792; les plaines de la Champagne virent tout-à-coup s'arrêter leurs nombreuses phalanges, et soit que l'on eût mis à leur retraite un prix bien cher aux cœurs vertueux (2), soit que l'impossibilité de faire subsister une armée dans ces stériles contrées et que les maladies forçassent nos ennemis à quitter notre sol, ils ne tentèrent pas, comme ils nous en avaient menacés, de venir jusqu'à Paris où le roi était prisonnier avec sa famille, tandis que ses

(1) *Histoire des batailles,* publiée par Pierre Blanchard.

(2) On a toujours été persuadé que le roi de Prusse ne retira ses troupes de la Champagne que sous la promesse que Louis XVI ne mourrait pas.

frères et l'élite de la noblesse avaient quitté la France, espérant y rentrer peu de temps après; mais un long intervalle s'est écoulé avant ce retour, et bien des malheurs, des revers mêmes dans les premières années, ont été effacés par l'éclat d'une gloire militaire qui n'avait pas encore eu son égale. Borné à ne retracer que ce qui se passa en Espagne, je vais exposer les causes de notre première invasion dans ce pays, où les intérêts et la parenté de deux monarques semblaient avoir formé une alliance indissoluble.

Charles IV régnait alors en Espagne; sa bonté égalait celle de Louis XVI. Ses malheurs surpassèrent peut-être ceux de ce prince; il fut frappé dans les sentimens les plus chers, ceux qui lient le fils à son père, le père à ses enfans. La source des infortunes de Charles à la fin de 1792, était peu connue encore. Les sujets de division qui s'étaient élevés dans sa famille n'avaient pas encore été rendus publics.

Il s'intéressa au malheur de Louis XVI; il offrit sa neutralité si l'on respectait les jours de ce monarque. La Convention, prompte à prévoir la vengeance que la maison d'Espagne ne manquerait pas de vouloir tirer de la condamnation d'un roi son parent et son allié, décréta, dès la fin de 1792, qu'une armée républicaine couvrirait nos frontières du côté des Pyrénées. Le 7 mars suivant, elle déclara la guerre à Charles IV, et le 23 du même mois, ce prince fit publier à Madrid une cédule portant déclaration de guerre contre la France.

Le 31 mars, le général de brigade Sahuguet entra dans la vallée d'Oran et s'empara de quelques villages ; mais il n'avait que huit mille hommes, et vingt-deux mille combattans étaient réunis contre lui. Les Espagnols pénétrèrent en France ; ils vinrent mettre le siège devant Bellegarde qu'ils forcèrent à capituler, faute de vivres, après quarante jours d'attaque; ils avaient détruit les fortifications par la bombe, et ne s'emparèrent que d'un amas de ruines. La garnison sortit avec les honneurs de la guerre. Peu de temps après, les Français s'emparèrent du camp de la Perche près Mont-Louis, à la suite d'un combat où ils furent victorieux. Ils entrèrent à Puicerda, où ils trouvèrent une grande abondance de munitions de bouche et de guerre. On avait divisé nos forces en deux armées, dont l'une prit le titre d'armée des Pyrénées-Orientales et l'autre des Pyrénées-Occidentales. Cette dernière fut moins favorisée par la victoire : les Espagnols forcèrent Peires-Tortes et délogèrent nos soldats; douze mille Espagnols attaquèrent le poste de Vernet, où le colonel Soulteirac, accablé par le nombre, fut obligé de se replier sur Perpignan. Le général Davoust, dont le nom sera souvent cité dans le récit des hauts faits de nos armées en Espagne, rassembla un corps inférieur en nombre à celui des Espagnols, et sûr de la valeur de ses troupes, attaqua les ennemis et les força de prendre la fuite; avançant alors sur le camp de Peyres-Tortes, il mit les Espagnols en déroute, prit quarante-six bouches à feu, six étendards, un drapeau, et fit cinq cents prisonniers ; les Espagnols avaient un égal nombre de morts. Ce succès rétablit les communications avec Perpignan. M. Davoust fut nommé général en chef de l'armée des Pyrénées-Orientales. On forma alors une entreprise sur Roses, mais elle échoua; toute la population des environs de cette ville en voulait aux Français. Une flotte espagnole croisait dans ces parages, et dans cette situation, c'était une folie d'entreprendre un siége : mais alors les représentans, du sein de leurs comités, envoyaient des ordres qu'il fallait exécuter sous peine de la vie; cet échec fut suivi de plusieurs autres. Le découragement de nos troupes fut extrême : les fatigues, la faim les exténuaient, et plusieurs maladies s'étaient déclarées dans le camp.

La situation des Français n'était pas moins fâcheuse du côté de Saint-Jean-Pied-de-Port. Le général Servan voulait désarmer le fort Bidart ; mais la malveillance l'empêcha d'exécuter son projet, et ce général fut obligé de s'occuper uniquement du salut de Bayonne; la terreur et le découragement étaient à leur comble. C'est dans cet état que le général parvint, par des mesures pleines de sagesse, à tenir l'ennemi dans l'incertitude sur sa marche, et au moment où il s'y attendait le moins, il l'attaqua et lui fit repasser la Bidassoa. On voulut alors reprendre l'offensive; mais par un malentendu, un coup de canon tiré trop tôt fit manquer l'attaque du poste de Biriaton ; l'ennemi averti qu'on voulait le surprendre, se tint sur ses gardes et nous força à nous retirer avec perte, et comme la saison avançait, on se cantonna sur la colline Sainte-Anne, où l'on construisit des baraques pour se garantir du froid. Ainsi se termina la campagne de 1793.

Celle de 1794 apprit à l'Europe la supériorité que nos généraux avaient acquise depuis les premières hostilités. A peine entré en campagne, on s'empara de Collioure, le 5 juin de cette année : ce siége pénible donna la mesure de tout ce que les soldats français étaient en état d'exécuter. Ils avaient trouvé des difficultés extrêmes au siége de cette place. Il fallut creuser dans la roche vive un chemin d'une lieue et demie, et porter à bras les canons dans un sentier placé au bord d'un précipice et si étroit que deux personnes ne pouvaient passer de front. Leurs efforts furent couronnés de succès: la garnison fut échangée contre celle que les Espagnols avaient prise; le général exigea que toutes les places environnantes fussent remises, et que les cultivateurs français fussent renvoyés dans leurs foyers ; elle capitula le 5 juin.

Port-Vendre et Bellegarde ouvrirent leurs portes. En ce moment le gouvernement espagnol proposa la paix; il s'engageait à ne pas se mêler des affaires des Français, et à leur laisser choisir le gouvernement qui leur conviendrait. Il demandait seulement que l'on remît au roi d'Espagne les enfans de Louis XVI, et que l'on formât pour Louis XVII un royaume des provinces limitrophes de la péninsule. On refusa ces propositions et la guerre continua.

La bataille de Saint-Laurent fut un de nos exploits les plus brillans. Les Espagnols avaient cinquante mille hommes; le général Dugommier, qui n'en avait que vingt-cinq mille, déploya tant d'habileté et fut si bien secondé par les généraux Augereau et Pérignon, que les ennemis perdirent deux mille hommes, douze cents prisonniers, trente pièces de canon et deux drapeaux. Les Français laissèrent six cents hommes sur la place, et eurent à regretter le général Dugommier, perte qui fut très-douloureuse pour l'armée. Après de nouveaux combats, dont l'issue ne fut pas moins heureuse, on prit Roses, et on termina la campagne par la prise du fort de Figuières, que la garnison ne défendit pas, et dans lequel on trouva des provisions pour six mois et deux cents pièces d'artillerie. La garnison, qui était de six mille hommes, fut conduite prisonnière en France; cet exploit termina la campagne des Pyrénées-Orientales. Celle des Pyrénées-Occidentales commença d'une manière moins favorable. Les Espagnols attaquèrent avec treize mille hommes, secondés par une grosse artillerie; ils enlevèrent trois postes, et jetèrent l'effroi dans tous les autres; mais bientôt les généraux relevèrent le courage des soldats : ils retournèrent au combat qui dura sept heures, battirent à leur tour les Espagnols et reprirent leur position. Le 8 mars, quinze cents hommes, portant à bras deux obusiers, vinrent attaquer Irati, après quatorze heures de marche sur les rudes sentiers des montagnes escarpées. Il s'agissait de détruire un établissement considérable, dans lequel les Espagnols préparaient les bois de constructions navales. Tous les ouvriers fuirent à l'approche des Français; mais quelques soldats, qui protégeaient l'établissement, montèrent dans une tour crénelée et tirèrent sur nos soldats; ceux-ci, quoique affaiblis par les grenades qu'on leur lançait, mirent le feu aux chantiers et aux cabanes des ouvriers : nous eûmes quarante hommes et deux officiers de tués. Le vent, cessant tout-à-coup, empêcha le progrès des flammes. Les Français, qui craignaient une surprise, se retirèrent au bout de cinq heures. On pénétra sur le territoire espagnol par la vallée de Bastan; c'est là que fut livré un combat où les nôtres eurent encore l'avantage, et qui leur ouvrit l'entrée de l'Espagne. Cependant, après avoir forcé les Espagnols à se retirer sur Sant-Estevan, ils ne purent s'opposer à la prise de Fontarabie, de Saint-Sébastien et de Toloza. Le combat de Burgues nous donna les moyens de détruire une fonderie espagnole que l'on estimait plus de trente millions, et coûta cinq cents hommes. On se battit encore à la vue de Pampelune que l'on attaqua; mais les Français étaient harassés de fatigues et entièrement découragés. Ils eussent été perdus, sans un bataillon basque, sorti des montagnes, qui se réunit aux nôtres. Redevenus les plus forts, ils reprirent l'avantage, et firent des prisonniers, qu'un loi nouvelle et féroce condamnait à périr, mais qui heureusement furent sauvés, comme déserteurs, par un chef de brigands d'un bataillon basque.

Malgré ces succès, l'armée était dans l'état le plus déplorable; des chemins impraticables, point de vivres, point de magasins, point d'habillemens, encore moins de chaussures : tous ces maux se réunirent pour accabler les Français, et se joignirent aux maladies qui encombraient nos hôpitaux. Dans un tel état de choses, la retraite était tout ce que l'on pouvait désirer. Elle s'effectua le 29 novembre, sans que l'ennemi y mît d'obstacle, et les Français entrèrent dans leurs quartiers d'hiver.

Dès le mois de novembre 1794, le général Pérignon porta une partie des forces de l'armée des Pyrénées-Orientales en Espagne pour investir la place de Roses, qu'il était important de prendre, afin de conserver des communications par mer. On établit deux batteries qui incommodaient la ville. Don Domingo Yzquierdo, qui commandait la place, tenta une sortie pour s'emparer de ce poste, mais il fut repoussé ; il en exécuta deux autres tout aussi inutilement. Cependant les batteries tiraient et faisaient peu d'effet; le général pensa qu'il fallait d'abord s'emparer du fort nommé Bouton-de-Rose, et l'on ne pouvait y parvenir, sans établir une batterie sur le Ping-Bon, montagne à pic de 2000 toises au-dessus de la mer. Les ingénieurs jugèrent que ce travail était l'impossible. «Précisément, répondit Pérignon, *c'est l'impossible que je veux.* » Les soldats français étaient habitués à répondre à de tels vœux. Par le froid le plus rigoureux, en six jours, ils pratiquèrent un chemin de trois lieues de longueur, dans les flancs de cette redoutable montagne, et parvinrent à hisser à bras, sur cette hauteur presque perpendiculaire, les canons et les munitions nécessaires pour la construction et le service des batteries. Les ingénieurs, admirant un tel prodige, construisirent trois batteries qui dominaient entièrement le fort, et l'on ouvrit la tranchée, malgré la rigueur de la saison, le 5 janvier 1795. Peu de jours après il y eut une brèche suffisante pour que l'on s'introduisît dans la place. La garnison se voyant sans espérance, encloua ses canons et descendit la nuit dans la ville avec des échelles de corde. Les Français étant entrés et s'étant aperçus de cette évacuation, ne s'occupèrent plus que de prendre la ville. Un des plus grands obstacles, était le froid excessif qu'il faisait alors; trois pieds de neige couvraient la terre, et la température était si rigoureuse que l'on trouva une sentinelle gelée en faction. Le général ne parvint à faire supporter cette douloureuse intempérie, qu'en s'y exposant continuellement lui-même. Son courage et son sang-froid étaient tels que l'on rapporte qu'il resta immobile au milieu des éclats d'une bombe tombée si près de lui que le pan de son habit fut brûlé. Cependant, le 25, le froid fut si terrible que l'on fut forcé de tout suspendre. Il fallait, disait-on, avant de poursuivre les travaux du siége, emporter les retranchemens. « Eh bien! dit le général, que l'on soit prêt demain, à cinq heures du matin; je serai à la tête des grenadiers. » Il s'y trouva et les retranchemens furent emportés. Les Espagnols, ne pouvant résister à tant d'audace, s'embarquèrent la nuit du 2 au 3 février, laissant seulement trois cents hommes dans la place, avec ordre de continuer le feu, pour tromper l'ennemi et avoir le temps de s'éloigner; mais dès qu'ils virent leurs compagnons d'armes au large, ils capitulèrent et furent faits prisonniers. Ce siége, l'un des plus mémorables de cette année, fut suivi de plusieurs combats, où les avantages et les pertes furent compensés. Le 16 avril, les Français surprirent le poste de Bascara et s'en emparèrent. Les Espagnols tentèrent de le reprendre, mais furent repoussés. Pendant ces événemens, l'armée des Pyrénées-Occidentales était en proie à la plus douloureuse calamité. Une maladie épidémique moissonna, depuis la Deva jusqu'au Gers, presque tous les soldats et tous les habitans; des bourgs entiers se trouvèrent entièrement déserts; les malades, conduits dans les hôpitaux, y venaient chercher une mort certaine. La famine se joignit à cet horrible fléau : les paysans ne vivaient que d'un peu de pommes de terre, les soldats ne mangeaient que du riz, et l'on sait que la privation du pain est presque insupportable aux Français. On vit alors à Saint-Sébastien un exemple rare de modération. La garnison française, exténuée de besoin, savait cependant se contenir à la vue du pain destiné aux habitans de la ville, et respectait ce précieux aliment réservé à satisfaire une impatience non moins vive.

Le printemps fit cesser l'épidémie, et les bruits de paix ramenèrent l'espérance dans le cœur des malheureux qui avaient survécu. Cette armée donna encore mille preuves de courage en différentes rencontres avec l'ennemi, comme elle en avait tant donné de patience et de résignation, au milieu des maux dont elle avait été accablée.

La prise de Bilbao et de Vittoria, les 18 et 19 juillet 1795, fut, à cette époque, les derniers exploits des Français en Espagne; la prise de ces deux places les rendit maîtres de la Biscaye, qui fut rendue aux Espagnols lors de la paix de Bâle, le 22 juillet de la même année. Ils reçurent en échange la partie espagnole de Saint-Domingue; funeste présent qui nous fit perdre ce que nous possédions dans cette île, ainsi que des milliers d'hommes qui périrent, ou de la fièvre jaune, ou victimes de la vengeance des Nègres. Ainsi, de tous nos succès dans la péninsule, nous ne recueillimes que des maux réels, que suivirent des espérances chimériques.

CHAPITRE SIXIÈME.

Motifs présumés de la guerre d'Espagne. — Napoléon rappelle Joseph de Naples, et le fait roi d'Espagne.

Ecrire des événemens récens et d'une grande importance, c'est prendre la postérité pour juge, et se faire à coup sûr des ennemis parmi ses contemporains. Aussi, est-ce avec une extrême timidité que je vais mettre sous les yeux du lecteur un aperçu de l'invasion qui eut lieu en Espagne sous Napoléon. Les faits sont encore près de nous. Une foule de témoins oculaires existent. Je ne m'attacherai pas à décider entre les opinions diversement portées sur cette guerre, je me bornerai à retracer les événemens avec indépendance et vérité, toujours étranger à l'exagération et à l'esprit de parti.

C'est à l'histoire qu'appartiennent aujourd'hui les actions de l'homme extraordinaire qui voulut cette expédition mémorable. Napoléon, en l'ordonnant, ne fit-il que céder à cette ambition insatiable dont il éprouvait la soif dévorante, ou fut-il entraîné par le désir noble et commandé par l'intérêt de son pays, de diminuer la puissance de l'Angleterre? Cette seconde assertion, plus digne de sa mémoire, semble ne s'écarter ni de la raison, ni de la vérité. Il avait besoin d'être maître des côtes de la péninsule, pour ôter aux Anglais tout moyen de pénétrer dans la Méditerranée et de trouver un port où ils pussent se reposer de leurs longues courses dans les deux Indes. Napoléon, possédant la Hollande, crut pouvoir compter sur les souverains dont la Baltique mouille les côtes, s'il venait à s'emparer du Portugal et de l'Espagne. A quoi, en effet, eussent servi alors aux Anglais leurs nombreux vaisseaux? Eussent ils été chercher des denrées coloniales? leurs magasins en regorgeaient et on les offrait à Londres à si bas prix, qu'elles payaient à peine les frais de transport. Ce plan présentait de grands avantages pour la France, et de l'aveu même de nos rivaux, si ce système continental eût pu subsister encore six mois ils étaient perdus.

J'ai dû opposer ce projet d'une politique profonde à l'odieux qu'entraîne un envahissement qui fut accompagné de circonstances généralement blâmées. Suivons maintenant la marche des événemens. Napoléon avait fait avec le roi d'Espagne un traité qui lui accordait le passage sur son territoire pour combattre l'Angleterre, qui depuis le départ de la famille royale de Portugal pour le Brésil, occupait, ou de sa propre autorité ou par un secret accord, les états de la maison de Bragance dans la péninsule. Les Espagnols craignant pour eux-mêmes, voyaient avec peine l'occupation du Portugal. On accusa le prince de la Paix, favori et gendre du roi, d'avoir vendu l'Espagne à Napoléon. Ferdinand, prince des Asturies, se mit à la tête des mécontens, et le roi son père fut contraint d'abdiquer. Charles IV implora la protection de Napoléon : on sait à quel prix elle lui fut accordée.

Joseph, frère de Napoléon, que celui-ci avait fait roi de Naples, reçut ordre de quitter cette couronne pour venir prendre possession de celle d'Espagne, tandis que Murat serait à sa place roi de Naples. Napoléon était si puissant qu'il donnait alors un royaume, comme un ministre de la guerre donne un régiment. En attendant l'arrivée du roi Joseph, Murat fut envoyé en qualité de son lieutenant-général, et en conséquence des traités, prit son quartier-général à Madrid.

Cependant les Espagnols étaient loin de sanctionner de semblables arrangemens; un mouvement séditieux eut lieu dans la capitale des Espagnes. Murat n'ayant pu parvenir à l'apaiser, fit entrer des troupes de ligne; les rues de Madrid furent teintes du sang de ses habitans, qui, dès-lors, vouèrent aux Français une haine éternelle, et se vengèrent par des assassinats. La force nous avait donné la victoire à Madrid, toute la péninsule se souleva et il fallut la conquérir. Les Français parvinrent à se rendre maîtres de toutes les places, à l'exception de Cadix, mais jamais elles ne le furent des campagnes ni des montagnes; les guerillas rendaient impossible de passer d'un lieu à un autre sans escorte, et tout ce qui se trouvait isolé était assassiné de la manière la plus cruelle.

Le général Moncey s'avança, près de Valence, avec quinze mille hommes, qui furent repoussés par la population; cette époque fut signalée par les horreurs que les Espagnols commirent dans cette ville, en égorgeant sans distinction tous les

Français, même ceux qui étaient domiciliés à Valence avant l'invasion. Le général Dupont, par représailles, livra au pillage la ville de Cordoue, ce qui mit en insurrection toute l'Andalousie. C'est dans cette même année que se donna la bataille de Baylen, dont l'issue fut si désastreuse; on pensa long-temps qu'elle était l'effet d'une trahison. Cependant il paraît certain que le général Dupont fit charger sept fois à la baïonnette, sans pouvoir se faire jour au travers de l'ennemi qui le tenait enfermé. On capitula, et quatorze mille de nos braves mirent bas les armes. Les traitemens indignes qu'ils éprouvèrent de la part des vainqueurs est une tache à l'honneur castillan. Ils furent dépouillés de leurs vêtemens et entassés sur des pontons où la plupart moururent de faim et de misère.

Un combat où le général Bessière eut l'avantage nous ouvrit les portes de Rio-Secco; mais les moines et les habitans s'étaient retranchés dans les maisons et tiraient sur les Français, qui finirent par les réduire après avoir perdu beaucoup de monde. Les Espagnols se croyaient si certains de la victoire, qu'ils avaient fait provision de chaînes de fer, pour attacher leurs prisonniers. Vers ce même temps nous avions des avantages dans le Nord; le général Reille ravitailla Figuières, et dispersa les Catalans qui voulaient en faire le siége. Le roi Joseph quitta Madrid avec son état-major pour se mettre à la tête de l'armée; mais sir Artur Wellington, qui alors s'appelait Wellesley, débarqua en Portugal avec un corps de vingt-quatre mille Anglais, qui réunis à plusieurs autres, tant anglais que portugais, composèrent une armée de trente-quatre mille hommes. Artur se battit avec cette troupe contre le général Junot, qui n'avait que que quinze mille hommes; le choc des Français fut néanmoins terrible; mais une aussi grande infériorité de nombre ne pouvait obtenir la victoire, et le général Kellermann assura la retraite qui était nécessaire en cette situation. Nos soldats étant accablés par les maladies et par l'excessive chaleur, on proposa un armistice, qui fut suivi d'une convention d'après laquelle nous eûmes à évacuer le Portugal, à condition que nos troupes et notre artillerie seraient transportées en France : cet accord nous rendait trente mille hommes disponibles pour l'Espagne. Mais de ce moment il fallut renoncer au Portugal.

Napoléon apprenant ces revers ne changea pas de système. Voulant à tout prix être maître de la péninsule, il eut une entrevue à Erfurt avec Alexandre, et accourut à Bayonne à la tête de soixante-dix mille hommes; dix mille furent confiés au général Gouvion-Saint-Cyr, pour être conduits en Catalogne, et Napoléon, guidant la grande armée, entra en Espagne. Alors tout se ressentit de sa présence, et son heureuse étoile, dont rien n'avait encore obscurci l'éclat, rendit aux Français toute l'énergie à laquelle ils devaient déjà tant de triomphes; ils y en ajoutèrent de nouveaux.

Soult attaqua l'armée des alliés en Estramadure et la mit en déroute, le général Lefevre se mesura avec le général Black, le défit, et ayant reçu de nombreux renforts, suivit l'ennemi et l'atteignit près de Burgos. Là il l'attaqua à la baïonnette, arme que les Français ont rendue si redoutable. Les alliés furent forcés de se retirer, et Lefèvre entra dans Burgos, que les Espagnols, suivant leur ancienne tactique, avaient abandonné, ainsi que des magasins considérables. Dans le même temps, le maréchal Lannes attaqua à Tudès le général Castanos qui se retira; le général Bonnet, nommé commandant à Saint-Ander, prouva que la modération jointe au courage est le plus sûr moyen de conquérir les cœurs. Les habitans de Saint-Ander lui firent présent d'une épée d'or sur laquelle ils avaient fait graver : *La ville de Saint-Ander reconnaissante au général Bonnet son libérateur.*

Napoléon voulant profiter de ses avantages, n'attendit pas que les généraux Junot et Mortier l'eussent rejoint, et marcha vers Madrid. Le 2 décembre 1808, il s'arrêta sur les hauteurs qui dominent cette ville, entouré de son brillant état-major. La saison était aussi belle qu'elle aurait pu l'être au printemps; les soldats paraissaient animés d'une grande ardeur, et peut-être étaient-ils excités par l'espoir du pillage; mais Napoléon voulut au contraire en préserver Madrid, et, pour y parvenir, il résolut d'intimider un peuple porté au dernier degré d'exaspération. Une junte militaire avait été formée, tout se préparait à une vigoureuse défense: les rues de la capitale étaient barricadées, soixante mille hommes armés; les moines couraient de rue en rue, excitant le peuple à la résistance; partout régnait le désordre. Les paysans se joignirent à la classe des ouvriers, et menacèrent tout ce qui ne combattrait pas avec eux. Leurs clameurs, le bruit des cloches de deux cents églises, ne laissaient nul moyen d'entendre ce que la prudence pouvait faire valoir. Dans cette situation terrible, Napoléon fit faire à la junte une sommation de rendre la ville. Un général espagnol vint recevoir le parlementaire; il était entouré de trente hommes du peuple, dont le costume, le regard farouche, la parole peu mesurée, ne rappelaient que trop ces individus qui font toujours partie des rassemblemens insurrectionnels, quelle que soit la cause qu'ils défendent, parce que, sous toutes les bannières, ils sont toujours mus par le plus vil intérêt, toujours prêts à faciliter le vol par le meurtre et l'incendie. Ces hommes n'appartiennent à aucun parti : ils sont les suppôts du crime; c'est la tourbe de Rome, les paysans de la jacquerie, les satellites du temps de la ligue, les lazaronis de Naples, la lie des faubourgs de Paris; ils appartiennent à qui les paie ou les nourrit. Il avait été ordonné, pendant ces jours d'anarchie, que dans tous les hôtels de Madrid il y eût des tables servies pour eux, et que les portes en fussent constamment ouvertes. Le général espagnol, observé par ces scélérats, ne fit qu'une réponse évasive. Napoléon, peu satisfait, ordonna les premières dispositions pour s'emparer de la ville. Le général de brigade Maison eut ordre de marcher sur les faubourgs; et le général de division Lauriston, de protéger cette occupation avec quatre pièces d'artillerie de la garde. Des hommes qui n'avaient rien à perdre, voulaient, contre toute possibilité, qu'on se défendît; les propriétaires, les négocians, désiraient, au contraire, une capitulation favorable. Comme la masse des habitans était entraînée par les mutins, et qu'on ne se rendait pas, il fallut employer la force.

Dès que les troupes qu'on attendait furent arrivées, l'attaque commença : on s'empara du palais du Retiro, de l'observatoire, de la manufacture de porcelaine, de la grande caserne : tous les débouchés étaient mis en défense. Les Espagnols avaient réuni plus de cent pièces de canon de gros calibre, sans compter un nombre considérable de pièces de campagne. Mais ils n'avaient personne pour commander. La multitude massacra M. de Péralès, en disant qu'il avait fait mettre du sable dans les cartouches; le peuple exigea qu'elles fussent toutes défaites, et refaites après avoir été soigneusement examinées; quarante moines se chargèrent de cette inutile opération : elles se trouvèrent telles qu'elles devaient être.

Napoléon, avant d'aller plus loin, fit écrire, par le prince de Neufchâtel, la lettre suivante au général qui commandait dans Madrid :

Au camp français devant Madrid, le 4 décembre 1808, à onze heures du matin.

« Monsieur le général Castellar, défen-
» dre Madrid est contraire aux principes
» de la guerre et inhumain pour les habi-
» tans; l'empereur m'autorise à vous en-
» voyer une seconde sommation : une ar-
» tillerie immense est en batterie, des mi-
» neurs sont prêts à faire sauter vos prin-
» cipaux édifices, des colonnes sont à l'en-
» trée des débouchés de la ville, dont
» quelques compagnies de voltigeurs se
» sont emparées; mais l'empereur, tou-
» jours généreux dans le cours de ses vic-
» toires, suspend l'attaque jusqu'à deux
» heures. La ville de Madrid doit espérer
» protection et sûreté pour ses habitans
» paisibles, pour le culte, pour ses minis-
» tres, enfin l'oubli du passé. Arborez un
» pavillon blanc avant deux heures, et en-
» voyez des commissaires pour traiter de
» la reddition de la ville. Recevez, etc.

« Le major-général, *signé* ALEXANDRE. »

En réponse à cette lettre, on envoya des députés qui demandaient du temps; ils furent présentés à Napoléon, qui reprocha aux Espagnols d'avoir violé la capitulation de Baylen, d'avoir fait tirer sur une escadre française, lorsque la guerre n'était pas déclarée, etc. etc. Il finit par leur déclarer que s'ils ne lui apportaient pas les clefs de Madrid, eux et leurs troupes seraient passés par les armes. Les députés s'en retournèrent, et rendirent ces terribles paroles à leurs compatriotes. Les mutins furent forcés au silence par le plus grand nombre. Les généraux Morla, don Ferando de la Vera, gouverneurs de Madrid, portèrent la soumission de la ville, que Napoléon fit aussitôt occuper par ses troupes. Une proclamation pacifique rétablit le calme : on rouvrit les boutiques; les habitans, qui avaient pris beaucoup de peine à créneler leurs maisons, et à matelasser les ouvertures, s'empressèrent de tout rétablir. Les barricades disparurent des rues, qu'on se hâta de repaver. Le lendemain même de l'entrée des Français, on n'eût pas dit que la veille Madrid eût été menacée des horreurs d'un assaut.

Beaucoup d'Espagnols, du parti de Ferdinand VII, quittèrent la capitale; ceux qui restèrent dissimulèrent à un tel point, que Napoléon put se persuader qu'ils recevaient avec plaisir le roi qu'il leur donnait; cependant plusieurs écrivains parlent de la répugnance qu'ils éprouvaient à fléchir devant le roi Joseph. Si Napoléon fût resté quelque temps dans la péninsule avec une armée imposante, et qu'il eût lui-même gouverné, peut-être les Espagnols, qui aiment en général tout ce qui porte un caractère de grandeur, se fussent-ils enfin soumis à lui, comme autrefois leurs ancêtres se soumirent à César; mais tout concourut, dans cette contrée, à la perte des Français.

Quoi qu'il en soit, ils parurent accepter

comme un bienfait les volontés de leur nouveau maître. Le 15 septembre, Napoléon reçut les députations de tous les corps. Je joins ici l'adresse qu'ils lui présentèrent, comme un témoignage du peu de confiance qu'un vainqueur doit mettre aux protestations du dévouement du peuple vaincu.

« La ville de Madrid, représentée par le
» clergé séculier et régulier, par la no-
» blesse, et par les députés des quartiers,
» se présente à vos pieds pour lui offrir les
» plus respectueuses actions de grâces,
» pour la clémence avec laquelle, dans la
» conquête que vos armes triomphantes
» ont faite de cette ville, vous avez daigné
» songer au salut et au bonheur de ses ha-
» bitans, moyennant le traitement hono-
» rable et bienfaisant que vous avez bien
» voulu lui accorder, et que Madrid re-
» garde comme la garantie du pardon de
» tout ce qui s'est passé en l'absence de
» Buonaparte, frère de votre auguste per-
» sonne.

» Les différens corps composant cette
» assemblée, ont résolu et déterminé de
» vous supplier de daigner leur accorder
» la faveur de voir Joseph Buonaparte dans
» Madrid, afin que, sous ses lois et sous sa
» sage administration, notre capitale, ainsi
» que tous les lieux de sa juridiction immé-
» diate, et enfin l'Espagne entière, jouis-
» sent de la tranquillité et du bonheur qu'ils
» attendent de la douceur du caractère de
» Joseph, votre bien-aimé frère.

» Enfin Madrid se flatte que votre puis-
» sance la protégera, en même temps que
» votre clémence assurera son bonheur. »

Madrid, le 9 décembre 1808.

L'empereur fit, dans sa réponse, un abrégé de ses dispositions envers l'Espagne. Louis XIV, en plaçant son petit-fils sur le trône de la péninsule, n'avait pas osé tenir un semblable langage. Napoléon annonça qu'il conserverait les ordres religieux, mais diminuerait le nombre des moines, et que le superflu de leurs biens servirait à renter les curés, cette classe la plus intéressante et la plus utile du clergé.

« J'ai aboli, dit-il, ce tribunal contre lequel le siècle et l'Europe réclamaient. Les prêtres doivent guider les consciences, mais ne doivent exercer aucune juridiction extérieure et corporelle sur les peuples. J'ai supprimé les droits féodaux, etc. L'égoïsme, la richesse et la prospérité d'un petit nombre d'hommes nuit plus à votre agriculture que les chaleurs de la canicule. »

Un trait, que je ne puis me résoudre à passer sous silence, prouvera que des Castillans ne refusaient cependant pas à notre nation des sentimens de loyauté. Un officier-général espagnol, âgé de quatre-vingts ans, avait une fille jeune et belle. Voyant entrer chez lui un officier français, il se lève aussitôt, s'en approche et lui dit: « Je donne ma fille et 900,000 francs de dot à celui qui lui sauvera l'honneur ; soyez son époux. » Le jeune officier sut répondre à la confiance de ce père respectable, qui trouva en lui le plus tendre des fils. Beaucoup d'exemples attesteraient que les dames espagnoles ne partagent pas toujours la haine de leurs compatriotes contre les Français.

Tout paraissait plier sous le joug du vainqueur : Rosés et Barcelone furent attaquées et prises. On croyait la Galice soumise, quand le départ de Napoléon et de sa garde releva les espérances des habitans, qui se réunirent aux cris de *vincer o morir por el rey Fernando, por la patria et la religion.*

Le peuple s'arma de toutes parts. Le marquis de la Romana fit paraître un écrit intitulé : *Appel aux Espagnols*, en 24 articles, dont voici quelques-uns.

1°. Lorsqu'un détachement français paraîtra, toutes les cloches sonneront, afin de prévenir les habitans, qui se réfugieront dans les montagnes.

2°. On aura soin de ne laisser, dans les maisons, des vivres d'aucune espèce ; ils seront cachés avec soin dans les bois.

3°. Si les habitans voient qu'ils ne peuvent s'opposer à une invasion, ils détruiront leur récolte et même leur demeure, et ils se réfugieront dans le pays qui ne sera pas occupé par l'ennemi.

4°. Si l'ennemi veut s'établir à poste fixe, le village sera brûlé.

5°. Les tirailleurs suivront les colonnes ennemies ; ils arrêteront tout ce qui s'écartera ou restera en arrière. Ils recevront une marque distinctive et une récompense pour chaque tête, etc., etc.

De telles mesures annoncent un sentiment exalté, qui ne peut guère craindre d'obstacles. Le général Mortier investit Saragosse au mois de novembre 1808; mais on était loin encore de la prise de cette place, que les Espagnols regardaient après Cadix comme la plus importante de l'Espagne. Elle était alors défendue par

35,000 hommes de troupes réglées, par 15,000 paysans et 150 bouches à feu. En outre, et pour principal avantage, elle avait pour commandant le général Palafox, qui inspirait et méritait d'inspirer une égale confiance à la garnison et aux habitans. L'armée des assiégeans se composait de 60,000 hommes, de six compagnies d'artillerie, de huit de sapeurs, et de quarante officiers du génie.

On commença par occuper le mont Terreo, d'où l'on chassa les Espagnols, et une colonne du général Marlet, après s'être emparée du pont des Grandes-Écluses, prit deux pièces de canon. On plaça des batteries pour attaquer le fort, et le 10 on commença à faire un feu qui fit taire celui des batteries de Saint-Joseph. Dès que la brèche fut praticable, on donna l'assaut; le 12, les Français s'emparèrent du fort, et firent prisonnière la troupe qui s'y trouvait. La place ne se rendait point, et les assiégeans eurent beaucoup à souffrir des guérillas, qui enlevaient les convois ; ils étaient en outre harcelés par les détachemens de l'armée d'Arragon, et accablés par les travaux du siége ; ils manquaient de viande et n'avaient souvent qu'une demi-ration de pain. Les soldats français souffrirent avec une grande patience, et ne furent pas moins empressés d'obéir aux moindres ordres de leurs chefs. Pampelune et Tudéla étaient menacés : le maréchal Lannes vint enfin prendre le commandement du siége ; les maréchaux Mortier et Suchet passèrent sur la rive gauche. Le 26, toute l'artillerie fut prête à battre en brèche. Après quelques jours d'un feu terrible, on résolut de donner l'assaut, et l'armée entière s'y disposa ; mais, arrivée au premier retranchement, elle en trouva un second plus redoutable, et ainsi de rue en rue, de maison en maison, de manière qu'il fallait recommencer l'attaque, non-seulement de maison en maison, mais de chambre en chambre.

Rien ne fut comparable à ce siége; il surpassa en traits sublimes celui de Sagonte. La patience, l'opiniâtreté des Sagontins, il est vrai, furent extrêmes; leur résolution de préférer la mort à l'esclavage présente une idée héroïque; mais elle n'offre pas cette multiplicité de traits de dévouement à la patrie, dont chaque habitant de Saragosse donna l'exemple. Ils savaient bien qu'ils ne pouvaient espérer de sauver la ville; ils voulaient seulement que le sacrifice de leur vie servît à détruire leurs ennemis. Chacun des habitans, les vieillards, les femmes, et jusqu'aux enfans mouraient satisfaits si, en expirant, ils entraînaient avec eux dans la tombe un Français, et surtout si la mort de celui-ci avait été douloureuse. Les Sagontins combattaient pour éviter les fers; les habitans de Saragosse étaient animés par la vengeance, non pour des injures personnelles, mais pour celle qu'ils croyaient avoir été faite à leur nation par le gouvernement français. Un sentiment superstitieux donnait encore plus d'activité à leur courage. On voyait les moines courir dans les rues et dans les places publiques, tenant un crucifix d'une main, et de l'autre un sabre. Les femmes, les enfans faisaient des cartouches et les portaient aux soldats espagnols, sous une grêle de balles, d'obus et de grenades : on voyait des femmes armées de fusils, employer activement cette arme. Lorsque l'on croyait avoir emporté une maison, et que l'on y pénétrait, on se trouvait accablé de grenades que les Espagnols lançaient des greniers dont ils avaient percé les planchers. Enfin, quand les assiégés ne pouvaient plus tenir dans la maison attaquée, une communication qu'ils avaient pratiquée dans les murs, leur offrait, dans la maison voisine, un nouveau poste : là, satisfaits de mourir pourvu que les mêmes ruines ensevelissent leurs ennemis, ils remplissaient des fourneaux de milliers de poudre, qui faisaient sauter l'édifice. Comment pourrai-je raconter ce que les yeux ne purent voir sans horreur ! Je pourrais citer les affreux effets de l'explosion qui détruisit le couvent des Capucins. Une partie des bâtimens ayant écrasé un nombre considérable d'Espagnols, le reste se concentra dans les cloîtres et dans l'église. Peindrai-je le spectacle qui s'offrit aux yeux des Français lorsqu'ils voulurent y pénétrer ? Ils ne trouvèrent que des membres épars, des lambeaux de chair meurtris par des ruines teintes de sang. Il n'était pas échappé un seul homme d'une compagnie de grenadiers de Valence, qu'on ne reconnaissait qu'à quelques morceaux d'étoffe de leurs uniformes, à leurs armes brisées, qui n'avaient pu les défendre contre les effets de la mine ; ces malheureux étaient entassés avec les corps mutilés des moines : des femmes, des enfans, qui étaient venus chercher un asile dans ce lieu de prières, y avaient aussi rencontré cette mort épouvantable.

Ce terrible événement arriva le 12 janvier. Les journées qui se succédèrent jusqu'au 17, ne furent pas moins meurtrières ; et, quoique le nombre des morts et des blessés fût beaucoup plus considérable du côté des Espagnols que de celui des Français, il n'en est pas moins vrai que ceux-ci, voyant chaque jour éclaircir leurs rangs, se sentaient rebutés par l'inutilité de leurs efforts, pour réduire une multitude qui voulait mourir et non se rendre. A quoi bon, disaient-ils, s'acharner contre des ruines et des monceaux de cadavres, dont les exhalaisons nous amèneront la peste ? Laissons respirer les restes infortunés de cette brave garnison, et allons chercher des victoires plus utiles et moins périlleuses. Mais le maréchal Lannes ne pouvait se résoudre à abandonner une conquête qui avait déjà coûté tant de sang. Enfin, le 20 janvier 1809, comme on était prêt à mettre le feu à une mine qui eût renversé ou ébranlé ce qui restait à Saragosse de tous ses édifices, le maréchal reçut la soumission de la garnison. Elle sortit de la ville le 21, et déposa les armes devant les Français. Ils furent maîtres de la ville: mais une nombreuse artillerie, des greniers de blé pour six mois, ne pouvaient, aux yeux de l'humanité, compenser les maux que ce siége avait causés. Cinquante-quatre mille hommes y avaient péri; presque toute la ville était détruite. A tant de désastres se joignit une maladie épidémique; les habitans n'avaient plus la force d'enterrer leurs morts, aussi l'odeur des cadavres ne tarda-t-elle pas à répandre dans l'air des miasmes morbifères qui enlevèrent presque tout ce que le glaive et la poudre avaient épargné. Quelle que fut la gloire des vainqueurs d'avoir surmonté tant d'obstacles, on ne peut s'empêcher de lui comparer celle du général Palafox, de la garnison et des habitans, qui tous avaient rivalisé de zèle pendant un siége de cinquante-deux jours, dont vingt-neuf avaient été employés à entrer dans la ville; le siége des maisons avait duré vingt-trois jours.

Les Français gagnèrent, en mars 1809, la bataille de Medellin commandée par le duc de Bellune, qui enleva douze mille hommes aux Espagnols. A cette victoire se rattache un trait qui tend à justifier l'assertion précédemment émise, que les Espagnols éprouvaient de la répugnance à se soumettre au roi Joseph, et qu'ils eussent peut-être consenti à se laisser gouverner par Napoléon. Un aide-de-camp du roi de Naples voyant défiler les prisonniers que le duc de Bellune avait faits dans cette action, leur ordonna en espagnol de crier: *Vive le roi Joseph!* Tous crièrent: *Vive Napoléon et ses troupes invincibles!* L'aide-de-camp, s'adressant à un seul, répéta l'ordre qu'il venait de donner; celui-ci ayant eu la faiblesse de s'y soumettre, un Espagnol qui était auprès de lui le frappa à mort de son épée.

Les paysans de la Galice soulevés par leurs curés, s'emparèrent de Vigo; le marquis de la Romana, ayant fait à Villa-Franca 800 prisonniers français, et soulevé les Asturies, deux corps de nos troupes se trouvèrent isolés. Le maréchal Soult fut poursuivi et cerné à la fois par les armées espagnole, anglaise et portugaise; obligé de faire traverser les montagnes à ses troupes pour gagner Orense, il exécuta avec rapidité cette marche périlleuse et la plus pénible de toutes celles que les Français aient faites dans la péninsule; mais les insurgés qui le suivaient lui prirent ses bagages, sa grosse artillerie et lui tuèrent un tiers de ses soldats. Le sang-froid et les hautes connaissances militaires de ce général, sauvèrent le reste de l'armée; il pénétra jusqu'à Lago, en fit lever le siége aux Espagnols, délivra la garnison française, et ayant effectué sa réunion avec le maréchal Ney, ils reprirent ensemble l'offensive.

On ne pouvait cependant s'abuser sur l'impossibilité de conserver l'Espagne. Napoléon qui n'avait encore éprouvé de revers que dans les armées qui occupaient la péninsule, prit pour elle une sorte de haine : il n'était plus permis de lui parler de cette contrée, soit pour y envoyer des renforts, soit pour donner des récompenses aux officiers qui en avaient mérité. Le travail pour la guerre d'Espagne restait continuellement dans le portefeuille, et la malheureuse armée qui languissait dans cette contrée, accablée de fatigues, de dangers sans cesse renaissans, oubliée du chef suprême de l'état, était réduite à ses propres moyens qui bientôt s'épuisèrent. Joseph, avec des qualités qui font l'honnête homme, n'était qu'un roi faible, et les Français eux-mêmes, le regardant comme étranger, ne le servaient qu'avec peine.

Pendant ce temps, les Anglais qui, dès l'occupation de Madrid, avaient paru accourir au secours des Espagnols et les avaient abandonnés au milieu de cette lutte terrible qu'ils avaient suscitée, songèrent enfin à les seconder dans leur défense. Wellington, qui avait forcé Soult à évacuer le Portugal, avec vingt-quatre mille hommes anglais et portugais, se réunit au général Cuesta qui commandait trente-huit mille combattans, et au général Venegas qui en avait vingt mille, ils s'avancèrent par Aranjuez. Ces forces considérables destinées à soustraire le centre de l'Espagne à la domination française, y réussirent, mais plus tard cependant que les alliés ne le comptaient.

CHAPITRE VIIe ET DERNIER.

Bataille de la Sierra-Moréna. — Prise de Lerida, de Tortoze et de la forteresse de Mequinenza. — Fin de la guerre.

Il est rare que des généraux de différentes nations soient long-temps d'un parfait accord. L'armée des alliés était de quatre-vingt mille hommes; il est certain que si elle fût restée unie, et qu'elle eût marché contre le maréchal Soult, il eût été accablé par le nombre. Mais le général espagnol, enflé de quelques succès obtenus sur la cavalerie française, voulut avoir seul l'honneur d'une journée : il se sépara des Anglais, et vint attaquer les généraux Sébastiani et Victor à Torrejos. Le roi Joseph se réunissant à ces deux généraux, prit le commandement et se trouva à la tête de quarante-sept mille hommes. Son avant-garde mit en déroute les dragons de Villa-Viciosa, près Torrejos, commandés par le général Cuesta; on se battit pendant plusieurs heures, et tout faisait espérer qu'on aurait l'avantage, quand Joseph fit, sans qu'on en sache la raison, sonner la retraite. Le combat cessa aussitôt, et l'une et l'autre armée, après avoir perdu beaucoup de monde, et soutenu une bataille sanglante, ne put s'attribuer la victoire.

Joseph, instruit de l'insurrection qui s'était déclarée dans la Castille, se porta au secours de Tolède attaqué par Venegas; de son camp, il pouvait surveiller la marche des Anglais qui paraissaient menacer Madrid. La campagne se passa sans rien offrir de remarquable, si ce n'est le combat d'Alba-de-Torres, qui donna par ses suites une idée de la désolation de ce malheureux pays. Le général Kellerman ayant reçu du maréchal Soult ordre de marcher contre le duc del Parque, le rencontra à Alba-de-Torrès. Les

Espagnols se formèrent en bataillons carrés, mais ils n'en furent pas moins enfoncés par la cavalerie française qui leur fit beaucoup de prisonniers, et les mit en déroute, après leur avoir tué trois mille hommes. Ce fut très-difficilement que le général espagnol réussit à se sauver avec une partie de son état-major; les cadavres abandonnés furent la pâture des oiseaux de proie; trois ans après, le champ de bataille était encore couvert des ossemens de ces infortunés.

La paix avec l'Autriche donna le moyen de faire passer des troupes en Espagne, et des succès marquans relevèrent les espérances de cette armée. Je ne puis passer sous silence le combat de la Sierra-Morena. Ces montagnes si redoutables parurent aux Espagnols une retraite assurée, après qu'ils eurent été battus à Ocana. Des rochers noirs et escarpés couvrent cette montagne; là, règnent des neiges presque continuelles; quelques cabanes de pâtres éparses, n'offrent aucune ressources. Les Espagnols gardaient soigneusement les passages, et avaient miné les routes; mais les Français ne connaissent ni les dangers, ni les obstacles, et le 20 janvier, le duc de Dalmatie les conduisit jusqu'au haut de la montagne, d'où ils culbutèrent les Espagnols, leur prirent deux généraux, cinq pièces de canon et huit drapeaux; le duc d'Albuquerque se sauva à Cadix, et Séville se rendit sans résistance. Un mois après, nous nous emparâmes de Malaga.

Quand la fortune favorise un parti dans une contrée, rarement elle l'abandonne dans une autre : les Français très-heureux dans le royaume de Grenade, ne le furent pas moins en Catalogne. Le général O'Donell attaqua le général Souham, dans les plaines de Vich, et obtint quelques avantages; mais le général français les eut bientôt détruits. Obligé de quitter un instant le champ de bataille, pour se faire panser d'une blessure grave à la tempe, il revint peu d'instans après, et conduisant sa troupe avec sa vivacité ordinaire, il mit bientôt le désordre dans celles qu'O'Donnell commandait; tout ce que celui-ci put tenter avec la plus grande difficulté, fut d'empêcher sa défaite. Les Français le poursuivirent jusqu'aux montagnes, où il se déroba ainsi que son armée à une perte totale.

Tandis que l'on se battait avec acharnement en Catalogne, et qu'il nous fallait sans cesse recommencer, dans toute la péninsule, les siéges des places déjà soumises; tandis qu'on ne pouvait s'éloigner d'une demi-lieue dans la campagne sans tomber sous le fer des assassins, dont se composaient les guérillas, on assurait à Paris, sur la foi des journaux, que tout était fini en Espagne, que Joseph était parfaitement établi sur le trône, et l'on ne doutait pas que notre armée ne revînt bientôt complètement victorieuse. Cependant nos succès mêmes nous coûtaient le sang de nos braves ; Lérida ne céda, en avril de cette même année, qu'après un combat où nous fîmes 5000 prisonniers. Le général Suchet ouvrit la tranchée de Mequinenza, le 1er juin 1810, et quoique la garnison fût forte de 1400 hommes, et que cette place, bâtie sur un rocher escarpé, au confluent de l'Èbre et de la Sègre, fût regardée comme imprenable, elle finit par se rendre le 8. On trouva dans la place quarante-cinq bouches à feu, cinquante milliers de poudre; la garnison fut envoyée en France. Le reste de la campagne de 1810 se passa en Portugal. Je me contenterai de dire qu'elle fut malheureuse dans cette contrée; Wellington eut presque toujours l'avantage sur le général Masséna.

Il n'en était pas ainsi en Estramadure. Suchet prit Tortose, ville très-forte, qui ne s'en rendit pas moins après dix-sept jours d'investissement et treize de tranchée ouverte. Les Espagnols tirèrent 20,000 coups de canons, qui nous tuèrent fort peu de monde, et les 12,000 qui partirent de nos batteries enlevèrent aux Espagnols 1200 hommes. C'est à cette époque qu'une infraction au traité fait avec les Anglais, à la suite du combat de Baylen, donna l'exemple d'une grande déloyauté. Nos troupes devaient être conduites en France; au mépris des conventions, 1500 prisonniers avaient été entassés sur des pontons, où ils périssaient de misère. Résolus de s'affranchir de cette horrible tyrannie, ils se rendirent enfin maîtres des Espagnols qui les gardaient, coupèrent les câbles, et, malgré le feu des frégates anglaises et du fort, ils gagnèrent Matagorda, où ils débarquèrent. Mais ce succès, acheté par de longues fatigues et mille dangers, venait trop tard et au moment où ils ne pouvaient plus en jouir : plusieurs d'entre eux avaient tellement souffert, qu'échappés à leur captivité, ils parurent comme aliénés; ils riaient, pleuraient, chantaient en même temps, et reconnaissaient à peine s'ils étaient avec des compatriotes. On en eut le plus grand soin : on les habilla, et on leur donna tout ce qui leur était nécessaire, on s'efforça de les consoler, mais en vain; la plupart moururent, les autres traînèrent une vie languissante.

Les désastres de notre armée en Portugal avaient donné aux Espagnols la certitude qu'ils pourraient aussi nous vaincre, et quoique le commencement de 1811 se fût signalé par le siége de Tortose, que nous avions emporté malgré tout ce qu'il offrait de difficultés, les insurrections n'en devinrent que plus fréquentes. Des corps d'insurgés, commandés par Valestero, parcouraient l'Andalousie ; le Pastor exerçait, dans le royaume de Léon et la Castille, des nautés dignes des Vandales. Mendizabal faisait trembler la Biscaye, et l'implacable

Mina désolait la Navarre, se riant des efforts que faisaient nos troupes pour s'emparer de lui et de son neveu. La manière dont ces partisans faisaient la guerre causait à nos armées les plus grands dommages; il fallait sans cesse disséminer des troupes pour garder les places conquises, ou pour servir d'escorte aux convois; dès que ces chefs d'insurgés trouvaient les Français plus faibles qu'eux par le nombre, ils les attaquaient avec fureur, et malheur à ceux qui tombaient vivans dans leurs mains : ils éprouvaient des cruautés dont le récit fait frémir. On suivait cependant le même système; on s'emparait des villes, et Olivenza, place forte dont la garnison était de trois mille hommes, fut forcée de se rendre, quoique Mendizabal, à la tête de dix-huit mille hommes, cherchât à faire lever le siége, en présentant la bataille au duc de Dalmatie. Les Français acceptèrent le combat, et les Espagnols furent défaits. Le centre de leur armée fut tellement pressé, que six mille des leurs furent obligés de mettre bas les armes; presque tout le reste périt par le fer. Badajoz se rendit, et nous livra cent soixante-dix pièces d'artillerie, quatre-vingts milliers de poudre et leurs équipages de pont.

Suchet ajouta à la gloire que lui avait acquise la prise de Tortose, celle de réduire le fort Balaguier. Les Français n'avaient en leur possession que trop de places, n'ayant point les campagnes; car il leur fallait de nombreuses garnisons pour contenir les habitans, qui n'attendaient qu'une occasion pour se lever en masse, et forcer les nôtres à repasser les Pyrénées. Cependant les Français continuaient à faire des actions du plus grand éclat. Les traits de bravoure de nos armées ont été dans tous les temps si multipliés, que pour en citer on éprouve l'embarras du choix; je me bornerai, en jetant les yeux sur la campagne de 1811, à rapporter avec quelle intrépidité la garnison d'Alméida exécuta un ordre envoyé par le maréchal Soult au duc de Raguse. Wellington assiégeait Alméida; le duc de Raguse y commandait, et la place ne pouvait tenir que quelques jours. Le major-général Campbell somme le duc de se rendre; celui-ci non-seulement refuse avec fierté, mais ne veut pas accorder à Wellington une entrevue qu'il lui avait fait demander. Soult voulait tout à la fois faire sauter le fort et sauver la garnison; mais comment faire parvenir cet ordre? Un soldat se dévoua et arriva dans la place. Le duc assemble aussitôt ses officiers, leur expose ce qu'on exige d'eux, et ne leur dissimule pas le danger de l'entreprise. Tous protestent de leur zèle et répondent de celui de leurs soldats. Tout est prêt pour la mine, les fourneaux sont chargés. Des sapeurs restent pour allumer les mèches; le duc de Raguse alors fait ouvrir les portes et marche à la tête d'une colonne; l'autre est confiée au chef de bataillon Truillet. Ils arrivent aux postes anglais, les culbutent et traversent l'armée anglaise, qui, étonnée de tant d'audace, et frappée d'effroi au bruit terrible de l'explosion de la mine, les laisse d'abord continuer leur route. Les sapeurs exécutèrent leur consigne, et, après avoir allumé les fourneaux, eurent le temps de rejoindre les colonnes qui arrivèrent, après n'avoir perdu que très-peu d'hommes, sur la rive gauche de la Gueda. Les Anglais, revenus de leur première surprise, se mirent à la poursuite de la garnison, et la rejoignirent au moment où le duc de Raguse passait le pont avec l'avant-garde : l'arrière-garde fut atteinte; il y eut un combat fort vif, mais l'ennemi se retira enfin, voyant qu'il n'était pas le plus fort. Nous ne perdîmes dans toute cette expédition que soixante hommes, et les bagages que les Anglais pillèrent. Pendant toute cette année on ne cessa de s'attaquer sans obtenir mutuellement d'autre avantage que celui de prendre des villes, qui, six mois après, étaient reprises; alternatives qui rendaient le sort des Espagnols très-malheureux.

Tarragone, qui avait été occupée de nouveau par les alliés, soutint un siége de deux mois, pendant lesquels les Français donnèrent quatre assauts; le cinquième décida l'affaire, et la ville fut enlevée par les Français le 28 juin 1811. Quatre mille hommes furent passés au fil de l'épée, dix mille restèrent prisonniers. Tandis que Suchet marchait sur Tarragone, les généraux Harispe et Pâris gagnèrent une bataille sur les hauteurs de Rache.

Une nouvelle conquête termina l'année 1811, ou plutôt commença 1812. Le maréchal Suchet avait fait attaquer, dès le mois de novembre, les forts qui défendaient Valence : il les prit. Alors le général Blak se retira dans l'intérieur de la ville, que les Français bombardèrent pendant trois jours; on y jeta vingt-sept mille bombes qui causèrent les plus grands dommages. On avait, avant de continuer le bombardement, fait au général Blak une seconde sommation de se rendre. Sur son refus on continua de bombarder; enfin, le 9 janvier 1812, le général anglais voyant qu'il ne pouvait se défendre, capitula et se rendit prisonnier ainsi que toute la garnison, composée de vingt mille hommes. On s'empara d'une grosse artillerie et de magasins immenses. On aurait cru qu'une année, commencée d'une manière si brillante, devait voir finir la guerre de la péninsule, et que Joseph resterait possesseur du trône. Mais ce siége, si mémorable par les savantes manœuvres de nos ingénieurs, fut un de nos derniers exploits en Espagne. Depuis ce moment on put prévoir la chute de Joseph, qui fut le signal d'une autre, bien plus importante et bien plus imprévue. Les événemens de 1812 ne servirent qu'à miner sourdement nos forces dans la péninsule, et à y fomenter l'esprit d'insurrection contre le gouvernement de Joseph.

Wellington, avec son armée anglo-portugaise, attaqua le général Bonnet aux Arapilès, près de Salamanque; le duc de Raguse, avec ses troupes, avait pris position au même endroit; les deux armées étaient à une portée de fusil l'une de l'autre. L'action commença à une heure après-midi, avec un feu terrible des deux côtés. Le général Bonnet força les Portugais à se retirer, s'empara du village d'Arapilès et s'y maintint, malgré les efforts du général Clinton. Dans le fort de l'action, le duc de Raguse fut grièvement blessé par un biscaïen, et le général Thomière, qui s'était trop avancé et qui était cause du désordre, fut tué. Alors sa division saisie de terreur, prit la fuite entraînant avec elle le reste de l'armée. Le général Clausel parvint à rétablir l'ordre dans sa division, et se maintint avec celle du général Bonnet, sur les hauteurs d'Aribaja, pendant plusieurs heures ; harcelé, ainsi que le général Bonnet, par l'ennemi, il ne quitta cependant pas le commandement, et quoique blessé, il effectua sa retraite. Les Anglais, qui le suivaient de près, attaquèrent son arrière-garde, à laquelle ils firent beaucoup de mal. Nous eûmes six mille hommes, tant tués, que blessés et prisonniers. Le reste de la campagne ne fut pas plus heureux. Les soldats découragés avaient perdu leur première énergie, et ils virent avec plaisir que des deux côtés on attendît des nouvelles de Russie avant de rien entreprendre, ce qui fit que, dans la péninsule, l'on suspendit tout le reste de l'année les opérations militaires.

La campagne de 1813, qui devait combler les malheurs de l'armée française en Espagne, ne s'ouvrit qu'à la fin de mai. Le maréchal Soult avait passé les Pyrénées avec cinquante mille hommes ; la belle armée du Nord n'existait plus, et tout annonçait que Joseph n'avait plus à espérer de secours de son frère. Craignant d'être attaqués dans Madrid, les Français l'évacuèrent, ainsi que Valladolid, et se concentrèrent à Burgos ; comme ils ne comptaient pas même y trouver un asile assuré, ils résolurent d'y détruire les fortifications et exécutèrent ce projet. L'armée entière se retira sur Pancorbo ; là on détacha, sur l'Èbre, le général Clausel et sa division ; les troupes commandées par le général Foyet passèrent en Biscaye, de sorte qu'il ne resta avec Joseph que cinquante mille hommes fatigués, découragés, et qui avaient à se défendre contre l'armée des alliés, forte de cent cinquante mille hommes, qu'excitaient leurs succès et le désir de forcer l'ennemi à quitter la péninsule. Alors fut livrée la désastreuse bataille de Vittoria, le 21 juin 1813 ; l'affaire commença par des décharges d'artillerie. L'aile droite des alliés eut un avantage marqué sur la gauche. L'intention du général anglais était de tourner l'armée française; mais il ne put attaquer que sur les neuf heures du matin. La division du général Sarut se battit avec un véritable courage et conserva ses positions. Ce général reçut un coup mortel en chargeant les Anglais, qui ne pouvant faire fléchir les Français, appelèrent à leur secours vingt mille hommes de troupes fraîches. Le général La Martinière qui remplaçait le général Sarut, empêcha les Anglais de passer la rivière. Cependant le nombre d'hommes que nous perdions était si considérable, que les soldats prenaient les cadavres de leurs malheureux camarades et en faisaient des monceaux qui les mettaient à l'abri des balles. L'ennemi contenu sur la gauche, faisait des progrès effrayans sur la route de la Puella, où la position était si mauvaise que la cavalerie ne put agir; les

masses de troupes anglaises enfoncèrent
les colonnes françaises. Par une imprévoyance impardonnable, plus de quatre-vingts pièces de canon et toutes les munitions du grand parc de réserve avaient
été placées près d'un marais. Vers les quatre heures du soir, on voulut les conduire à Pampelune, mais une voiture de
roulier renversée intercepta la route, et
cet important convoi, composé de plus de
douze cents charriots, des voitures de Joseph, de celles des réfugiés espagnols et
des fourgons qui portaient les trésors du
roi, tomba au pouvoir des ennemis. Rien
n'est comparable au désordre qu'une terreur panique inspira; les femmes espagnoles du parti des Français, qui fuyaient
avec leurs maris la vengeance de leurs
compatriotes, poussaient des cris lamentables et venaient implorer la protection
des cavaliers, pour qu'ils les missent à
l'abri de la fureur de leurs concitoyens.
On vit beaucoup de soldats prendre de

ces infortunées en croupe, et fuir avec elles. Cette journée coûta à la France cinq mille cinq cents hommes tués ou blessés et six cents prisonniers. Avec plus de fermeté on aurait pu rallier les fuyards aux divisions qui combattaient encore, mais Joseph, qui commandait en chef, et qui avait Jourdan pour major-général, ordonna la retraite. Joseph passa en France avec le général Clausel; celui-ci prit ses positions de manière à garantir de toute attaque la ville de Pau.

Le général Foy, suivi de ses troupes, se dirigea vers Tolosa, où les deux armées entrèrent et se battirent dans les rues; les Français parvinrent à chasser l'ennemi et couvrirent le pont d'Irun. Ainsi l'espoir se bornait alors à fermer aux alliés l'entrée de la France.

Napoléon, dès qu'il apprit les désastres de Vittoria, donna ordre au maréchal Soult de rentrer en Espagne. Le premier soin du maréchal fut de réorganiser l'armée et d'y rétablir la discipline ; puis il marcha sur Pampelune, que les troupes anglo-portugaises assiégeaient. Le maréchal Soult espérait y faire entrer des vivres et des munitions. Il attaqua, le 27, les ennemis, et enleva le village de Sarazen. On se battit toute la journée du 28, sans un avantage marqué de l'un ou de l'autre côté. Le 29 les alliés furent repoussés avec perte; mais Wellington avait toujours des troupes fraîches à opposer aux Français. Il reprit l'offensive, et ne put cependant pas les déloger de Sarazen. Le 30, après une affaire très-chaude, le maréchal, désespérant de pouvoir ravitailler Pampelune, rentra dans sa première ligne, où il avait eu soin de faire passer d'avance les canons et les gros bagages. Ces différens combats coûtèrent la vie à 16,000 hommes des deux armées, sans être d'aucune utilité ni à la garnison., ni aux habitans de Pampelune, qui étaient livrés à toutes les horreurs de la famine, et ne se rendaient pas.

Avant cette époque, Wellington avait confié l'attaque de Saint-Sébastien à sir Thomas Graham. Il commença le siége avec 10,000 hommes. Cette jolie ville avait toujours tenté les Anglais, à cause de son commerce avec Bayonne : sa perte fut résolue. Cette place, qui a un très-bon port, est située au pied d'un promontoire ; on en approche par un isthme dont le terrain bas et sablonneux est défendu par un front de fortifications ; la mer baigne les murs à la marée montante. Les Anglais commencèrent par placer des batteries sur des collines sablonneuses qui dominent les fortifications. Leur feu continuel fit bientôt deux brèches, par lesquelles ils se flattaient d'entrer dans la ville ; mais quand ils voulurent y pénétrer, le feu de la place fut si vif, qu'en peu de temps ils perdirent 500 hommes;

le reste se hâta de se retirer dans ses retranchemens.

Pendant quelque temps les travaux furent interrompus sans que les Anglais s'éloignassent. Ils espéraient que la famine leur livrerait la place; mais elle avait été parfaitement approvisionnée. Le général Rey et le commissaire des guerres épargnèrent à la garnison les maux qu'entraîne la disette, et ils conservèrent des braves à la France. Le maréchal Soult, n'ayant pu secourir Pampelune, voulut sauver Saint-Sébastien; il attaqua les Anglais à Saint-Martial, espérant leur faire lever le siége; mais il ne put y réussir. La ville, après trente-cinq jours de tranchée ouverte, fut prise d'assaut : l'ennemi eût encore été repoussé si, à l'instant où les Anglais ne pouvaient plus résister au feu des assiégés, un amas considérable de projectiles n'eût pas été enflammé par une bombe. L'explosion fut terrible, et tua beaucoup des nôtres. Le manque d'eau détermina enfin le général Rey à se rendre. La garnison sortit avec les honneurs de la guerre, et, après avoir remis ses armes, elle se rendit prisonnière.

On la fit conduire au Passage, pour la mettre à l'abri de la fureur des Espagnols, qui voulaient l'égorger. Moins heureux, les habitans de la ville éprouvèrent de leurs alliés les traitemens les plus indignes ; les généraux anglais et portugais les abandonnèrent à toute la fureur de leurs soldats, qui, pendant quatre jours, ne cessèrent de torturer par le meurtre, le pillage, l'incendie et les plus horribles excès, ceux qu'ils disaient être venus défendre. Dix-sept maisons seules échappèrent entièrement, et comme par miracle, à ce désastre. Pampelune, réduite au dernier degré de misère, se rendit.

Depuis ce temps, les Français évacuèrent la Navarre, et le maréchal Soult ne parut occupé que d'empêcher les alliés d'entrer en France ; mais il s'y opposa sans succès. Cependant le maréchal Suchet, resté en Catalogne, s'y défendait encore contre les troupes anglaises avec assez de bonheur. Il fit lever le siége de Tarragone à sir Murai, et le força de se rembarquer, laissant une quantité considérable d'artillerie et de munitions. Sir Murai fut traduit en Angleterre devant un conseil de guerre, et ne conserva la vie qu'aux dépens de son bon sens, que l'on décida l'avoir abandonné dans cette affaire.

Tous les combats qui furent livrés depuis ce moment firent inutilement couler le sang de part et d'autre. Les généraux enfin cessèrent d'eux-mêmes les hostilités. A la fin de janvier 1814, toutes les forces disponibles que nous avions en Espagne passèrent les Pyrénées pour défendre notre territoire. Nous possédions encore, néanmoins, plusieurs places dans lesquelles le général Suchet avait fait entrer environ 12,000 hommes de ses troupes. Ces places furent bloquées jusqu'à la paix générale, qui rétablit les limites de l'Espagne comme elles se trouvaient avant 1792. Ainsi, tant de sang répandu, tant d'or prodigué par les puissances belligérantes, ne servirent à rien, et malheureusement cette paix, dont au moins la France a joui depuis 1815, n'a pas existé pour l'Espagne, qui n'a cessé d'être en proie aux factions et à la guerre civile.

CONTINUATION
Par M. DE BARINS.

Rétablissement de Ferdinand VII sur le trône. — L'inquisition est instituée de nouveau. — Les membres des Cortès sont exilés. — Conspiration de l'île de Léon. — La constitution est proclamée, et jurée par Ferdinand. — La fièvre jaune ravage Barcelone. — La France déclare la guerre à l'Espagne. — Campagne de 1823. — Résultat de la guerre.

En traçant l'exposé rapide des derniers événemens qui ont attiré l'attention de l'Europe sur la Péninsule, nous nous sommes proposé de rapporter les faits, en nous abstenant de toute réflexion capable de faire douter de notre impartialité. Toutefois, l'entreprise ne laisse pas de présenter beaucoup de difficultés, et nous n'ignorons point que n'adopter aucun parti, c'est risquer de les mécontenter tous ; mais fort de notre conscience, cette considération ne saurait nous arrêter, et c'est au jugement des hommes sages et éclairés, que nous en appellerons du jugement des esprits aigris par la passion ou le malheur.

L'invasion des alliés en France, et la chute de Napoléon, qui en fut la suite, replacèrent Ferdinand VII sur le trône d'Espagne, et les braves Espagnols jouissaient enfin de leur courageuse persévérance à défendre leur patrie. Tout le temps qu'avait duré la guerre de l'indépendance, les membres des Cortès, réfugiés à Cadix, en avaient dirigé les opérations. En 1812, ils avaient rédigé et proclamé une constitution qu'ils se proposaient de soumettre au roi dès qu'il serait rétabli sur le trône : cette constitution abolissait l'inquisition, créait un pouvoir législatif, et ne laissait au souverain qu'un pouvoir exécutif très borné;

il était donc probable que Ferdinand n'accepterait cette constitution qu'en lui faisant subir de nombreuses modifications; mais, d'un autre côté, il paraissait impossible que le roi ne sentît pas la nécessité de faire quelques concessions aux nouveaux besoins de son peuple. Malheureusement, la vérité n'approche des potentats qu'avec les plus grandes difficultés; le mensonge et l'adulation l'étouffent presque toujours.

Rendu au trône et à ses sujets, qui avaient fait les plus grands sacrifices pour défendre ses droits, Ferdinand, dont peut-être aussi le malheur avait aigri l'esprit, Ferdinand, disons-nous, retrouva avec le sceptre une foule de flatteurs, de courtisans avides de richesses et de pouvoir. La constitution de Cadix fut anéantie, et ceux qui l'avaient rédigée furent contraints de s'expatrier ; on en déporta même quelques-uns en Afrique : en même temps, l'inquisition fut rétablie, les couvens se repeuplèrent, et tout fut remis sur le même pied qu'en 1807.

Cependant les Espagnols qui avaient espéré que la persévérance et le courage, dont ils avaient donné tant de preuves pendant la guerre de l'indépendance, seraient récompensés par quelques améliorations dans le gouvernement, améliorations que les progrès de la civilisation rendaient indispensables, les Espagnols furent profondément affligés de voir renaître tous les abus qui sont la conséquence naturelle d'un gouvernement absolu. L'entière abolition de la constitution de Cadix, l'exil des Cortès, le rétablissement de l'inquisition, tout cela fit une foule de mécontens, qui, grossie de tous les hommes attachés à l'ex-roi Joseph, n'attendait qu'un moment favorable pour se déclarer ouvertement.

Quatre ans s'écoulèrent pendant lesquels le parti constitutionnel de l'Espagne se renforça d'un grand nombre de mécontens des états voisins ; les partisans des Cortès agissaient presque ouvertement, lorsque Ferdinand fut averti du danger qui le menaçait : il essaya vainement de s'opposer à l'exécution du projet conçu par les constitutionnels, dont les doctrines avaient fait un grand nombre de prosélytes, même dans l'armée espagnole ; enfin, une partie de cette armée, qui se trouvait à l'île de Léon, proclama la constitution de 1812, et le général Riego, s'étant mis à la tête de ce mouvement, fût nommé général de l'armée constitutionnelle Il marcha aussitôt sur Madrid, à la tête de plusieurs régimens, qui se grossirent bientôt de toutes les forces qu'on fit marcher contre eux.

Il ne restait plus au roi d'Espagne qu'un moyen de salut, c'était d'accepter la constitution ; Ferdinand prêta donc le serment qu'on exigeait de lui.

La conduite des Espagnols trouva bientôt des imitateurs; une constitution calquée sur celle des Cortès fut proclamée à Naples et à Turin; mais l'Autriche ayant fait marcher des forces considérables contre les constitutionnels de ces deux royaumes, l'ancien ordre de choses fut promptement rétabli. L'Espagne, au contraire, paraissait jouir d'une espèce de tranquillité; cependant l'amitié qui régnait entre ce gouvernement et celui de la France parut se refroidir, et dès lors on put regarder comme inévitable une rupture entre ces deux puissances.

La Péninsule semblait devoir être frappée successivement de tous les maux qui peuvent accabler un état : à peine sortie victorieuse de la lutte sanglante qu'elle avait soutenue pendant six ans contre les plus vaillans soldats du monde, elle avait eu à souffrir des divisions intestines, et ces divisions n'avaient pas encore entièrement cessé, lorsque la fièvre jaune vint ravager ses plus belles provinces. Dès que le gouvernement français eut connaissance de cette épidémie, il prit des mesures convenables pour empêcher que la contagion ne pénétrât dans les provinces méridionales de la France : un cordon sanitaire fut établi. Ce fut alors que les Français donnèrent de nouvelles preuves de courage et d'humanité : on vit une foule de médecins solliciter, comme la plus grande faveur, la permission de se rendre au milieu des pestiférés, afin de prodiguer à ces malheureux tous les secours de l'art ; des femmes imitèrent ce noble exemple, et les sœurs de Saint-Camille se rendirent à Barcelone, que la peste avait déjà à moitié dépeuplée, et qu'elle semblait devoir entièrement anéantir.

Tandis que ces choses se passaient, les principaux souverains de l'Europe s'étaient assemblés; un congrès fut ouvert; on y résolut que les Cortès seraient invitées à rétablir Ferdinand VII dans tous ses droits et prérogatives, et que si elles refusaient de se rendre à cette invitation, la France leur déclarerait la guerre. Les négociations étaient entamées, lorsqu'un grand nombre d'Espagnols, partisans du pouvoir absolu, se déclarèrent ouvertement contre l'autorité des Cortès. Beaucoup de ces absolutistes prirent les armes ; on vit même, comme au temps de la ligue, des prêtres et des moines endosser la cuirasse : ces divers corps prirent le nom d'*armée de la Foi ;* ils créèrent une régence, et la guerre civile commença. La fièvre jaune ayant cessé, le cordon sanitaire était devenu tout-à-fait inutile ; mais le gouvernemeut français, ne pouvant prévoir le résultat des négociations qu'il avait entamées avec les Cortès, transforma provisoirement le cordon sanitaire en armée d'observation ; au reste, cette armée était devenue nécessaire, en supposant même que les deux nations eussent continué à vivre en bonne intelligence : l'armée de la Foi, vivement poursuivie par les constitutionnels, était souvent contrainte de franchir la frontière, et alors l'armée française devait faire déposer les armes aux soldats de la Foi. Les négociations continuaient, et, pendant ce temps, on s'occupait de renforcer l'armée d'observation. De leur côté, les constitutionnels prirent des mesures pour se mettre en état de défense ; mais il fut aisé de remarquer dans leurs dispositions beaucoup de lenteur, d'hésitation, et peu de confiance dans leurs forces. Mina fut le seul de leurs généraux qui se fit remarquer dans ces circonstances, et sur les talens et le dévouement duquel les constitutionnels purent compter.

Cependant l'armée de la Foi, battue sur tous les points, contrainte d'abandonner la ville et les forts d'Urgel, s'était réfugiée en France, et l'armée constitutionnelle prit position sur les frontières, en attendant la rupture ou la réconciliation des deux nations.

Autant les Espagnols se faisaient remarquer par le peu d'activité qui régnait dans leurs préparatifs de défense, autant les discours des Cortès étaient énergiques. Tous les membres de cette assemblée ne cessaient de protester contre ce qu'ils appelaient les prétentions injustes de la France. Enfin, les négociations furent rompues ; l'ambassadeur français à Madrid fut rappelé, et le roi de France, dans son discours pour l'ouverture de la session de 1823, annonça que la guerre était déclarée. Toutefois, ce discours était remarquable, et les intentions de S. M. étaient clairement énoncées. « Cent mille » Français, dit le monarque, à la tête » desquels marchera celui que je me plais » à nommer mon fils, vont franchir la » frontière. Si la guerre est inévitable, je » mettrai tous mes soins à en resserrer le » cercle et à en borner la durée ; elle ne

» sera entreprise que pour conquérir la
» paix, que l'état de l'Espagne rendrait
» impossible. Que Ferdinand VII soit libre
» de donner à ses peuples les institutions
» qu'ils ne peuvent tenir que de lui, et
» dès ce moment les hostilités cesseront;
» j'en prends devant vous, Messieurs, le
» solennel engagement. »

S. A. R. le duc d'Angoulême fut nommé généralissime de l'armée destinée à entrer en Espagne, et à cet effet, des pouvoirs illimités lui furent conférés par le Roi. S. A. R. partit de Paris le 15 mars, pour se rendre à la tête de son armée ; le prince adressa en même temps une longue proclamation au peuple espagnol : voici le passage le plus remarquable de cette pièce:

« Espagnols, la France n'est point
» en guerre avec votre patrie. Né du
» même sang que vos rois, je ne puis
» désirer que votre indépendance, votre
» bonheur et votre gloire; je vais franchir
» les Pyrénées, à la tête de cent mille

» Français ; mais c'est pour m'unir aux
» Espagnols amis de l'ordre et des
» lois, etc. »

Le 7 avril, au point du jour, la messe fut célébrée sur toute la ligne de l'armée française, puis cette armée s'ébranla et se disposa à passer la Bidassoa.

Cependant un grand nombre de Français, mécontens ou proscrits, avaient grossi les bataillons des constitutionnels ; c'était particulièrement sur eux que comptaient les Cortès, pour jeter la division dans l'armée française. Ces hommes, aigris par le malheur, ou aveuglés par l'espoir du succès, formaient une légion qui avait pris le titre de *légion étrangère :* leur uniforme était celui de l'ancienne garde impériale, et ils avaient arboré le drapeau tricolore. Déjà plusieurs régimens de l'armée française avaient traversé la Bidassoa, lorsque la légion étrangère parut tout à coup, et les hommes qui la composaient firent retentir l'air des cris de *vivent nos frères d'armes ! vive l'armée française !* On fit aussitôt avancer plusieurs pièces de canon, et le général Vallin, ayant ordonné de faire feu, quelques décharges de mitraille mirent le désordre dans les rangs de la légion étrangère ; au même instant ces transfuges furent chargés avec impétuosité par le 9ᵉ léger, qui acheva leur déroute ; ils prirent la fuite, laissant sur le champ de bataille quelques morts et plusieurs blessés.

Pendant ce temps, le général Bourck marchait sur Saint-Sébastien, et l'armée de la Foi secondait de tous ses efforts les opérations des Français. Il fut très facile alors de reconnaître le peu d'ensemble des constitutionnels ; la discorde régnait dans leur camp ; leurs troupes, mal payées, mal disciplinées, refusaient d'obéir, et tandis qu'à la tribune, les Cortès proclamaient la liberté, les soldats qui devaient la défendre fuyaient de toutes parts. Cet esprit d'insubordination, joint à la défection de plusieurs généraux, acheva de convaincre les Français de la faiblesse de leurs adversaires. Le généralissime de l'armée française se dirigea sur Madrid, en passant par Ernani, Tolosa, Vittoria et Alcovenda. Ainsi, à peine la campagne était-elle ouverte depuis quarante jours, que déjà les Français étaient aux portes de la capitale de l'Espagne.

Les Cortès, ayant renoncé à défendre Madrid, transportèrent le siége du gouvernement à Séville, et forcèrent le roi Ferdinand à se rendre dans cette dernière ville. La défense de la capitale fut confiée au général comte de l'Abisbal, qui, n'ayant qu'un très petit nombre de soldats, non-seulement ne pouvait faire une longue résistance, mais n'en avait pas même l'intention, comme on avait pu s'en convaincre par la profession de foi qu'avait publiée ce général, et dans laquelle il était loin d'adopter les principes des Cortès : cette profession de foi annonçait assez clairement la défection prochaine de ce capitaine.

Le 17 mai, le comte de l'Abisbal envoya un parlementaire au duc d'Angoulême, et une convention, d'après laquelle les troupes de l'armée française devaient entrer le 24 dans la capitale de l'Espagne, fut conclue. Le général Bessières, commandant une division de l'armée de la Foi, et enivré par plusieurs succès, refusa de respecter cette convention; malgré les ordres qui lui avaient été donnés par le généralissime, il se présenta le 20 devant Madrid. Le général Zayas, auquel le commandement de cette ville avait été remis, s'empressa de rappeler à Bessières la convention conclue avec le prince français ; mais, loin d'y avoir égard, le chef royaliste insista, et pénétra dans la ville à la tête de sa troupe. La combat s'engagea dans les rues; les constitutionnels se battirent en désespérés; Bessières fut contraint de se retirer, après avoir éprouvé une perte assez considérable. Ce triomphe passager avait relevé le courage des soldats des Cortès; les esprits fermentaient, et l'on pouvait craindre que cette fermentation amenât de fâcheux résultats; afin de les prévenir, le duc d'Angoulême résolut d'avancer d'un jour l'entrée des troupes françaises à Madrid; il s'y fit néanmoins précéder par une très longue proclamation, dans laquelle on remarquait ce passage, relatif à la nomination d'une régence :

« Dans ces circonstances difficiles, et
» pour lesquelles le passé n'offre point
» d'exemple à suivre, j'ai pensé que le
» moyen le plus convenable, le plus na-
» tional et le plus agréable au roi, était
» de convoquer l'antique conseil de Cas-
» tille, et le conseil suprême des Indes,
» dont les hautes et diverses attributions

» embrassent le royaume et ses posses-
» sions d'outre-mer, et de confier à ces
» grands corps, indépendans par leur élé-
» vation et par la position politique de
» ceux qui le composent, le soin de dé-
» signer eux-mêmes les membres de la
» régence. »

Les intentions franches et généreuses énoncées dans cette proclamation calmèrent l'effervescence des habitans, et les Français entrèrent dans Madrid au milieu des acclamations générales.

De leur côté, les différens corps de l'armée française et de l'armée royaliste espagnole, combinés, voyaient fuir devant eux tous les bataillons de l'armée constitutionnelle, que la désertion affaiblissait chaque jour en même temps qu'elle grossissait l'armée de la Foi. Le général Mina fut le seul de tous les chefs de l'armée constitutionnelle qui fit preuve d'un courage et d'un talent militaire qui furent plusieurs fois admirés par les

Français eux-mêmes. Ce général, à la tête d'une division qui ne s'élevait pas au-dessus de 2,000 hommes, donna pendant long-temps de l'occupation à plus de 20,000 hommes; et, malgré ces forces imposantes, il pénétra deux fois sur le territoire français. Les marches savantes et le talent de ce capitaine étaient vraiment dignes d'une meilleure cause.

Fidèle à ses promesses, aussitôt son arrivée à Madrid, le duc d'Angoulême s'était empressé de convoquer les grands du royaume, par qui devait être nommée la régence destinée à gouverner l'Espagne jusqu'à la délivrance du roi : cette régence fut composée du duc de l'Infantado, du duc de Montemor, du baron d'Éroles, de l'évêque d'Ozma, et de M. Calderon.

Il y avait près de deux mois que le duc d'Angoulême était à Madrid, d'où il dirigeait les opérations de ses différens corps, lorsqu'un événement pensa priver l'armée française de son généralissime. Le 20 juillet, le prince, s'étant rendu, selon sa coutume, à l'église des Clerigor-del-Spiritu-Sancto, afin d'y entendre la messe, fut sur le point d'être victime d'un complot infernal : la cérémonie était sur le point d'être achevée, déjà le prêtre se retournait vers les assistans pour donner la bénédiction, lorsque tout à coup le feu éclata en même temps dans plusieurs parties de l'édifice. Heureusement le prince avait déjà quitté sa place : il est probable que s'il y fût resté quelques minutes de plus il eût infailliblement péri. Cet événement fit une grande sensation à Madrid ; la régence mit tout en œuvre pour découvrir les auteurs de ce crime ; un grand nombre de personnes, soupçonnées d'attachement à la constitution, furent arrêtées ; mais il paraît que toutes les recherches ont été infructueuses, et que les coupables n'ont pu encore être connus.

Huit jours après cet événement, le généralissime de l'armée française quitta la capitale de l'Espagne, et porta son quartier-général à Andujar. Le commandement de Madrid fut confié au duc de Reggio.

Cependant des maux d'une autre espèce accablaient les provinces de l'Espagne qui s'étaient soumises ; une réaction terrible et sanglante faisait trembler tous les hommes qui ne s'étaient pas hautement prononcés contre la constitution des Cortès ; un grand nombre d'Espagnols s'expatriaient pour échapper à la fureur du parti vainqueur ; un plus grand nombre encore furent emprisonnés ; d'autres furent massacrés, et plusieurs contrées devinrent le théâtre de la terreur et du carnage. Les habitans, confians dans la générosité des Français, redoutaient surtout les soldats de l'armée de la Foi, qui, dès l'ouverture de la campagne, s'étaient annoncés par des excès qui justifiaient la crainte de ceux qu'ils pouvaient commettre encore. La plupart des places fortes ne consentirent même à se rendre qu'à condition qu'elles seraient occupées par les troupes françaises, exclusivement.

Il est vrai de dire que les soldats de la Foi avaient beaucoup souffert, qu'en outre les habitans du Midi sont naturellement vindicatifs, et que cette armée n'était composée en grande partie, que de troupes de guérillas, peu susceptibles d'organisation et de discipline. Certes, quels que soient les auteurs de ces excès, ils méritent le blâme des gens de bien; mais la conduite des soldats de la Foi ne laisse pas d'être bien moins coupable que celle des hommes éclairés auxquels le gouvernement de l'Espagne avait été confié momentanément, et qui, loin de chercher des moyens de répression, semblaient autoriser les actes arbitraires et les scènes sanglantes dont gémissaient tous les hommes d'un sens droit, de quelque opinion qu'ils fussent.

Cet état de choses attira les regards du généralissime de l'armée française; il gémit en voyant des hommes un instant égarés, tomber sous le fer des furieux, et il fit faire, à ce sujet, des remontrances aux membres de la régence; ceux-ci crurent qu'il était de leur dignité de ne pas avoir égard aux justes réclamations de celui auquel ils devaient le rétablissement de l'autorité royale. Dès lors la bonne intelligence cessa de régner entre le chef de l'armée française et les membres de la régence; le bruit courut même à cette époque que le prince français avait menacé cette régence de l'abandonner à ses propres forces, et de se retirer sur l'Èbre : nous ne savons pas au juste jusqu'à quel point cette nouvelle était fondée; mais il est au moins certain que les actes de la régence et du généralissime furent pendant quelque temps en opposition directe. Ce fut alors que le prince français, ayant résolu de mettre un terme aux exactions et aux actes arbitraires de toute espèce des autorités espagnoles, rendit, à Andujar, cette ordonnance dont les paroles de clémence et de paix resteront à jamais gravées dans le cœur de ceux qu'elle arracha aux cachots et à l'échafaud. Cette ordonnance eut trop d'influence sur les derniers événemens de la guerre, et par cela même se trouve trop intimement liée à l'histoire de l'Espagne, pour que nous puissions nous dispenser de la rapporter. La voici :

« Nous, Louis-Antoine d'Artois, fils
» de France, duc d'Angoulême, com-
» mandant en chef l'armée des Pyré-
» nées.

» Considérant que l'occupation de l'Es-
» pagne par l'armée française sous nos
» ordres, nous met dans l'indispensable
» obligation de pourvoir à la tranquillité

» de ce royaume, et à la sûreté de nos
» troupes,

» Avons ordonné et ordonnons ce qui
» suit :

» Art. Ier. Les autorités espagnoles ne
» pourront faire aucune arrestation sans
» l'autorisation du commandant de nos
» troupes dans l'arrondissement duquel
» elles se trouveront.

» II. Les commandans en chef des
» corps de notre armée feront élargir tous
» ceux qui ont été arrêtés arbitrairement
» et pour des motifs politiques, notam-
» ment les miliciens rentrant chez eux.

» Sont toutefois exceptés ceux qui,
» depuis leur rentrée dans leurs foyers,
» ont donné de justes motifs de plainte.

» III. Les commandans en chef des
» corps de notre armée sont autorisés à
» faire arrêter ceux qui contreviendront au
» présent ordre.

» IV. Tous les journaux et journalistes

» sont placés sous la surveillance des com-
» mandans de nos troupes.

» V. La présente ordonnance sera imprimée et affichée partout.

» Fait à notre quartier-général d'Andujar, le 8 août 1823.

Signé, Louis-Antoine.

Cependant chaque jour était marqué par de nouvelles défections dans le parti constitutionnel, et les cortès reconnurent bientôt qu'elle ne pouvaient pas plus défendre Séville qu'elles n'avaient défendu Madrid; elles résolurent donc de transporter le siége de leur gouvernement à Cadix, ville que sa situation et les ouvrages qui l'entourent rendent presque imprenable, et contre laquelle avaient échoué tous les efforts des Français pendant la guerre de l'indépendance.

Cette détermination une fois prise, le roi fut invité à se rendre au milieu de l'assemblée, qui lui annonça sa résolution. Soit que les succès de l'armée française eussent réveillé le courage de Ferdinand, soit que l'excès des malheurs qui l'accablaient lui donnât quelque énergie, il s'opposa formellement à l'exécution de ces projets, déclara qu'il ne quitterait Séville que s'il y était contraint par la force, et protesta contre la violence que l'on paraissait disposé à lui faire. Alors quelques-uns des membres de cette assemblée reprochèrent au monarque son peu d'attachement à la constitution qu'il avait jurée; ils l'accusèrent de faire des vœux pour le succès de l'armée française, et de protéger secrètement le parti de la Foi; enfin l'un de ces membres, plus violent que les autres, proposa la déchéance de Ferdinand VII, qui fut votée dans la même séance à la presque unanimité.

Les préparatifs de départ étant terminés, le roi et la famille royale furent contraints de s'embarquer pour Cadix, où se rendirent aussi les cortès et toutes les troupes qu'il fut possible d'embarquer. A cette époque le cabinet anglais sembla dévier un peu de la route qu'il paraissait s'être tracée : sir William A'Court, ambassadeur de la Grande-Bretagne, avait suivi à Séville le gouvernement espagnol ; mais malgré les sollicitations des cortès, il refusa obstinément de quitter cette dernière ville, où il demeura jusqu'à l'arrivée des Français, et qu'il ne quitta que pour se rendre à Gibraltar, afin d'y attendre les instructions de son gouvernement. Bien que la Grande-Bretagne eût déclaré solennellement qu'elle garderait la plus stricte neutralité, les cortès, néanmoins, comptaient un peu sur les secours de cette puissance ; la conduite de sir William A'Court fit faire des réflexions aux membres de cette assemblée; ils pensèrent que leur conduite envers Ferdinand était, sinon la cause, au moins le motif de cette espèce de défection, et ils résolurent de rendre, en apparence, au roi d'Espagne, ses droits et sa liberté.

En quittant Andujar, le généralissime de l'armée française avait porté son quartier-général à Port-Sainte-Marie, et aussitôt un parlementaire fut envoyé à Cadix : ce parlementaire était porteur d'une lettre du duc d'Angoulême, adressée au roi d'Espagne; le prince français annonçait au monarque, que, à l'exception de quelques places fortes, l'Espagne était entièrement soumise, et que la France regarderait la guerre comme finie, du moment où le roi Ferdinand, recouvrant sa liberté, donnerait à ses peuples telles institutions qu'il jugerait convenables.

Mais déjà le courage que le roi d'Espagne avait montré à Séville paraissait l'avoir abandonné, et ce monarque malheureux répondit au duc d'Angoulême....
« Le joug dont V. A. R. prétend avoir

» délivré l'Espagne, n'a jamais existé, et
» je n'ai été privé d'aucune autre liberté
» que de celle dont les opérations de
» l'armée française m'ont dépouillé.

» La meilleure manière de me rendre
» cette liberté, et de laisser le peuple
» espagnol en possession de la sienne,
» serait de respecter nos droits comme
» nous respectons ceux des autres; et il
» faudrait qu'un pouvoir étranger cessât
» de s'entremettre, au moyen d'une force
» armée, dans nos affaires intérieures...»

Au nombre des forteresses qui défendent l'île de Léon, il en était une, le Trocadero, sur laquelle les constitutionnels comptaient beaucoup; ils y avaient placé une artillerie formidable, et l'élite de leur armée en formait la garnison; enfin un canal assez large qui l'entourait de toutes parts, rendait cette position presque inexpugnable. Cependant ce fut de cette place que le duc d'Angoulême résolut de s'emparer d'abord. Toutes les dispositions étant faites, le généralissime se mit lui-même à la tête de ses troupes, et donna l'ordre d'attaquer ; aussitôt une forte colonne de Français s'élance dans le canal qui la sépare des bastions ; les constitutionnels font un feu effroyable, auquel les Français ne peuvent répondre, car l'eau a pénétré dans leurs gibernes, les cartouches sont mouillées, et la baïonnette est la seule arme qui leur reste : mais l'Europe entière sait combien cette arme est terrible entre leurs mains ; l'artillerie du fort fait pleuvoir la mitraille dans les rangs des Français, et elle ne peut parvenir à y jeter le désordre ; ils arrivent au pied des murailles, des échelles sont dressées, et tandis que les uns s'élèvent rapidement, d'autres se fraient un passage par les embrasures mêmes des pièces qui sont tournées contre eux. De leur côté, les constitutionnels se battent en désespérés ; ils paraissent résolus à s'ensevelir sous les ruines du fort qu'ils défendent : depuis le commencement de la campagne, ils n'avaient pas montré autant de valeur; les canonniers se font tuer sur leurs pièces : tous se battent avec le courage du désespoir; mais malgré leurs efforts, le Trocadero est pris, et le drapeau français flotte sur les murailles de cette forteresse.

La nouvelle de cette défaite vint jeter la consternation dans l'assemblée des cortès; Ferdinand écrivit au duc d'Angoulême, et lui envoya le général Alava afin d'entamer des négociations; mais le prince français déclara qu'il ne consentirait à traiter avec le roi d'Espagne, que lorsque celui-ci serait libre. Cependant les négociations durèrent plusieurs jours; et les cortès ne voulant point permettre à Ferdinand de se rendre au quartier-général des Français, il fut défendu au général de reparaître à Port-Sainte-Marie, s'il n'apportait la soumission de Cadix. En conséquence, on continua à faire toutes les dispositions nécessaires pour attaquer les cortès dans leurs derniers retranchemens. Au bout de quelques jours le fort de Santi-Petri fut emporté comme l'avait été celui du Trocadero, et l'armée n'attendait plus que les ordres de son général pour attaquer Cadix, lorsque le roi, la reine et toute la famille royale d'Epagne arrivèrent au quartier-général de l'armée française ; et, deux jours après, l'île de Léon fut entièrement occupée par les Français.

Dès ce moment les hostilités cessèrent, la régence fut dissoute ; et Ferdinand rentra dans toute l'étendue de ses droits.

FIN.

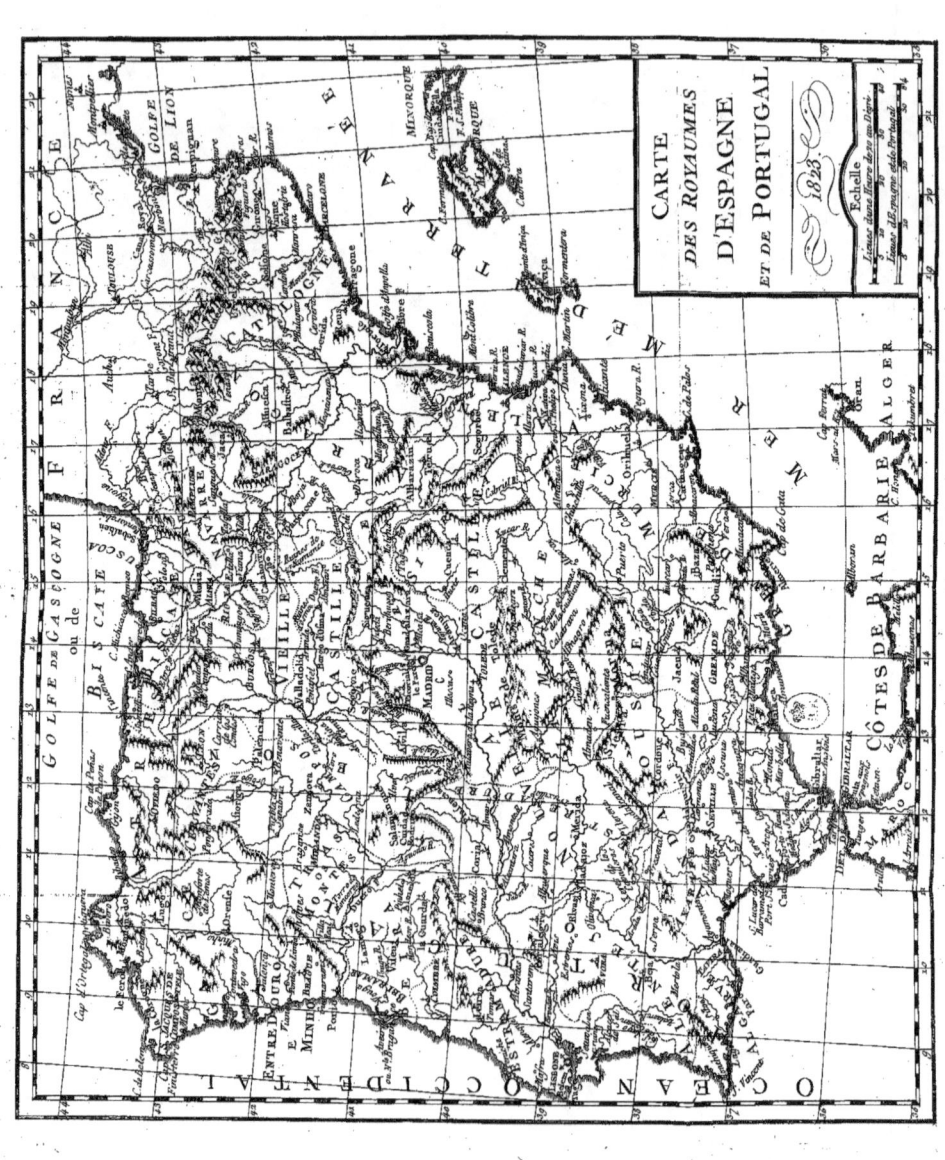

www.ingramcontent.com/pod-product-compliance
Lightning Source LLC
Chambersburg PA
CBHW071704230426
43670CB00008B/906